中华文化大博览

俊秀雄丽的
南北园林

胡元斌 编著

中国出版集团 现代出版社

图书在版编目（ＣＩＰ）数据

　　俊秀雄丽的南北园林 / 胡元斌编著. -- 北京：现
代出版社，2017.8
　　ISBN 978-7-5143-6458-3

　　Ⅰ. ①俊… Ⅱ. ①胡… Ⅲ. ①古典园林－介绍－中国
Ⅳ. ①K928.73

　　中国版本图书馆CIP数据核字(2017)第211534号

俊秀雄丽的南北园林

作　　者：胡元斌
责任编辑：李　鹏
出版发行：现代出版社
通讯地址：北京市定安门外安华里504号
邮政编码：100011
电　　话：010-64267325 64245264（传真）
网　　址：www.1980xd.com
电子邮箱：xiandai@vip.sina.com
印　　刷：天津兴湘印务有限公司
字　　数：380千字
开　　本：710mm×1000mm　1/16
印　　张：30
版　　次：2018年5月第1版　　2018年5月第1次印刷
书　　号：ISBN 978-7-5143-6458-3
定　　价：128.00元

习近平总书记在党的十九大报告中指出："深入挖掘中华优秀传统文化蕴含的思想观念、人文精神、道德规范，结合时代要求继承创新，让中华文化展现出永久魅力和时代风采。"同时习总书记指出："中国特色社会主义文化，源自于中华民族五千多年文明历史所孕育的中华优秀传统文化，熔铸于党领导人民在革命、建设、改革中创造的革命文化和社会主义先进文化，植根于中国特色社会主义伟大实践。"

我国经过改革开放的历程，推进了民族振兴、国家富强、人民幸福的"中国梦"，推进了伟大复兴的历史进程。文化是立国之根，实现"中国梦"也是我国文化实现伟大复兴的过程，并最终体现在文化的发展繁荣。博大精深的中国优秀传统文化是我们在世界文化激荡中站稳脚跟的根基。中华文化源远流长，积淀着中华民族最深层的精神追求，代表着中华民族独特的精神标识，为中华民族生生不息、发展壮大提供了丰厚滋养。我们要认识中华文化的独特创造、价值理念、鲜明特色，增强文化自信和价值自信。

如今，我们正处在改革开放攻坚和经济发展的转型时期，面对世界各国形形色色的文化现象，面对各种眼花缭乱的现代传媒，我们要坚持文化自信，古为今用、洋为中用、推陈出新，有鉴别地加以对待，有扬弃地予以继承，传承和升华中华优秀传统文化，发展中国特色社会主义文化，增强国家文化软实力。

浩浩历史长河，熊熊文明薪火，中华文化源远流长，滚滚黄河、滔滔长江，是最直接的源头，这两大文化浪涛经过千百年冲刷洗礼和不断交流、融合以及沉淀，最终形成了求同存异、兼收并蓄的辉煌灿烂的中华文明，也是世界上唯一绵延不绝的古老文化，并始终充满生机与活力。

中华文化曾是东方文化摇篮，也是推动世界文明不断前行的动力之一。早在五百年前，中华文化的四大发明催生了欧洲文艺复兴运动和地理大发

现。中国四大发明先后传到西方，对于促进西方工业社会发展和形成，起到了重要作用。

中华文化的力量，已经深深熔铸到我们的生命力、创造力和凝聚力中，是我们民族的基因。中华民族的精神，业已深深植根于绵延数千年的优秀文化传统之中，是我们的精神家园。

总之，中国文化博大精深，是中华各族人民五千年来创造、传承下来的物质文明和精神文明的总和，其内容包罗万象，浩若星汉，具有很强的文化纵深，蕴含着丰富的宝藏。我们要实现中华文化的伟大复兴，首先要站在传统文化前沿，薪火相传，一脉相承，弘扬和发展五千年来优秀的、光明的、先进的、科学的、文明的和自豪的文化现象，融合古今中外一切文化精华，构建具有中国特色的现代民族文化，向世界和未来展示中华民族的文化力量、文化价值、文化形态与文化风采。

为此，在有关专家指导下，我们收集整理了大量古今资料和最新研究成果，特别编撰了本套大型书系。主要包括巧夺天工的古建杰作、承载历史的文化遗迹、人杰地灵的物华天宝、千年奇观的名胜古迹、天地精华的自然美景、淳朴浓郁的民风习俗、独具特色的语言文字、异彩纷呈的文学艺术、欢乐祥和的歌舞娱乐、生动感人的戏剧表演、辉煌灿烂的科技教育、修身养性的传统保健、至善至美的伦理道德、意蕴深邃的古老哲学、文明悠久的历史形态、群星闪耀的杰出人物等，充分显示了中华民族厚重的文化底蕴和强大的民族凝聚力，具有极强的系统性、广博性和规模性。

本套书系的特点是全景展现，纵横捭阖，内容采取讲故事的方式进行叙述，语言通俗，明白晓畅，图文并茂，形象直观，古风古韵，格调高雅，具有很强的可读性、欣赏性、知识性和延伸性，能够让广大读者全面触摸和感受中国文化的丰富内涵，增强中华儿女民族自尊心和文化自豪感，并能很好地继承和弘扬中国文化，创造具有中国特色的先进民族文化。

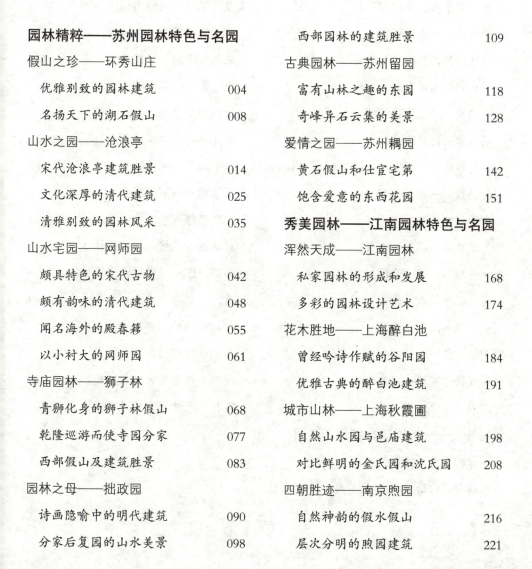

俊秀雄丽的
南北园林

园林精粹

苏州园林特色与名园

环秀山庄

环秀山庄也称"颐园"，位于苏州城的景德路。园景以山为主，池水辅之。

环秀山庄以湖石假山名扬天下，尽管庄园面积不大，但庄内峭壁、峰峦、洞壑、涧谷、平台和磴道等山中之物应有尽有，还极富变化之美。因此，环秀山庄有假山"别开生面、独步江南"的美誉。

另外，环秀山庄在布局上设计得巧妙得宜，湖山、池水、树木和建筑融为一体，人们身处园中，恰如置身于万山之中，可远观，亦可近赏，是中国山景园林的代表作。

优雅别致的园林建筑

环秀山庄又称"颐园"，位于苏州城的景德路。此地最早的建筑为晋代的景德寺，五代时期吴越王钱镠之子钱元璙在此地建造了园林，取名为"金谷园"。

到了宋代，此地为文学家朱长文的药圃。在明代，此地先后改为学道书院和督粮道署，后来又成为大学士申时行的住宅。

环秀山庄亭棚

到了清代，刑部员外郎蒋楫购得此地，取名为"环秀山庄"。他在园中建造了"求自楼"，用来收藏经书典集，并于楼后叠石建造了一座假山，还建造了房屋和凉亭。

从北门进入环秀山庄，门内就是一个庭院。院子三面都是围廊，居中的空间之中是两

■ 园林建筑

棵大树，东为玉兰，西为桂花，对应一个非常吉利的口彩，即金玉满堂。此进落底是一座抬梁结构的厅堂，名叫有谷堂，堂内按照清代常规布设家具。

从堂边的回廊走出，便是四面厅。此厅堂是山庄内独体建筑中最大的一间，为卷棚歇山顶的建筑。堂内悬匾一块，是后来红学大师俞平伯手书的"环秀山庄"四个字。

四面厅不像很多其他园林之内的建筑有太多的装饰，也不像浙江等地的厅堂建筑那样拥有很多雕刻，这间四面厅非常朴实和雅致。

环秀山庄虽是清代落成，但四面厅和有谷堂在建筑的装饰和风格上，却是沿袭了明代追求纯朴、淡雅的思路。

沿着四面厅西面走，是一组后来复建的建筑边

督粮道 中国古代官名，掌督运漕粮。督粮道的官署称粮道署，设有典吏、库大使、攒典等吏员。典吏即办事员、干事，负责日常工作；库大使即仓库管理员，负责管理粮库；攒典即仓库办事员。

文徵明（1470—1559），原名壁，字徵明，号衡山居士，世称"文衡山"，明代画家、书法家、文学家，曾任翰林待诏。在诗文上，与祝允明、唐寅、徐真卿并称"吴中四才子"。在画史上与沈周、唐寅、仇英合称"吴门四家"。

行书 又叫行楷，中国汉字书法中一种手写字体。相传是后汉末年所创。从晋以来，多数书法家都兼工行书，其中最著名的是王羲之的《兰亭集序》。

■ 环秀山庄的香草居

楼。这是一组由不同的单体建筑合成的，从整体看是一组以两层楼的格局为基础的建筑，但是其间又结合了楼、阁、廊、轩等建筑形式，其中还有云墙、漏窗和花窗等作为辅衬。粉墙黛瓦，青砖朱漆，没有任何堆砌造作，极为舒适自然。

由边楼的南端进入，是一个两层的小阁。阁的底层内有一副对联，写出了整个环秀山庄的美妙：

园林占幽胜看寒泉飞雪高阁涵云
风景自清嘉有画舫补秋奇峰环秀

在边楼走廊的墙体上有一排漏窗，每一扇漏窗都有自己不同的花饰和造型，非常具有韵味，而且在廊墙体上还镶嵌了名家书帖。

在中国古代，文人、士大夫在苏州造院子，风雅是非常重要的。因此，人们一般都会先选取名人的书帖、小品画、扇面等，再雕于砖上，嵌在墙内。在环秀山庄的这个廊子里，便出现了十分珍贵的明代文徵

明的行书《赤壁赋》。

园子的北底就是补秋舫，这类似旱船的建筑是园中比较出色的地方，属于书斋，其花窗是园中诸多建筑中最为精美的。

另外，蒋楫还在环秀山庄内开了一口清泉，水质优

■ 环秀山庄厅堂

良。蒋楫以苏东坡试院煎茶诗中"蒙茸出磨细珠落，眩转绕瓯飞雪轻"的意思，题名为"飞雪泉"。泉水流溢汇聚成一个池塘，在临池的石壁上刻上了"飞雪"两个字。

环秀山庄

阅读链接

环秀山庄的飞雪泉，曾因年久淤塞，不再涌出清泉，但疏通后，源流不绝，有瀑布之观。于是，后人巧妙地用其地作为大假山山洞的源头，山洞中有险巧步石。

每逢大雨过后，瀑布奔流而下，进入池中和主山山腹。石壁占地很少，却洞壑洞崖完备，构筑自成一体，与主山一主一从，一正一副，极富神韵，壁间有磴道和边楼相通。

从楼上循山岩而下，可直抵水边，路径极其险峻，妙的是在岩壁合适的位置上都设有扶手石，安排得恰到好处，自然而又不留痕迹。山道尽头临水石矶随水波隐现，富有自然意趣。

名扬天下的湖石假山

环秀山庄后来相继成为尚书毕沅宅和大学士孙士毅的私宅。

1807年，大学士孙士毅的后人孙均感觉自己的花园缺少一座像样的假山，于是想到了被称为"奇石胸中百万堆，时时出手见心裁"的

■ 环秀山庄荷塘中的假山

■ 园林内的狮子

叠山圣手戈裕良。

　　环秀山庄占地面积不大，并且当时园子已经成型了，无法放开手脚去规划，是一个非常难以借景叠山的院子。

　　但戈裕良运用"大斧劈法"规划整个假山，简练遒劲，结构严谨，在不到700平方米的园林当中，逼真地模拟了自然山水，尽得造化之妙。从此环秀山庄便以假山名扬天下了。

　　环秀山庄湖石假山位置偏向园的东边，其尾部伸向东北方向。整个假山占地仅300多平方米，占全园的1/3，其中峭壁、峰峦、洞壑、涧谷、平台和磴道等山中之物，应有尽有，极富变化。

　　戈裕良对全山的处理非常细致，贴近自然，一石一缝都交代妥帖，可远观，亦可近赏，有"别开生

戈裕良（1764—1830），清代叠山大师，字立三，年少时即帮人造园叠山，曾创"钩带法"，使假山浑然一体，既逼肖真山，又可坚固千年不败，驰誉大江南北。苏州环秀山庄的湖石假山即是他的代表作之一。

面、独步江南"之誉。

在环秀山庄的西面是贯通南北的廊子。廊子一侧靠墙,一侧面向假山敞开着,略有凹凸收放。廊上建造的阁楼高低错落,颇有韵味。在廊子的南面有一座半亭,与四面厅成对景。

全园空间紧凑,布局巧妙,全园布局是池东为主山,使人有在一畴平川之内,忽地一峰突起,耸

■ 环秀山庄门房

峙于原野之上的感觉。

山虽不高,但如巨石磅礴,很有气派。正面的山形颇似苏州西郊的狮子山。主峰突起于前,次山相衬在后,雄奇峻峭,相互呼应。

一山二峰,巍然矗立,其形给人以悬崖峭壁之感。主山以东北方的平冈短阜为起势,呈连绵不断之状,使主山不仅有高耸之感,又有奔腾跃动之势。

前后山之间形成宽约1.5米、高约6米的涧谷。山虽有分隔,但气势仍趋一致,由东向西。山后的尾部似延伸不尽,被墙所截。专家认为,这是清代"处大山之麓,截溪断谷"的叠山手法。

在主次峰之间种植的花草树木,使整个园林倍感幽深自然。构置于西南部的主山峰,有几个低峰衬

托，左右峡谷架以石梁。人们站在石梁上，仰则青天一线，俯则清流几曲，看到的真是一座活泼生动的艺术园林啊！

至西南角，假山形成崖峦，动势延续地向外斜出，面临水池，池水盘曲如带。水上架有曲桥飞梁，用来交通。山脚与池水相接，岸脚上实下虚，宛如天然水窟，又似一个个泉水之源头，与雄健的山石相对照，生动自然。

北面是补秋舫。补秋舫前临山池，后依小院，附近浓荫蔽日，峰石嵯峨。这里的山体以大块竖石为骨架，叠成垂直状石壁，收顶峰端，形成平地拔起的秀峰，峰姿倾劈有直插江边之势，好似画中的斧劈法。

主山的前山与后山之间有两条幽谷，一条是从西北流向东南的山涧，另一条是东西方向的山谷。涧谷汇合于山之中央，呈"丁"字形，把主山分割成三部分，外观峰壑林立，内部洞穴空灵。

在山涧之上，用平板石梁连接，前后左右互相衬托，有主，有宾，有深度。因为山是实的，谷是虚的，所以又形成虚实对比。

■ 山庄雪景

环秀山庄亭榭

山上种植了各种花草树木。春有牡丹，夏有紫薇，秋有菊，冬有柏，使山石景观生机盎然。

假山后面有小亭，依山临水，旁侧有小崖石潭，借"素湍绿潭，四清倒影"之意，故取名"半潭秋水一房山"。

小亭周围林木清荫，苍枝虬干，饶有野趣。出亭北，沿着石级向下，山溪低流，峰石参差，犹如置身于山林之中。

戈裕良所叠的假山，继承了清代著名山水画家石涛的"笔意"，既有远山之姿，又有层次分明的山势肌理，被无数园林大家视为珍品。

阅读链接

据说，当时戈裕良为了环秀山庄的假山，还费了不少功夫呢！

自从戈裕良接到蒋楫的邀请为环秀山庄叠山之后便整日愁眉不展。一日，戈裕良的一个朋友问何故，戈裕良便将为环秀山庄叠山的事告诉了他，朋友听后，对戈裕良说："你不如到大石山转一转！"

于是，戈裕良来到了大石山，结果戈裕良一来就不想走了，他在山中一连盘桓了半月，画了厚厚的一叠草图，才满怀信心地回到城里。

不久，环秀山庄的假山就叠成了，峥嵘峻峭，形态逼真，真是"山形面面看，景色步步移"，名冠江南，被誉为"苏州三绝"之一。但很少有人知道，这是戈裕良把大石山搬来并浓缩的结果。

沧浪亭

沧浪亭又称为"韩园",位于苏州城南沧浪亭街,是苏州现存最古老的园林,因抗金名将韩世忠曾在此居住,故名。

沧浪亭所在地最早为五代吴越国时期王公贵族居住的地方,到了北宋时期,成了文人苏舜钦的私人花园,才取名"沧浪亭"。

沧浪亭以山林为核心,四周环列建筑。沧浪亭外临清池,曲栏回廊,古树苍苍,湖石垒叠。人称"千古沧浪水一涯,沧浪亭者,水之亭园也"。

宋代沧浪亭建筑胜景

沧浪亭门坊

沧浪亭位于苏州城南沧浪亭街，最早为五代时吴越国广陵王钱元璙近戚中吴军节度使孙承佑的池馆。

到了北宋，著名诗人苏舜钦买下了这个废园，进行修筑，在园中的水旁建造了一间小亭。

苏舜钦感于屈原《渔文》中"沧浪之水清兮，可以濯吾缨；沧浪之水浊兮，可以濯吾足"的意境，取名为"沧浪亭"，自号沧浪翁，作《沧浪亭记》，后人亦称此园林为沧浪亭。

沧浪亭后来又经历了多次移置和重建，存留下来的是1696年由清代巡抚宋荦重建的。当时巡抚宋荦有感于苏舜钦文章的品性，英风豪气，磊磊轩昂而自立于天地间，故移亭于山之岭，以为百世楷模者，使后者仰而敬之。

而其他堂馆轩榭，曲廊亭台均依山而筑，置身园内任何一角，必仰视该亭。从此，园以亭而名扬天下。虽为仰慕之亭，实为仰慕苏舜钦其人。

而原沧浪亭则位于水边，在苏舜钦的《沧浪亭记》有记录：

■ 沧浪亭内一角

构亭北碕，号沧浪焉。前竹后水，水之阳又竹无穷极。

存留下来的沧浪亭古木森郁的假山之顶，树木青翠欲滴，左右石径和斜廊从丛竹、蕉荫之间穿过，意境非常优美。

沧浪亭为正四方形，高旷轩敞，石柱飞檐，古雅壮丽。亭子沿口四周为琵琶形牌科，四方石刻上有浮

节度使　中国古代官名。唐初沿北周及隋朝旧制，重要地区置总管统兵，旋改称都督，唯朔方仍称总管，边州别置经略使，有屯田州置营田使。节度使是唐代开始设立的地方军政长官。因受职之时，朝廷赐以旌节，故称节度使。

■ 沧浪亭的山石古树

琵琶　中国的主要弹拨乐器，历史悠久。琵和琶原是两种弹奏手法的名称，琵是右手向前弹，琶是右手向后弹。经历代演奏者的改进，至今形制已经趋于统一，成为六相二十四品的四弦琵琶。琵琶音域广阔，演奏技巧繁多，有丰富的表现力。

雕仙童、鸟兽及花树图案。在亭中置有石棋盘一个，石圆凳四个。

沧浪亭上有副对联，关于沧浪亭的这副对联，还有一段有趣的传说呢！

有一天，苏舜钦独自来到苏州一带散心，只见此地有块四五亩大小的荒地，三面环水，地上杂植着各种花树，还有一些残败的池台亭阁，由此便知道这是一处废园。

由于环境清旷，苏舜钦很喜欢这个地方，回头望见河边柳荫下停着一只小船，有个老渔翁正坐在船艄上钓鱼，便走过去和渔翁攀谈起来。

渔翁对苏舜钦说："这里过去是五代时吴越国广陵王近戚孙承佑的别墅，当时是座有名的花园哩！孙承佑虽显赫一时，可是到如今还不是一败涂地。老话说，一代做官七世穷，这话一点不假！富贵荣华，过眼烟云啊！"

苏舜钦觉得渔翁的话很有见地，顿时便断了做官的念头，决心悠闲林泉，了此一生。

他对渔翁说："我想把这座废园重新修复起来，你看如何？"

渔翁就对苏舜钦说："相公如果愿意重建此园，那么我一定尽力相助！"

苏舜钦果真花铜钱买下了这片废园。正当他雇人重修的时候，那个老渔翁跑来对他说："我听老辈人说，东边水池底下有不少太湖石，那都是孙家花的遗物。"

根据渔翁的指点，果然挖出不少玲珑剔透的太湖石，砌成了两座幽静别致的假山，同时又建堂造屋，

017

山水之园

沧浪亭

■沧浪亭外的池水

堆山筑亭，浚池理水。由于原有许多古树乔木，没用多久，便恢复了名园的气象。

苏舜钦望着园外的浩渺烟波，心想这水也确实与自己有点缘分，忽然记起屈原《渔文》中的名句：

沧浪之水清兮，可以濯吾缨；
沧浪之水浊兮，可以濯吾足！

就把园中最高处的石亭取名为"沧浪亭"。
石亭上的对联是：

清风明月本无价
近水远山皆有情

上联选自欧阳修的《沧浪亭》诗中"清风明月本无价，可惜只卖四万钱"之句，下联出于苏舜钦《过

■沧浪亭景观

苏州》诗中"绿杨白鹭俱自得，近水远山皆有情"之句。

想好对联后苏舜钦高兴极了，便立即写了一封长信给欧阳修，把联语的事告诉了他。

据说欧阳修接到信后，还亲自赶到苏州向苏舜钦道贺呢！

就这样，沧浪亭上这副有名的对联就流传了下来。

传说在旧时，站在沧浪亭上，可以眺南园田野村光，环视四周，极目而望可达数里，园外涟漪一碧，与山亭相辉映。

沧浪亭整个园林以山林为核心，在园林的北岸是面水轩。此轩面朝北，是一个四面厅，面积为100多平方米。

面水轩的东南西北四面均为落地长窗，共有56扇，门窗通透，在厅内可从不同角度观赏到轩外的美景。旧时，在轩外溪内植有莲花，一入夏，花繁叶茂，清香宜人。

面水轩原为"观鱼处"，1873年由巡抚张树声重修，取唐代诗人杜甫"层轩皆面水，老树饱经霜"之意，改名为"面水轩"。

庭前古木参差交映，轩左复廊一条蜿蜒而东至

■ 沧浪亭内的明道堂

苏舜钦 宋仁宗景祐元年，即1035年进士。历任蒙城、长垣县令，入大理评事、集贤校理、监进奏院等职。是诗文革新运动中的重要作家。好饮酒，每晚读书都要喝上一斗。他的岳丈知道后大笑，曰："有如此下物，一斗诚不为多也。"其诗与梅尧臣齐名，后人称"苏梅"，被赞为宋诗的"开山祖师"。

■ 沧浪亭的曲栏回廊

"观鱼处"。两面可行，内外借景，隔水迎人。面水轩内还有匾额"陆舟水屋"四个字。

闻妙香室坐落在园内东侧，原为读书处，室北遍植梅花。1873年，巡抚张树声借唐代诗人杜甫《大云寺赞公房》一诗中的"灯影照无睡，心清闻妙香"之意，将其取名为"闻妙香室"。"妙香"是指这里的梅花之香。

闻妙香室是由东西两屋组成，东为正间，南北贯通。正中间面北的墙上有6扇落地长窗，面南的墙上也有6扇落地长窗，东西两间的南北墙上为4扇水纹式和合窗，在西间面西有4扇落地长窗，两边有两扇和合窗。

每到天下逢春时，梅苞初放，寻梅者纷至沓来，倚栏俯凭，繁花妙景尽收眼底。

翠玲珑坐落在园内的西南方。此额为后来南宋名将韩世忠居住在沧浪亭中的时候所题，取苏舜钦"秋

和合窗　又称支摘窗，窗分上、中、下三层，上层、中层做成可支起放下的窗，而下层一扇则做成直立式，拔掉木插销可将窗摘下。这种形式的窗，一般呈长方形，也有其他式样。此类形式的窗，在苏州园林中运用得非常广泛。

色入林红暗淡，日光穿竹翠玲珑"之意。1873年，巡抚张树声扩建了翠玲珑。

存留下来的翠玲珑处在葱翠丛中，竹林内老竿挺拔，新篁玉立，疏密相间，层层叠叠，3间小屋掎角而建，面积为160多平方米。

翠玲珑主屋在西，另两屋倚主屋东北角连接相通。主屋北面为矮墙安置有18扇窗户，南正间有落地长门窗6扇，主屋东西墙正中间各有正方形水纹式和合窗，窗户的大部分裙板上都刻有插瓶、花卉等图案，雕刻得非常精美。

每当晨雾未散，夕阳西下，其飘缈奇幻的景色使人陶醉神往，仿佛超尘脱世之处。每当月光初照，光、声、色和影相互交错，清新怡人，令人胸怀澄澈，烦忧全消。旧时的文人骚客常在此静观、觞咏和品茗。

此外，还有流玉石刻。流玉石刻位于小池北侧，南山洞左边一块巨石之上。此石立于陡峭洞山之侧，四周石磴陂陀，藤蔓蔓延。右侧涧流淙淙，汩汩清泉汇入深谷小池，池周高下起伏，古木参天，浓荫蔽日，使人有身处世外桃源之感。

在园林的西北角为锄月轩。锄月轩是清代的光绪皇后借元代诗人萨都剌诗中的"今日归来如昨梦，自锄明月种梅花"之意，取名为

■ 沧浪亭内的翠玲珑

俊秀雄丽的南北园林

"锄月轩"。

锄月轩为三开间式房屋，面积为100多平方米，正间面南，墙上有6扇落地长窗，左右两间同样面南，各有12扇半窗。轩北面全部为和合翻窗，共计36扇。锄月轩前有一个小天井，自成院落。天井内设大理石圆台圆凳。

南宋初年，沧浪亭成为抗金名将韩世忠的宅第，故又称"韩园"。

韩世忠居住在沧浪亭园中的时候，建造了梅亭，取名"瑶华境界"，意指民间传说中遍植梅花的仙苑幻境。

韩世忠所建的梅亭早已被毁了，存留下来的是后人为了纪念韩世忠重建的，亭内中还存留着韩世忠的留题。

■沧浪亭

瑶华境界位于园内南方，是三开间样式，面积将近50平方米。正间的北边墙上开有6扇落地长门窗，腰下为光裙板，窗心仔是海棠菱角。南边墙上开有6扇半腰长窗，窗心仔也为海棠菱角，裙板上有花卉图案。

瑶华境界还有东西小屋两间，南北墙正中各开有长方形不可开启的水纹式固定隔窗，两侧走廊与"明道堂"相连接，形成一体。

瑶华境界四周曾经遍植梅花，表达了韩世忠追求梅花的冰肌铁骨，凌寒独俏，不屈不畏的崇高品德为最高境界。

■ 瑶华境界

在同一时期建筑的还有清香馆。清香馆又名"木樨亭"，但是此亭后来被毁了，存留下来的是1873年由巡抚张树声重建的，借唐代诗人李商隐"殷勤莫使清香透，牢合金鱼锁桂丛"的诗句，取名为"清香馆"。

清香馆坐南面北，位于园内中心偏西侧，为五开间式，面积将近100平方米。在清香馆正中间面北的墙上有一排落地长窗，共6扇。两侧的四间厢房面北的墙上全为半窗，共计24扇。这些长窗及半窗的内心仔均为书条式图案，长窗腰下为光裙板。

韩世忠（1089—1151），陕西省绥德县人，字良臣，宋朝名将。英勇善战，胸怀韬略，在抗击西夏和金的战争中为宋朝立下了汗马功劳。为官正派，死后被拜为太师，追封通义郡王。后来又追封蕲王，谥号忠武，配飨高宗庙廷。他是南宋一位颇有影响的人物。

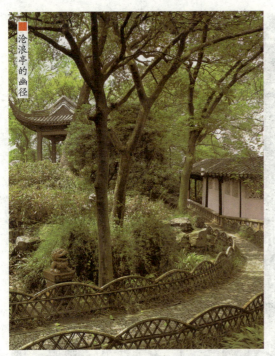

沧浪亭的幽径

清香馆面西的墙上，有落地长门窗4扇，两边两扇和合小窗为宫式，镶以玻璃。东面也是以落地长窗4扇为门。两边是和合小窗两扇，也为宫式。长窗心仔为书条式，腰下为光裙板。

在清香馆前有一道半圆形粉墙漏窗，自成院落。院内植有桂花数枝，苍老古朴，每逢金风送爽之际，丹桂吐蕊，清香四溢。

阅读链接

苏舜钦为了写沧浪亭上的对联，还有一段佳话呢！据说，苏舜钦当时写信给正在滁州做官的好友欧阳修，请他为石亭题句，欧阳修立即挥笔写好，托人带到苏州。

苏舜钦一看，写的是"清风明月本无价，可惜只卖四万钱"，便立刻皱紧了眉头，上联那么有意境，但这下联不但粗俗无味，而且不相对偶。于是，苏舜钦只好将上联挂了出来，下联一直空着。

有一天风和日暖，苏舜钦一时兴起，便写起诗来："东出盘门刮眼明，萧萧疏雨更阴晴。绿杨白鹭俱自得，近水远山皆有情。"

旁边的老渔翁听了苏舜钦的吟诵，高声喊道："相公，这石亭的下联有了！'近水远山皆有情'不正是下联吗？"

从此，沧浪亭的这副由欧阳修和苏舜钦一起写的对联便流传了下来。

文化深厚的清代建筑

到了清代的1696年，巡抚宋荦重建了沧浪亭。这次重建，宋荦把园中傍水的沧浪亭移建于假山之巅，并以明代著名画家、书法家文徵明的隶书"沧浪亭"为匾额。

另外，宋荦在沧浪亭的入口处和园内都增添了许多建筑，为沧浪亭的山水景色更加增添了一抹韵味。

沧浪亭最初的正门在南面，朝北的园门刚开始只是一扇小山门。宋荦重修沧浪亭，将原南正门以一道漏窗粉墙围封了，从此北门便成了唯一进入园林的门。

沧浪亭石坊坐落

■ 绿树掩映中的沧浪亭

■ 苏州园林沧浪亭

在沧浪亭的入口处不远的地方，坐东面西。它是清代的宋荦重建沧浪亭时所建，造型古朴雄伟，是进入沧浪亭园林的一个标志性建筑。石坊横楣上镌刻隶书"沧浪胜迹"四个字，虽然历经沧桑，但是风采依旧。

过了石坊，沿河向东的不远处，便是通达沧浪亭园门的三曲石平桥，同为清代的巡抚宋荦所建，建造最初的时候为木构赤栏桥，故三曲石平桥又称"红桥"。

在宋荦的《重修沧浪亭记》中记载：

跨溪横，"略杓"以通游屐。

巡抚 官名。中国明清时地方军政大员之一，又称抚台，是巡视各地的军政、民政大臣。清代巡抚主管一省军政、民政。以"巡行天下，抚军按民"而命名。巡抚初设，仅为督理税粮，总理河道，抚治流民，整饬边关，后遂偏重军事。

在清代长洲诸生张蔚题的《沧浪八咏》中，还有描写"红桥"的诗句：

柳堤水漫接春潮，
山色林光看未遥。
载酒频移青雀舫，
寻花常过赤栏桥。

后来，红桥出于战争和年久失修等原因被毁了，存留下来的石构三曲平桥是后来重修的。

1719年，康熙南巡时为表彰地方上的重要官吏，御赐巡抚吴存礼诗一首。吴存礼为了宣扬皇上恩德，重修了沧浪亭，并在门厅与步埼廊间，鸠工庀材建御碑亭一座。

御碑亭为廊亭，面积将近10平方米，壁间嵌有刻碑，就是康熙皇帝御赐的诗。吴存礼将御诗刻于其中，也是为了警戒后世官吏。

后来乾隆皇帝南巡时，路过苏州，也曾驻跸沧浪亭，并流传了一个有趣的故事。

据说，当年乾隆皇帝南巡，路过苏州，住在沧浪亭。有一天，皇帝吃完晚饭，觉得寂寞无聊，便想寻个消遣。他听说苏州的说书很有名气，唱得动听，说得入情，有声有色，非常有趣。于是，传下旨意，要

隶书 亦称汉隶，中国汉字中常见的一种字体，书写效果略微宽扁，横画长而直画短，呈长方形，讲究"蚕头雁尾""一波三折"。隶书起源于秦朝，由程邈整理而成，在东汉时期达到顶峰，书法界有"汉隶唐楷"之称。

■ 沧浪亭附近的古建筑

说书 曲艺名词，指讲说故事的曲艺。形式多样，有的有说有唱，有的只说不唱。一般指只说不唱的曲艺，如宋朝的讲史、评话以及现代的苏州评话、北方评书等。其中苏州评话是采用以苏州话为代表的吴语方言徒口讲说表演的曲艺说书形式。

听说书。

苏州城内有个说书的名角叫王周士，名气响彻江浙。苏州知府亲自去请王周士，还特别关照他，在皇上面前，多为自己美言几句。

王周士到了沧浪亭，乾隆皇帝正等得不耐烦，要他马上说书。

王周士不动声色，慢吞吞地说："万岁坐在明烛边上，难道不知道四周一片漆黑？小人在黑暗里弹唱动作，万岁如何看得见？"

乾隆听了，虽觉得话里带刺，但也有几分道理。只好面带尴尬，命左右赐王周士明烛一根，好令他快快说书。

王周士手捧三弦，站立在那里，仍旧不动。皇上不禁生起气来，问："为何还不说书？"

王周士不卑不亢地说："启禀万岁，小人说书虽

■ 绿水环绕的沧浪亭

是小道，但只能坐下，不能立着。"

■ 沧浪亭的廊亭

乾隆没听过苏州说书，不知道有这样的规矩。他绷起了面孔，粗声粗气地说道："赐座！"

内侍马上去搬椅子，心里却犯嘀咕：皇帝面前一等大官，也不敢坐着说话。眼前这个说书的，居然讨到了金凳，心里着实不服气。

王周士可不顾这些，大模大样地坐下来。把三弦一拨，"叮叮当当"的声音，既像百鸟朝凤，又像金鼓齐鸣，乾隆听得是眉开眼笑。

王周士最拿手的是《白蛇传》，于是就挑了最精彩的一个片段说起来。说到端午节白娘娘怎样误吃雄黄酒，怎样现出了原形吓死许仙时，真是讲得绘声绘色，活灵活现。乾隆听得津津有味，点头晃脑，脱口喊出"好"字。

王周士字正腔圆，越说精神越足，一直说到白娘

内侍 中国古代官名。隋置内侍省，所掌皆宫廷内部事务。虽亦参用士人，主要仍为宦官之职。唐代全部以太监充当。宋代增设入内内侍省和内侍省，称前后省，其官有内侍、殿头内侍、高品内侍、高班内侍诸名。后因其皆为宦官充当，故亦称宦官为内侍。

■ 沧浪亭的园艺

娘盗仙草，回到苏州，救活了许仙时，方才落回。王周士把三弦一放，说道："明日请早！"

乾隆听得兴起，哪肯罢休，连连摆手，道："寡人兴致正浓，岂能扫兴？"

内侍上前禀报："皇上，已是五更天了。"

乾隆不得已，吩咐内侍，将王周士留宿在沧浪亭。乾隆皇帝听书听得如醉如痴，神魂颠倒，一天也不能断，成了一个地道的书迷。

后来，他要回京，这样的好书又舍不下，就命王周士随驾进京，外加赐七品冠戴。

王周士到了紫禁城，住在皇宫里，真所谓平步青云。吃得顺口，穿得舒坦，住得宽敞，连走路的地面都是软乎乎、滑溜溜的。

可是，这么惬意的日子，王周士反而过不惯。他觉得关在皇宫里弹唱，就像一只身陷金丝笼的百灵鸟，唱不出新歌，伸不开翅膀。

布政使 中国古代的官名。明初沿元制，于各地置行中书省。后撤销行中书省，陆续分为13个承宣布政使司，全国的府、州、县分属之，每司设左右"布政使"各一人，与按察使同为一省的行政长官。在清代，布政使正式定为督、抚的属官，专管一省的财赋和人事，与专管刑名的按察使并称"两司"。

因此，他借口生病，禀明皇上，又回到了苏州。这正应了王周士说过的话："我们唱书，总想把书唱好，该怎样总是怎样呀！"

因为王周士为了来苏州说书，而宁愿舍弃皇宫的富贵华丽生活，所以后来就有了"沧浪亭胜过皇宫"的传说。

1827年，布政使梁章钜和巡抚陶澍再次重修沧浪亭。梁章钜重修沧浪亭不仅翻新了已有建筑，还新增了门楼和五百名贤祠等建筑。

穿过石构三曲平桥，即到了沧浪亭入园的门楼。门楼刻工精细素雅、简洁大方，以"五百名贤祠"为额。在《重修沧浪亭记》中有记录：

道光丁亥布政使梁公章钜重修，巡抚陶澍复得吴郡名贤画像五百余人，勾摹刻

031

山水之园

沧浪亭

门楼　在中国古代，门楼是一户人家贫富的象征，所谓"门第等次"即为此意，故名门豪宅的门楼建筑特别考究。门楼顶部结构和筑法类似房屋，门框和门扇装在中间，门扇外面置铁或铜制的门环。门楼顶部有挑檐式建筑，门楣上有双面砖雕，一般刻有"紫气东来""竹苞松茂"字样的匾额。

■ 沧浪亭"作之师"匾额

如意 一种象征吉祥的传统工艺美术制品。其形状像长柄钩，钩头扁如贝叶。如意头部呈弯曲回头之状基本不变，而柄端由直状变为小灵芝形、云朵形多种形状。头尾两相呼应，主体呈流线型，柄微曲，造型美观华丽。

石，建名贤祠于亭之隙地，每岁时以致祭，盖祠与亭不相袭，人云指目者，犹曰"沧浪亭"。

面桥临流，闿闳北向，颜曰五百名贤祠者，则名属诸祠，实亭所从入也。

后来门楼毁于兵火，存留下来的是1873年由巡抚张树声重建的。

布政使梁章钜和巡抚陶澍重修沧浪亭时，得到吴郡名贤祠画像500余人，于是，他们命人勾摹刻石，建名贤祠于园中，每岁致祭。

五百名贤祠位于园林的西侧，占地面积将近200平方米，是清代江南最大的儒家祠堂。此祠堂坐北朝南，为三开间样式，东、西两侧各有一小耳房。

五百名贤祠的祠门全部为落地长门窗，计24扇。

■沧浪亭内的小径

长窗心仔为海棠菱角，裙板上刻有大如意头花纹。祠东耳房，东西两墙上有两扇六角菱形翻启小窗，都为冰纹式。

五百名贤祠内壁间嵌有碑刻25方，列有594位名贤刻像。堂内还悬有一个匾额，为"作之师"，取自史学经典《尚羽·泰誓》：

天佑下民，作之君，作之师。

　　"作之师"也就是为人师表的意思，这里是指五百名贤可为儒家子弟的老师，是士人的师表。

　　五百名贤祠后来毁于兵火，存留下来的是1873年重建的。与五百名贤祠呼应而建的还有月洞。月洞位于"明道堂"与"五百名贤祠"之间的院墙中。

　　月洞面西门上有额"折矩"，月洞面东门上有额"周规"。周规和折矩均取自《礼记》中"周旋中规，折旋矩"之意，是指五百名贤祠中名贤的选择是以儒家的仁与礼为标准的，他们都是士人中的楷模。

　　在园林的最南边还增建了印心石屋，此屋全部用黄石堆砌，面积达50多平方米，也由陶澍所建。当时清宣宗亲笔御书"印心石屋"四个字，赐予江苏巡抚陶澍，陶澍为了感谢皇恩在园中建造了此屋，并将皇上御书的"印心石屋"四个大字作为门额，以示皇恩浩荡。

　　"印心"取自佛家《传灯录》中"衣以表信，法

《礼记》　研究中国古代社会情况、典章制度和儒家思想的重要著作。它阐述的思想，包括社会、政治、伦理、哲学、宗教等各个方面，其中《大学》《中庸》《礼运》等篇有较丰富的哲学思想。

■ 沧浪亭的雕刻

俊秀雄丽的南北园林

乃印心"。相传，释迦牟尼佛在灵山会上说法，大梵天王献上金色的波罗花。释迦牟尼拈花示众，但众僧不解佛意，唯独摩诃迦叶破颜微笑。

释迦牟尼知道只有迦叶悟其心意，遂赐予了迦叶佛法。从那以后，印心就用来比喻释迦牟尼与迦叶不借言语，心领神会。清宣宗以"印心"赐予陶澍，后人猜测是为了称赞陶澍懂得自己的心思。

"看山楼"就筑于石屋之上，夏时，此地是全园最佳的避暑纳凉之处。

阅读链接

1827年，梁章钜重修沧浪亭时，巡抚陶澍集吴郡名贤画像500余人，勾摹刻石，建名贤祠于隙地，后被毁。

在1873年得以重建，当时搜求刻像，存者大半，觅得拓本。补刻自晋散骑常侍顾公荣至清初尚书彭龄140人，皆旧记所有，并新增自文忠公林则徐至学士吴信中12人。

每5幅刻于一方石上，每幅还刻有传赞4句并姓名职衔，刻像尚能看出各位名贤的相貌，皆为清代名家顾湘舟所刻。

所刻为春秋至清代2500年间与苏州历史有关的人物，大体分政治、文学、忠节、礼义、循吏、经学、隐士、军事、理学、水利、医学、历算12个类别，既有吴籍人氏，也有来苏州任职或居住的名人。

清雅别致的园林风采

　　1851——1861年，沧浪亭园林毁于兵火，直到1873年，巡抚张树声才重修了沧浪亭。此次重建，还新增了门厅、明道堂、闲吟亭和见心书屋等建筑。

　　沧浪亭的入门大厅为三开间，面积达100多平方米，过去作为入园的达官贵人们的停轿之处，轿夫亦可在此小憩等候，故此门厅又名"轿厅"。

　　门厅的东、西两侧壁间嵌有历代重修记刻碑和《沧浪亭全景石刻图》，都是极为珍贵的文物史料。通过这些碑刻，可以充分地了解沧浪亭

沧浪亭内的月洞门

■沧浪亭的庭院

屡废屡兴的沧桑历史。

明道堂位于园林的中央，为园中的主厅，面积达200多平方米，旧时为会文讲学之所，额取苏舜钦《沧浪亭记》中"观听无邪，则道已明"之意。

相传，民族英雄林则徐任江苏巡抚的7年间，假日常在此把酒会友，吟诗赏戏，纵论天下。

明道堂全堂为三大开间，南北正中间，均为落地长门窗，共计12扇，腰下为光裙板，窗心仔为海棠菱角。明道堂左右两间，南北两墙上均为半腰长窗，总计24扇，窗心仔全部为海棠菱角。而堂的东西壁正中间各有一扇长方形固定隔窗，均为水纹式。

明道堂整体建筑雄伟壮观，其北山树木丛生，峰峦若屏。堂东西有并行走廊，连接对面的"瑶华境界"，行走廊内，会给人一种置身山林之感。

在明道堂南的东廊口嵌有砖刻"东菑"。此砖刻

林则徐（1785—1850），字元抚，又字少穆、石麟，晚号俟村老人、俟村退叟、七十二峰退叟、瓶泉居士、栎社散人等。清朝后期政治家、思想家和诗人，中华民族抵御外辱过程中伟大的民族英雄，坚持维护中国主权和民族利益，深受中国人的敬仰。

在1873年题于明道堂后的东侧廊口，但后遗失了，存留下来的是后来补书的。

"东菑"意指园东初耕的土地，目的是劝耕重农。此额取自唐代诗人王维的《积雨辋川作》诗句：

积雨空林烟火迟，
蒸藜炊黍饷东菑。

旧时，园东一带为农田，每年三秋之际，金黄一片，间有茅舍，袅袅炊烟从屋顶冉冉升起，浓郁的田野气息扑面而来。

在明道堂南的东廊口还嵌有砖刻"西爽"。此砖刻在1873年题于明道堂后西侧廊口，但后遗失了，存留下来的也是后来补书的。

"西爽"意指西方山里的隐逸之气。此额取自唐代诗人王维的"若见西山爽，应知黄绮心"诗意，形容这里的山水清静幽雅、水木清华，有隐隐之爽气。

闲吟亭坐落在园内东侧，闻妙香室的北侧。闲吟亭是一间半亭，面积为10平方米左右，翘角飞檐。闲吟亭的名字取自唐代诗人来鹏《病起》诗中"窗下展书难亦读，池边扶杖欲闲吟"的意境，为闲暇吟咏之意。在闲吟亭的内壁上，嵌

王维（701—761），字摩诘，曾任太乐丞，是盛唐诗人的代表，有"诗佛"之称，今存诗400余首。王维还精通佛学，受禅宗影响很大，佛教有一部《维摩诘经》，是王维名和字的由来。王维的诗、书、画都很有名，音乐也很精通，与孟浩然合称"王孟"。

■ 沧浪亭内的池水

■ 沧浪亭内的翠竹

儒家 又称"儒学""儒家学说",或称为"儒教",是中国古代最有影响的学派。它是中华法系的法理基础,对中国以及东方文明产生过重大影响并持续影响至今的意识形态,儒家思想是东亚地区的基本文化信仰。儒家最初指的是冠婚丧祭时的司仪,自春秋起指由孔子创立的后来逐步发展为以仁为核心的思想体系。

有乾隆所赐的御诗《江南潮灾叹》刻碑。

见心书屋坐落在园内的东侧,与闻妙香室贯通,隔以天井,内中植以梅花。"见心"即明镜之心,就是心静如止水,无一点儿邪念,发现人性的真正本源的意思,属于儒家思想。同样为巡抚张树声所建,后来被辟为花房。

巡抚张树声在重修沧浪亭时还增筑了一亭,取名"仰止",位于五百名贤祠左侧,坐西面东,飞檐翘角,面积为5平方米左右,亭中内壁上嵌有乾隆御题的明代画家、书法家文徵明小像诗的刻碑。其名字的寓意是说五百名贤的德行高尚比山高,足以让后人仰慕。

看山楼位于园中的最南边,楼筑于印心石屋之上,可沿石阶登之,共3层,面积为50多平方米。张树声借元代诗人虞集的诗作中"有客归谋酒,无言卧看山"的句子，取名为"看山楼"。

看山楼底层为石屋，无门。石屋东、西两侧的石墙上各有一个梅花形窗格的小方窗。二楼中层的楼梯间，面南的方向有四扇落地罩，两边为两扇平板门将楼梯间隔断。落地罩窗心嵌两字两画，腰下为凸面平裙板。

看山楼飞檐翘角，结构精巧，乃苏州园林中最为美丽别致的建筑之一。其艺术造型犹如一艘方舟停泊于万竿摇空、滴翠韵碧的绿波之上。登楼可俯视南园平畴村舍，远可眺西南楞枷、七子、灵岩和天平诸山，峦峰浮青，意境深远。

除此之外，还有藕花水榭，同样为1873年由巡抚张树声筑。

藕花水榭位于门厅的西侧南岸，面北临流，三开间，面积将近90平方米。正间有6扇落地长窗，左、右两间面南有12扇半窗。长窗及半窗的内心仔花纹均为宫式，光裙板。北面半腰以上为和合窗，共27扇，旧时内嵌明瓦片。

水榭西隔壁为小耳房，面南有6扇落地长窗，内心仔为宫式花纹，

飞檐凌空的沧浪亭

■ 沧浪亭内的湖水

光裙板。北墙上有一扇六角形翻启窗，冰纹窗格。榭东西两侧各有一口小天井，天井北墙上精美的两扇花窗在芭蕉的掩映下自成丽景。

榭左右有廊连接南部对面的小屋，自成院落。院中两侧植有罗汉松与直柏，均有百年树龄，老而弥坚，苍劲俊逸。院南花坛内，有翠竹为屏，很好地衬托了蜡梅、绣球的曼妙身姿。

入夏之后，整个水榭放眼望去千层翠盖，水芝红装，婷婷袅袅的碧叶红花，摇曳多姿。晨露未干，朝阳初辉的时候，一喷远香迎面而来，更为静美，为全园品茗休闲的绝佳之处。

阅读链接

沧浪亭园林中的仰止亭，其实是巡抚张树声追随之前的园主宋荦的行为而建。1695年，巡抚宋荦有感于苏子美文章的品性，英风豪气，磊磊轩昂而自立于天地间，故将沧浪亭移于山之岭，以为百世楷模者，使后者仰而敬之。

其他堂馆轩榭、曲廊亭台均依山而筑，置身园内任何一角，必仰视该亭。从此，园以亭而名扬天下。虽谓仰慕之亭，实为仰慕苏子美其人。

1873年，巡抚张树声亦追随宋荦所为，在重修沧浪亭时又增筑一亭，取名"仰止"。同时，又是指五百名贤的德行高尚比山高，足以让后人仰慕。

网师园始称"渔隐"，始建于1174年，1765年，定名为"网师园"。

网师园位于苏州旧城东南隅葑门内阔家头巷，为典型的宅园合一的私家园林。全园共分三部分，东部为住宅，中部为主园，西部为内园。

全园布局紧凑，结构精巧，空间尺度比例协调。它以精致的布局、深厚的文化内涵以及典雅的园林气息，当之无愧地成为江南中小古典山水宅园的代表，是古典园林的精品之作。

网师园

颇具特色的宋代古物

网师园始称"渔隐"，建于1174年，由吏部侍郎史正志所建。当时，吏部侍郎史正志因仕途不顺来到苏州，请人建了一座宅园。

宅园建成后，史正志自誉藏有万卷书，遂将园取名为"万卷堂"，并在大门对面造圃，意思是泛舟五湖，并自号"渔隐"。史正志在园中建有门厅和藏书厅等。

网师园夏日景色

门厅位于网师园住宅部分的正门，与当时一般士大夫家族的住宅大门一样，是两扇对开的黑漆大门，门旁东西两侧设巷门，对面有高大的照壁。

大门前旧有盘槐四棵，传说为史正志亲手所植，后来有两棵枯死了。

■ 网师园内的白墙

这种门前种槐的风俗，在苏州具有悠久的历史。

至于藏书厅，后来在其旧址上建有大厅，又称"万卷堂"，为了纪念史正志建造于此的藏书厅。

后来史正志所建的万卷堂被毁废了，由常州一个丁姓人家购得，成为囤积粮食的粮场。在宋代到元明及清初的500多年间，万卷堂的主人换了又换，但都没有被重建。

到了1785年，光禄寺少卿宋宗元隐退苏州，购得万卷堂故址，重新规划布置。宋宗元在其中置12景，重建完成后初取名"网师小筑"，后名"网师园"。

宋宗元自比渔人，号网师，并以此为花园命名，一方面借吏部侍郎史正志花圃"渔隐"的原意，有隐居自悔之意；另一方面因为园旁边有巷名王思，取其谐音罢了。

据史料记载，宋宗元所建的网师园，有亭，有

照壁 中国传统建筑特有的部分。明朝时特别盛行，一般讲的是在大门内的屏蔽物，古人称之为"萧墙"。在旧时，人们认为自己宅中不断有鬼来访，修上一堵墙，以断鬼的来路。另一说法为照壁是中国受风水意识影响而产生的一种独具特色的建筑形式，称"影壁"或"屏风墙"。

■ 雪落网师园

山，有水，有池，有楼，还有阁，但大多数都为木质建筑，极易荒废，宋宗元死后，园便大半倾圮了。

网师园内还存留着砖雕门楼等宋宗元建造网师园时的古物。砖雕门楼雕刻精致，饱经沧桑数百年仍然古雅清新，完好无损，精美绝伦，享有"江南第一门楼"的盛誉。

砖雕门楼位于门厅和大厅之间，高约6米，宽约3米，厚1米，门楼东西两侧是黛瓦盖顶的风火墙，古色古香。顶部是一座飞角半亭，单檐歇山卷棚顶，戗角起翘，黛色小瓦覆盖，造型轻巧别致，挺拔俊秀，富有灵气。

屋檐下枋库门为四方青砖拼砌在木板门上而成，并以梅花铜质铆钉嵌饰，既美观大方，又牢固实用。

门楼南侧上枋嵌有砖雕的家堂，供奉"天地君亲师"五字牌位，极其精致。门楼北为主体，滴水瓦下全用水磨青砖精制而成，既是屋顶支撑物，又是门楼的装饰物。

门楼中部上枋横匾是蔓草图，蔓生植物枝繁叶茂，滋长延伸，连绵不断，象征茂盛、长久、吉祥。横匾两端倒挂砖柱花篮头，刻有狮子滚绣球及双龙戏珠，飘带轻盈。横匾边缘外，挂落轻巧，整个雕刻玲珑剔透，细腻入微，令人称绝。

俊秀雄丽的南北园林

双龙戏珠 指两条龙戏耍或抢夺一颗火珠的表现形式。在中国古代神话中，龙珠是龙的精华，是它们修炼的原神所在，所以人们在艺术表达中，通过双龙戏珠这种形式，象征着人们对美好生活的追求。

风火墙 又称马头墙、封火墙等，特指高于两山墙屋面的墙垣，也就是山墙的墙顶部分，因形状酷似马头，故称"马头墙"。风火墙是赣派建筑和徽派建筑的重要特色。马头墙能在相邻民居发生火灾的情况下，起着隔断火源的作用，故又称之为"封火墙"。

在门楼的砖额上雕着"藻耀高翔"四个大字。"藻"乃水草总称，"藻耀"意指文采飞扬，"高翔"即展翅高飞。两侧为兜肚，分别刻有《郭子仪上寿》和《周文王访贤》的戏文图。

左侧刻的是《郭子仪上寿》的立体戏文图。图中郭子仪端坐正堂，胡须垂胸，慈祥可亲。左右8个文武官员，依次站立，有的手捧贡品，有的手拿兵器，厅堂摆着盆花，门前石狮一对，好不气派。

据说，郭子仪在唐肃宗时为平定安禄山、史思明之乱立了大功，被封为汾阳郡王，后为中书令。他活了84岁，年寿很高，他的8个儿子和7个女婿都为朝廷命官，史书称誉郭子仪为"大富贵"和"大贤大德"，所以这幅戏文图寓意为"福寿双全"。

右侧刻的是《周文王访贤》的立体戏文图，描写周文王访姜子牙的场景。图中姜子牙长须披胸，庄重地端坐于渭河边，周文王单膝下跪求贤，文武大臣前呼后拥，有的牵着马，有的手持兵器，浩浩荡荡。周文王备修道德，深受百姓爱戴，是个大德之君，而姜子牙文韬武略，以大贤闻名，这幅《周文王访贤》戏文图寓意为"德贤兼备"。

门楼的下枋横匾上3个圆形的"寿"字，"寿"字周围的淡灰色水磨青砖上，刻有展翅飞翔

郭子仪（697—781），中唐名将，官至九原太守、朔方节度右兵马使。后晋为中书令，封汾阳郡王。郭子仪戎马一生，屡建奇功，大唐因有他而获得安宁达20多年，史称"权倾天下而朝不忌，功盖一代而主不疑"，享有崇高的威望和声誉。死后赐谥"忠武"，配飨代宗庙廷。

山水宅园

网师园

■ 网师园一角

的蝙蝠和空中飘扬的一簇簇云朵。

"蝙蝠"两字中"蝠"与"福"同音，象征长寿吉祥。整个门楼上"福""禄""寿"三星图案韵致隽永，寓意为三星高照，洪福齐天，寿与天高。

门楼上的砖雕是用凿子和刨子在质地细腻的青砖上，运用平雕、浮雕、镂雕和透空雕等砖雕艺术手法雕琢而成，历史人物栩栩如生，飞禽走兽和花卉图案形象逼真。

雕刻艺术的神韵和历史故事的风韵，两者相互渗透，庄重而古雅，闪烁着吴地文化和民间艺术的灿烂光芒，以特有的风格丰富了网师园的传统文化内涵。

这种将装饰作用与祈福作用融合为一的做法，也是中国古典文化中一种独特的思维方式。

从住宅区通往园林区的第一道门上有额题"网师小筑"四个字，这是第一代创始园主宋宗元给此园所取的名称。

门极为狭小，并且加上"小筑"两个字，使进入园林的人心中自然存了一个"小"字。但进入门中，眼前却豁然开朗，顿时会产生山高水阔、柳暗花明的感觉，以用入口之小反衬出园林之大。

网师园总占地不过5 000多平方米，虽然不大，但是在设计中极富匠心，通过各种手段来拓展其感觉空间，以出人意料的对比手法，造成感

砖雕 中国古建筑雕刻艺术及青砖雕刻工艺品。砖雕由东周瓦当、汉代画像砖等发展而来。在青砖上雕出山水、花卉、人物等图案，是古建筑雕刻中很重要的一种艺术形式。主要用来装饰寺、庙、观、庵及民居的构件和墙面。通常也指用青砖雕刻而成的雕塑工艺品。

■ 网师园的奇石

觉上的冲击和震撼，从而增强景观的气势。

　　此外，网师小筑的入口位于矩形园林的一角，而朝向对角，在视线上利用了最长的对角线。在这一对角线上又以黄石堆叠成"云冈"来掩去占据园林中央位置的大水池的大半部分，在云冈前又建一小厅，使它也只露一角，藏而又藏，更显得山重水复，曲折幽深。

　　宋宗元给这座园林起名为"网师园"，传说这与渔翁王思父女有关。

　　据说宋宗元晚年才得一子，取名双喜。双喜从小聪明活泼，经常四处游玩。

　　有一次，双喜到瞻台钓鱼，不小心掉入湖中，幸亏渔翁王思和女儿桂芝路过将他救起，又摇船送他回家。

　　宋宗元得知后，为了报答王思父女对儿子的救命之恩，特用渔翁的尊称"网师"给花园命名。

颇有韵味的清代建筑

1795年，太仓富商瞿远村购得网师园，此时的网师园只剩池水一泓了。

瞿远村在其中增建亭宇，叠石种树，重建了网师园，所以人们又称网师园为"瞿园"。网师园的总体布局也大概奠定于此时，存留下

■ 清代网师园建筑

■ 网师园美景

的网师园依然保持着瞿氏当年造园的结构与风格。

瞿远村构思非常巧妙，使网师园的地只数亩却有迂回不尽之致，居虽近缠，但有云水相忘之乐。其中主要建筑有小山丛桂轩、月到风来亭、竹外一枝轩和云冈等。

小山丛桂轩取意于北周文学家庾信暮年的作品《枯树赋》中的"小山则丛桂留人"，以喻迎接和款待宾客之意。

小山丛桂轩是四面都是福扇的四面厅，四周环以檐廊，在其中可观赏到四方的景物。以"小山丛桂轩"为名，是针对厅西和厅南两面曲尺形小院中的湖石假山和桂树而言的。

小山丛桂轩之北是临水的黄石大假山云冈。假山自东部拔地而起，向西渐低下平缓，延伸至西部而曲折向北，逐渐散开。

这些聚散不一的湖石形态各异，有的如兽似禽，

北周　中国南北朝时期的北朝之一。由西魏权臣宇文泰奠定国基，由其子宇文觉正式建立。历经五帝，共24年。556年，实际掌握西魏政权的宇文泰死后，长子宇文觉继任大冢宰，自称周公。次年初，他废西魏恭帝自立，国号周，都长安，史称北周。

俊秀雄丽的南北园林

隐士 隐居不仕之士。首先是"士",即知识分子,否则就无所谓隐居。"不仕",不在仕途,终身在乡村为农民,或遁迹江湖经商,或居于岩穴砍柴。中国隐士文化颇为发达,这与中国独特的思想文化和社会现实是紧密联系的。

跳宕活泼;有的气势雄伟,洞府阴森,有"十二生肖石"之称。

小山丛桂轩之南的院落,是由奇峰怪石循南墙围成的一个狭长的花坛,花坛所植以桂树为主。

在《楚辞》中淮南小山所作的《招隐士》中,以"桂树丛生兮山之幽"来描写隐士居处之幽独清雅,所以在这里种植桂树也含有隐居的意思。

整个小山丛桂轩以湖石假山来比喻《招隐士》的作者,用桂树来切合《招隐士》句意,隐含此园为隐士所居的意思,切合了园名"网师"所指的"渔隐"之意。又以"小山丛桂"为轩名,点明这一含意。

小山丛桂轩西南的湖石假山后,筑有蹈和馆与琴室两个建筑,与唐代诗人齐己的《寄镜湖云干处士》诗云"闻君与琴鹤,终日在渔船"暗合。

从功用上看,蹈和馆与琴室都是为宴饮作乐时弹

■ 网师园冬季雪景

网师园的亭阁

琴奏乐和歌舞表演而设。蹈和馆名取履行天和之意。

在小山丛桂轩和水池之间，云冈魏然屹立，显然是为了作为轩之障景而造的。池水的水面开阔，通过狭长的走廊和云冈，可以达到豁然开朗的效果。

云冈与大多园林中的主山一样，临池而筑，借池中倒影来增强其巍峨的气势。在状态上，云冈模拟云层的艺术手法也与大多园林相似。

不同的是，大多江南古典园林的主山都以色白质柔的太湖石为材料，较易模拟云彩的千姿百态，而云冈是以石质坚硬、分明的黄石叠成。

瞿远村巧妙地在堆叠时使山体高峻集中，以体现其凝重浑朴的气质，又在局部增其曲折凹凸，并中藏洞壑，令其拙中有巧，凝而不滞。这一系列富于匠心的安排布置，使云冈在凝重沉静中含蒸腾放逸之姿，如堆云积霞，实至名归。

在将住宅区与园林区分开的墙边上，是竹外一枝轩与池东的射鸭廊以及廊南的半山亭构成的一组面对池水的敞开式建筑群。临池一排

■ 网师园古建筑

轩、廊和亭连成一气，避免了住宅建筑侧面的单调和沉重感，形成宅、园间的自然过渡。

赤云丹霞般的云冈直逼园中水池，池中倒影的影像随风波动，更增其灵动升腾之态，云冈边的水池也因而命名为"彩霞池"。

以"云"和"霞"拟山，赋予拙重的黄石山以动感，这种融合轻重、动静的审美趣味，体现出中国文化底蕴合二为一的思维模式。

云冈与彩霞池的相接处有石径。在石径上闲步，穿行于山水之间，仰可扣危岩，俯可濯清波。从对岸望来，似在黄云赤霞之中漫游，恍若神话里的云中君。

濯缨水阁与云冈并列于彩霞池南，专用以临池玩水，以《楚辞》中"沧浪之水清兮，可以濯吾缨"的典故，取名"濯缨"。

一方面点明其玩水的性质，另一方面，又借以暗合"网师"和"渔隐"之意。池水在初建时本与沧浪亭前之薪溪相通，这一阁名因而更显得妥帖巧妙。

出濯缨水阁，沿西墙有走廊名"樵风径"。走廊一面临池，而高出池上，中途有一攒尖六角小亭，为月到风来亭。

此亭高悬于水面，突出于池中，三面临水，不仅是领略水风波月的佳处，本身也是园中主要建筑之一。亭后廊墙上嵌有一面落地大镜子，乍望像是方形

《楚辞》 在汉代，刘向把屈原的作品及宋玉等人"承袭屈赋"的作品编辑成集，名为《楚辞》。作品运用楚地的文学样式、方言声韵，叙写楚地的山川人物、历史风情，具有浓厚的地方特色，是中国文学具有深远影响的一部诗歌总集，还是中国汉族文学史上第一部浪漫主义的诗歌总集。

洞门，门内别有天地。

　　从构图上看，月到风来亭是南部以小山丛桂轩为主的秋景的延续，也是南区与北区、西区的过渡和缓冲地带。从造景上看，月到风来亭是打破池岸平直和增加景深的有效手段。

　　据此，东可见射鸭廊和黄石假山前后错落于撷秀楼的粉墙前，南可览濯缨水阁和小山丛桂轩的一角隐约于山石之际，北可望看松读画轩和竹外一枝轩谦让于山石和平桥之后，可谓俯仰高低天水翠，环顾左右廊馆连。

　　竹外一枝轩为开敞3间，形似走廊，但稍宽，与东侧的射鸭廊直角相交。轩北墙正中有一圆洞门，通往集虚斋前的天井。门两侧的矩形洞窗正对天井中的两丛翠竹，沟通内外景物。

　　轩南临池处则有梅花数株，疏影照水。此情此景恰与苏轼的《和秦太虚梅早劫》诗句"江头千树春欲

■ 网师园古建筑

暗，竹外一枝斜更好"相合，故取轩名为"竹外一枝轩"。

五峰书屋位于整个住宅部分的第五进，书屋前后都有庭园，其北庭园稍小，东植紫薇、芭蕉，西有一峰，屋前的南庭园则以湖石假山为主。

假山略分内、外两重，靠南墙的大堆假山嵯峨峻峭，峰峦起伏，非常壮观。外围的湖石则横向堆叠，状如朵朵云彩，自屋中浏览，神似遥耸于云雾之上的远山，而假山紧贴着的高大粉墙也恍若白日照临下的万里晴空。

书屋以"五峰"为名，就是将此湖石假山比拟为连绵的山峰，通常认为"五峰"是指庐山五老峰。假山旁有一株山茶，可同时绽放十三种颜色不同的花朵，名为十三太保，这株山茶也是网师园之一奇。

五峰书屋之后廊有小门通往集虚斋。集虚斋为两层楼房，楼上本是闺阁，是古代未出阁少女居住的所在。"集虚斋"之名取自《庄子》之"唯道集虚，虚者，心斋也"，表示这里是修身养性之处。此斋既为养心而设，故斋前天井中素净清幽，只种植两丛翠竹，绿影摇曳中拂尽杂念俗意。

阅读链接

宋宗元卒后不久，网师园很快就荒废了。有一天，瞿远村偶然间路过网师园，觉得这个园林的隐士气息很符合自己的心意，悲其荒废，乃购买后重加经营。

瞿远村为人恬淡平和，是一个真正且有隐士格调的人。瞿远村在苏州外本有宅，名"抱绿渔庄"，但在购下网师园后，便经常住在苏州，还亲自精心规划、布置网师园，使网师园面目一新，更胜旧时规模。

于是，存留下来的网师园就基本上保持了瞿远村当年的总体结构。

闻名海外的殿春簃

1876年，江苏按察使李鸿裔购得此园，后来李辞官徙居园中，因园位于苏舜钦所建的名园沧浪亭之东，李鸿裔自称"苏邻"，所以网师园一度改名为"苏邻小筑"。

瞿远村为园主时，网师园的宅园风格还不是非常明显，因为瞿远

网师园水塘景色

■ 网师园的月洞门

跋文 中文文体的一种。跋，指文章或书籍正文后面的短文。跋文，指写在书籍或文章的后面，用于评介内容或说明写作经过的文章。

轿厅 旧时官宦士绅宅院中停放轿子的厅屋。轿厅，顾名思义就是出入府邸的主人和宾客在此停轿、下轿的地方，也是供轿夫喝茶休息处。在第二进，也有与门厅布置在一起的，是供客人和主人上下轿的地方。

村并不经常居于园中。而李鸿裔为园主的这段时间，像轿厅这样具有宅园风格的建筑就逐步建成了。

大门所在的建筑称作门厅，正对门厅的第二进建筑就是轿厅，二厅间有廊庑连通。所谓轿厅，就是当时停放轿子的地方，乘轿者都要在这里上下轿子。轿厅中还辟有供轿夫休息的小室。

1896年，李鸿裔的后嗣又在园中建造撷秀楼。大厅之后就是主人所居住的两层楼厅，因在楼上凭栏可以望见全园美景，故取名为"撷秀楼"。

撷秀楼同大厅一样面阔5间，附带厢房。楼上是主人一家居住生活的所在。楼下是内眷们聚集宴会之处，俗称"女厅"。

1917年，网师园为张锡銮所有，易名"逸园"，又称"张家花园"，筑琳琅馆、道古轩、殿春簃和笑月亭诸胜，其中数殿春簃最为有名。

殿春簃位于看松读画轩西侧，是一个独立的庭院。院门辟于樵风径半廊北端，额题"潭西渔隐"四个字。院内靠北一排建筑分为两间，东侧为主室，正中悬"殿春簃"匾额，且作有跋文：

庭前隙地数弓，昔之芍药圃也。

以上说明了室名取为"殿春簃"的缘故。因芍药花开放于春末，故苏轼有"多谢化工怜寂寞，尚留芍药殿春风"的美妙诗句，园主据此而取"殿春"二字为室名，又因这里为与主园相连通的花圃小屋，故称为"簃"。

殿春簃厅前有青砖铺地，南端有石山稍许，西墙有半亭曰"冷泉亭"，石际有清泉曰"涵碧泉"。院内当年辟作药栏，遍植芍药，每逢晚春，园中唯有此处"尚留芍药殿春风"。

殿春簃前庭院的芍药花与牡丹花，在瞿远村重建网师园后便极为著名了。

殿春簃前的庭院布局精致清雅。院中除北面为小室外，东、南、西三面都有假山石遮去墙脚。这些假山石连绵不绝，修短有度，在不多的空间里营造出一派崇山峻岭的气势。

057

山水宅园

网师园

■ 网师园雪景

殿春簃是网师园的书斋，是很能激励人发奋攻读的处所。小院环境清幽，建筑、山石和花木布置得体，显得简洁利落、工整典雅、朴素自然。

殿春簃小院中主要建筑物是殿春簃厅堂。殿春簃为一座三间厅带一夹屋，坐北朝南。正屋3间夹屋两间，平面参差，高低错落，外形多变化。

正屋门前设有回廊，回廊前置石砌平台，平台围以低矮的石雕栏杆，配以石凳，颇有层次。厅堂的旁侧另辟带斜栏的短廊与出口相通，短廊的一侧高墙上巧设花式各异的漏窗，隐约透漏出网师园主景区的景色，使本感闭塞的庭院一隅显得隔而不断、闭而不塞。

在短短的十余米回廊上，采用木栏、石栏、斜栏划分空间，点缀花木，不仅使小院平添生气，而且使局部立面变化多端，层次分明，呈现出一种静谧的美感和朴素自然的意境。

石砌平台前匠心独运地设置了一块不规则的山石用来踏步，恰到好处地与小院中沿墙兀立的山石峰峦相呼应，以示山峰奇石延伸的余脉，使建筑通向庭院空间的过渡显得平顺、自然，且融为一体。

在敞露的殿春簃庭院中沿墙设置着姿态各异的山石奇峰，山石奇

■ 网师园雪景

峰以粉墙黛瓦助姿墙随峰高。在庭院中品评山石，犹如面对以墙为纸、山石峰峦为景物的水墨画，在疏密得体的绿树花丛映衬下，园内景色陡增，驻足细玩令人联想翩翩，意境层出。

随着峰石琦列，造园者巧运匠心地在敞露的庭院中将洞藏匿于峰中，将路隐没于山林之中，一弯冷泉则深藏于冷泉半亭旁的洞壑之内。在敞露的空间内，巧妙地将洞、路与泉隐藏于山石奇峰和林木之中，做到敞露中有隐藏，十分含蓄。

■ 苏州网师园的怪石

殿春簃建筑的北面，另辟有一个咫尺封闭的空间，透过建筑物的窗洞可以观赏到隐藏在建筑之后咫尺空间中的芭蕉、竹、梅和耸立的山石等框景画幅，皆成妙品。

这种处理手法不仅为建筑的后窗增添了窗景，又巧妙地将隐藏的咫尺小空间显露出来，自然且适度地运用了藏中有露、露中有藏的造园手法，恰到好处。

同时，关于地面铺砌也蕴含了颇多心血。利用卵石、碎砖瓦片和碎瓷片等信手可得的寻常之物，相间铺砌，砌成各式图案，令人赏心悦目，颇生妙趣。

殿春簃庭院中的铺地艺术处理，在很大程度上衬托出园林的静谧氛围，也表达了一定的空间扩大感及

水墨画 中国绘画的代表，也就是狭义的"国画"。以前的水墨画，仅有水与墨，黑色与白色，但进阶的水墨画，也有工笔花鸟画，色彩缤纷，后者有时也称为彩墨画。中国水墨画的特点为近处写实，远处抽象，色彩单调，意境丰富。

网师园秀美景色

建筑延伸感，使人联想到园林建筑的统一协调。

正是因为它具有独特的艺术魅力以及得体的造园手法，殿春簃庭院建筑被整体仿建于美国纽约大都会博物馆二楼的玻璃大厅内。

这个民族文化之林宝库中的奇葩，向世界展示、弘扬了中国优秀的园林文化艺术的风貌，以它端庄秀丽、精而不俗、典雅风致的风格使人陶情，博得了海内外各界人士的赞赏。

阅读链接

网师园的殿春簃闻名遐迩，因为它是第一座被移筑到大洋彼岸的中国古典园林。

1978年，美国博物馆代表方闻教授访问中国，提出要会见对中国建筑有精深研究的陈从周教授。二人会面后，方闻对陈从周说："我在纽约搜集了许多中国明代家具，一直想把它们陈列出来，但不知道放在什么地方比较合适？"

陈从周不假思索地说："明代家具当然要放在明代建筑里面呀。"

方闻闻言如梦初醒，说："先生所言极是，明代家具应该摆在明代建筑里，可是我在美国，上哪儿去找明代建筑呢？"

陈从周大笑道："这个容易，我给你找个现成的，苏州网师园里的殿春簃就很合适，你把它移筑到美国，一切就迎刃而解了。"

就这样，在陈从周教授的推荐下，以殿春簃为蓝本的中国明式古典庭院"明轩"就在美国建成了。

以小衬大的网师园

后来，文物收藏家何亚农购得此园，费时3年，再次对网师园进行了全面整修，悉从旧规，并充实古玩书画，复用"网师园"旧名。

新中国成立后，何亚农的后人将网师园捐献给国家。苏州园林管理处对网师园进行了全面整修，扩建了梯云室，增修了涵碧泉、冷泉亭，使住宅园林修葺一新。

庭院西南隅有泉一泓，其上一石镌"涵碧泉"，取朱熹"一水方涵碧"句意。涵碧泉有暗脉与彩霞池相通，终年不涸。

此潭虽小，但与中部彩霞池同一原则，都是与假山石互相映衬，中部是以假山来衬托水池，这里则以小潭来衬

网师园内的万寿堂

俊秀雄丽的南北园林

■ 网师园的山石与建筑

托假山，主客互易，同中有异，显得富于变化。

涵碧泉洞容幽深，寒气逼人，与主园大池水脉贯通，此眼泉水如蛟龙吐珠，使无水的殿春簃不偏离网师园以水为中心的主题，北半亭冷泉亭因涵碧泉而得名。

冷泉亭中置黑色灵璧石一块，高3米有余，状若巨鹰展翅。灵璧石产于安徽灵璧县磬山，其石叩之如磬，黑白兼有。

明人文震亨所著《长物志品石》道：

石以灵璧为上……大者尤不易得，高逾数尺者，便属奇品。

文震亨（1585—1645），字启美，文徵明曾孙，文彭孙，文震孟之弟元发仲子。1625年进入国子监，后为中书舍人，给事武英殿。书画咸有家风，山水韵格兼胜。文震亨家富藏书，长于诗文绘画，善园林设计，著有《长物志》12卷，为传世之作。

由此可见此石之名贵。传说此石原为明代大画家唐寅的桃花坞宅中之物。小院中心以卵石铺地，并以不同石色铺出图案，显得平正雅洁，与中部明净的水池异中求同，气势相通。

撷秀楼有廊通往后花园。后花园面积不大，正北一面则是面对整个后花园的小室，取名"梯云室"。东、南和西三面墙壁都掩映于高下参差、聚散不一的太湖石和松竹花木之后，拓展了人们的想象空间。由于处于狭长小园的纵深一端，从室内观赏园景时，又进一步在视觉上拓展了空间。

后花园多婉转险怪的太湖石，紧贴西墙的太湖石假山高达3米，状如白色云团。假山中空，有磴道从其中盘屈而上，通向五峰书屋楼侧的腰门，这就是面对此假山的小室取名"梯云室"的来由。

古代有"梯云取月"的传说，这里就拿白色的湖石假山比作白云，突出登楼者飘飘欲仙的感觉。

这一布局，使整座园林外形整齐均衡，内部又因景划区，境界各异。并且园中在一花一木、一亭一榭的培植与构架中，也包含绝大文章，其中的引静桥便是一例。

引静桥长仅2.3米，是石拱桥的样子。石拱桥在江南有很多，其桥

太极 最早见于《易传》，原与天文气象及地区远近方向相关，后来被宋代理学家以哲理方式进一步阐释。太极是阐明宇宙从无极而太极，以至万物化生的过程。无极即道，是比太极更原始更终极的状态，两仪即为太极的阴阳二仪。

洞高高拱起，目的是便于船只通过，但在这一步即可跨越的小洞上建拱桥，是为了通过与它的对比使云冈更显得高峻巍峨，令彩霞池显得水面壮阔。

小桥在彩霞池东南水湾处，呈弓形，全部采用金山石造就。体态小巧，长仅2米多，宽不足1米，俗称"三步小拱桥"。

但是麻雀虽小，五脏俱全。引静桥石栏、石级、拱洞一应俱全，是一座袖珍小桥。桥顶还刻有一形牡丹浮雕，线条柔和，花形秀美。

引静桥下是一条溪涧，自南蜿蜒而来。两岸用写意法叠成陡崖岩岸，藤葛蔓蔓，涧水幽碧，虽涧宽3米多，但似深不可测。

拨开桥南侧累累而垂的络石藤枝叶，则看到涧壁上刻有"盘涧"两个大字，相传为宋代旧物。再溯

■ 网师园内景

流而上，则有一小巧的水闸立于涧流上游，岸边立有一石，上书"待潮"。

桥名"引静"，涧称"盘涧"，闸赋"待潮"，三者都体现了园主的优雅情趣。

引静桥飞跨盘涧，使彩霞池东南两面景物因之浑然而为一体。经桥向东而行，可沿高墙至射鸭廊、竹外一枝轩。

向西则见云冈假山，其山势脉脉，濯缨水阁清风徐徐。借桥而北眺，古柏苍然，小轩寂寂，宛然入于图画之中。

由于四时气候之不同，则可赏之景亦呈千变万化之状。微雨轻飘之时，则见花湿楼隐，一片迷蒙景色。暖阳缓照之际，则有碧波青荷，的确是爽心之景。夏日黄昏，夕照下满池遍洒碎金。冬季雪后，一园尽着银装。诸种佳致，可立于一桥而尽览。

这座凌空横架于彩霞池与盘涧交界处的小桥，不仅隔成了园中水体的大小比照，而且它与西向而去，直至濯缨水阁的石面小径连成一线，使这一线南北形成了山与水、动与静、明与暗等多种对比。

恰如引静桥两侧雕刻的12枚太极图案所蕴含的阴阳互生之意那样，使园景相互辉映，互增雅致，大大地丰富了园内这一角，甚至丰富了网师园整个中部园区的构筑层次和审美深度。

引静桥与西向小径一线之南，是山石嶙峋、松柏横斜的云冈，山中小道崎岖如羊肠，俨然一派高山巨脉气度。水桥之北则波际无垠，水涯漫漫。池背山而凿，山临水而叠，水以山衬而益广，山以水映而更高。

引静桥北是洋洋清波，一派浩然静态。但鱼游蝶戏，荷叶摇于微风，又一副生机盎然的形态，静中有动。桥南则虽溪涧幽深无声，云冈岿然不动，一派安谧和谐的氛围，但是能觉得涧流奔冲有势，水流湍急骤泻，可谓动中有静。

姑苏园林之美名满江南，网师园作为姑苏园林中的小园经典，其美妙高超之处就在于精巧清俊，气新韵奇，于咫尺之地营造出一番山水真趣，日益闻名于海内外。

阅读链接

网师园这样的文人园林，其神趣主在"写意"，以极小的空间映出极大的山水意境。在造桥上，一般都采用平板曲桥，三四折浮水而架，以显水面阔大之感。

像网师园这样的小型园林绝少使用拱桥，而网师园中的引静桥一反传统而行之，优美的小拱桥与幽邃的窄涧、雅致的低闸构于一处，相得益彰，互不见其小。

宽广的中心水面彩霞池与这"不见其小而实小"的小桥深涧形成对比，加上池周围驳岸低砌，水湾、暗洞虚设，映衬得彩霞池烟波浩渺，水势迷漫。

并且桥南之盘涧与此相映，更添了几分深远悠长之意，仿佛真正的野涧在此。

狮子林

狮子林位于苏州园林路，为苏州四大名园之一。它建于元代，是元代园林的代表。

因园内"林有竹万，竹下多怪石，状如狻猊者"（狻猊即狮子），又因天如禅师维则得法于浙江天目山狮子岩普应国师中峰，故取佛经中狮子座之意，命名为"狮子林"。

狮子林既有苏州古典园林亭、台、楼、阁、厅、堂、轩、廊之人文景观，更以湖山奇石、深邃洞壑而盛名于世，素有"假山王国"之美誉。

青狮化身的狮子林假山

　　传说，一天八仙中的铁拐李和吕洞宾赴王母娘娘的蟠桃宴，骑着一头青狮子路过天目山。山顶流下一溪清泉，铁拐李正感到口渴，见了大喜，忙降落云头，取下自己的宝葫芦，到泉边饮水。

　　此时，他骑的那头青狮子也跳进水里嬉耍。过了一刻，狮子爬上岸抖动身体，身上的水散落在四周的岩石上，顿时变成了一群活泼可爱的小狮子。

　　青狮正与小狮们亲密戏耍，铁拐李见了笑着对吕洞宾说："瞧，这青狮动了凡心，如今有了这么多子孙，就暂且罚它在这里做个狮子王吧。"

　　说罢，铁拐李用铁拐一指，这群狮子就变回了石头的样子，青狮

■ 狮子林景观

因不忍离去，也化成一座山峰。

狮子林大殿内景

到了宋代，浙江国师寺的普应国师是一位佛法高僧，一天云游至天目山，在此结庐诵经，天天清晨面对青狮所化的山峰高诵经文。

原来普应国师早已知道山上千奇百怪的狮子岩和狮子峰的来历。狮子在佛门叫"狻猊"，是佛国之兽，他有心要点化青狮，使它再恢复本相。

天长日久，狮子峰因为经常聆听高僧的说法居然通灵成精，又变回了一头青狮，恢复了灵性的青狮于是成了普应国师的坐骑。

后来，普应国师骑着青狮来到苏州菩提正宗寺，看望徒弟天如禅师。青狮也跟着普应国师来到菩提正宗寺的后花园。他们到后花园后，发现园中有很多怪石，形状像许多活脱脱的狮子。

青狮见了大喜，以为又回到了狮子群中，于是摇

吕洞宾　原名吕岩，字洞宾，道号纯阳子。著名的道教仙人，八仙之一，道教全真派北五祖之一，全真道祖师，钟内丹派、吕内丹派和三教合流思想代表人物。

诵经　指诵念经文，是道教斋醮中最普遍、最常见的一种仪式。一个道教徒在入道后初习仪式时就要学习诵经。在道教文化中通过诵念经文，可帮助修习道学。

身一变，变成了一座狮子峰，青狮身上散落的狮毛也变成了各式各样的小狮子。有的像是在玩绣球，有的像双狮搏斗，有的张牙舞爪，威风十足。

天如禅师见了双手合十，连声说"阿弥陀佛"，赞叹师父法力无边，功德圆满，菩提正宗寺成了佛国狮国。普应国师说："那就不妨将你这后花园称为'狮子林'吧!"

于是，这座后花园便有了"狮子林"这个名字，当然这只是一个美丽的传说。

■狮子林园林对门

狮子林原为菩提正宗寺的后花园，1341年，高僧天如禅师来到苏州讲经，受到弟子们的拥戴。

1342年，弟子们买地置屋，为天如禅师建禅林，因园内堆砌的假山形状像狮子，又因天如禅师得法于浙江天目山狮子岩的普应国师，故名"狮子林"。

狮子林的假山，通过模拟与佛教故事有关的人体、狮形和兽像等喻佛理于其中，以达到渲染佛教气氛的目的。

狮子林的山洞做法也不完全是以自然山洞为蓝

菩提 就是觉悟、智慧，用以指人豁然开悟，突入彻悟途径，顿悟真理，达到超凡脱俗的境界，也就是达到了涅槃的程度。涅槃对凡夫来讲是人死了，但在佛教中，认为是达到了无上菩提。

本，有时也采用迷宫式的做法，通过蜿蜒曲折、错综复杂的洞穴相连，所以其山用"情""趣"两字概括更相宜。

狮子林东部叠山以"趣"为胜，全部用湖石堆砌，并以佛经狮子座为拟态造型，进行抽象与夸张，构成石峰林立，出入奇巧的"假山王国"。

假山山体分上中下三层，有山洞21个，曲径9条，崖壑曲折，峰回路转，如迷宫一般妙趣横生。

在这片假山中共有四条路。第一条从小桥东洞口到卧云室北洞口；第二条从小桥西洞口到竹修阁洞口；第三条从卧云室西北洞口经小桥东池岸到棋盘洞口；第四条从卧云室西北洞口至棋盘洞，回到卧云室北洞口。

这些山洞错综复杂，互相缠绕，重重叠叠，盘枝错节。钻进这些山洞后，往往不容易再钻出来。传说，在清代，乾隆皇帝就在这座大的假山中钻来钻去，转了两个时辰还是没有走出去。更有传说，神仙在这里也得迷路。

在山顶石峰里有"含晖""吐丹""玉立""昂霄""狮子"诸峰，各具神态，千奇百怪。其中最有名的就是山顶上的狮子峰，是一块巨型太湖石，很像舞狮。

时辰　中国古时把一天划分为十二个时辰，每个时辰相当于现在的两个小时。相传古人根据中国十二生肖中动物的出没时间来命名各个时辰。

国师　又称帝师，多指古代的帝王封赐给德学兼备的僧人或道士的尊号。国师的称号在南北朝时期就有了。

■ 狮子林内的燕誉堂

鸳鸯厅 中国古代私家园林的一种厅堂形式。为一屋两翻轩，由南北两厅组成，南北两厅装修不同。北为方梁有雕花，是男主人会客的地方。南为圆梁，无雕花，北厅地砖也比南厅大，南厅是女主人会客和男主人听音乐的地方。

狮子峰周围有含晖、吐月，含晖在东面，犹如巨人站立，左腋下有穴孔，腹部又有4个穴，如果站在峰后，就可以见到光线从穴空中微微透出。吐月在西，陡峭且尖锐，在傍晚时分，可以见到月亮渐渐地从峰顶慢慢爬出。

假山上有很多太湖石峰和石笋，石峰间生长着松柏。整个山体是由太湖石架空叠成，磴道上下于岭、峰、谷、坳之间，时而上，时而下，有时穿洞，有时越桥，高高低低，左转右绕，进入假山犹如进入迷魂阵一般。

弟子们为天如禅师所造的园林称赞，不仅假山蕴含了佛教摄理，建筑也别具匠心。

■ 狮子林庭院一角

狮子林的门厅朝南，面阔近20米，中有将军门，门槛高将近1米，两旁置有抱鼓石、浮雕狮子戏绣球和刘海钓金蟾。大门上方悬挂着乾隆御书的红底金字的"狮子林"匾额，显示了它深厚的文化底蕴。

人们从门厅进入，穿过祠堂便可到达燕誉堂。燕誉堂是取《诗经》中"式燕且誉，好尔无射"之句而名。"燕"为安闲之意，"誉"为欢乐之意，即此为"宴请宾客的安乐之所"。

此厅是苏州园林中较为著名的鸳鸯厅。所谓鸳鸯厅就是一个大厅内用屏门和挂落隔成南北两部分，从内部看虽似两厅相连，但布置相异，装饰、家具、陈设各不相同。在功能上，前厅常为招待贵宾，内堂为密友聚谈、女眷欢聚的地方。

再往北就是指柏轩。指柏轩为两层楼建筑，全名是"揖峰指柏轩"。其名字的来源一说是来自"赵州指柏"的典故，另一说源于宋代朱熹的诗句"前揖庐山，一峰独秀"和明代高启的诗句"人来问不应，笑指庭前柏"。

指柏轩是狮子林现存唯一的禅意建筑，其建筑名称大多与禅宗的公案有关。指柏轩体态高大，四周围廊，有栏杆围合。轩前古柏数株，并与假山石峰遥相呼应，为狮子林主景之一。

指柏轩的西侧是古五松园，据资料记载，狮子林中曾经的确有五棵参天古松，故当时亦称狮子林是"五松园"，但这五棵古松后来都枯死了。

古五松园西南侧为真趣亭。亭傍池而筑，后有复

■ 狮子林怪石

朱熹（1130—1200），字元晦，一字仲晦，号晦庵。19岁进士及第，曾任荆湖南路安抚使，仕至宝文阁待制。南宋著名的理学家、思想家、哲学家、教育家、诗人，闽学派的代表人物，世称朱子，是孔子、孟子以来最杰出的弘扬儒学的大师。

■ 苏州狮子林内景

金代 中国历史上少数民族女真族建立的统治中国东北和华北地区的王朝。金太祖完颜阿骨打在统一女真诸部后，1115年建都立国，国号大金。金代在文化方面也逐渐趋向汉化，中期以降，女真贵族改汉姓、着汉服的现象越来越普遍。

廊，卷棚歇山顶，为花篮厅式面水轩。亭上方悬"真趣"匾额，为乾隆御书。

由于是皇帝亲临之地，亭内装饰金碧辉煌，亭内结构装饰精美，屋架、梁柱刻有凤穿牡丹图案，6扇屏门上刻有花卉、人物图案。还饰有"秀才帽"图案，寓意"秀才本是宰相苗"，鼓励认真读书，奋发向上，三面设吴王靠，饰有木刻狮子。

亭东南西三面刻有狮头及"卐"字花饰，油漆间以描金，富丽堂皇。在此小坐，可悉心欣赏湖心亭、九曲石桥、石舫、飞瀑和连绵的假山远景，石峰重叠，树木葱茏，一弯池水，几曲平桥，景色十分秀丽。

在指柏轩的正南方为卧云室。卧云室呈凸字形，两层，"卧云"这个名字出自金代著名文学家元好问的诗句"何时卧云身，因节遂疏懒"。卧云室上下各有6只戗角飞翘，造型奇特，楼阁周围空间极狭，似在石壁重重的山坳中。

卧云室再往南则是修竹阁。修竹阁飞跨于池水之上，西连湖心岛，东通复廊，因此阁内南北墙上分别有砖额"通波"与"飞阁"。

修竹阁南北不设墙，在阁内北望，可见小溪蜿蜒于山间，曲折幽深。南望则见曲折错落的石岸围住湖水，似山中小湖，颇含野趣。阁处模仿天然石壁溶洞形状，把假山连成一体，手法别具匠心。

立雪堂位于修竹阁的东边，堂名出自禅宗典故"慧可见达摩"，意在教导人们尊师重道。堂中置落地圆光罩，俗称"一根藤"，此罩似迷宫图案，苏州园林中有两个，此为其中之一。

扇亭的西北方为双香仙馆。双香仙馆是长方形单檐亭，屋顶与廊共用，三面围木制栏杆，亭内设汉白玉石台。此处，冬闻蜡梅香，夏亦可闻荷花香，绿荫浓浓，古意盎然。

飞瀑亭位于双香仙馆的正北方，建在瀑布旁，为方形卷棚歇山顶式小亭。亭内西置屏门，上部刻有《飞瀑亭记》，下刻浮雕"杏林春暖""茶净纳凉""东篱佳色""山家清供"。坐在亭中，流水潺潺，如闻涛声，故亭又名"听涛亭"。

天如禅师居住在狮子林中，曾作诗《狮子林即景十四首》，描述当时园景和生活情景。园建成后，当时许多诗人画家来此参禅，所作诗画列入《狮子林纪胜集》。

天如禅师谢世以后，弟子散去，寺园逐渐荒芜了，只有假山存留下来，

■ 狮子林中的太湖石

禅宗 佛教分为九乘佛法，然禅宗即是教外别传之第十乘。禅宗又名佛心宗，汉传佛教宗派之一，始于菩提达摩，盛于六祖惠能，中晚唐之后成为汉传佛教的主流，也是汉传佛教最主要的象征之一。

狮子林亭榭

其余的建筑都是后来重建的。

到了明代的1373年，大书画家倪瓒途经苏州，曾参与造园，并题诗作画，使狮子林声名大振，成为佛家讲经说法和文人赋诗作画之胜地。

1589年，明姓和尚托钵化缘于长安，重建狮子林、圣恩寺和佛殿，使狮子林再现了兴旺景象。

阅读链接

相传吕洞宾和铁拐李到狮子林中游玩，在狮子林的假山中七转八弯而迷路，走不出去。铁拐李走起路来一拐一瘸，最后坐在石头上直喊累，连连呼唤吕洞宾将他驮出去。

吕洞宾说："我们下一盘棋决定输赢，谁输就将赢的人驮出去。"

说完就用宝剑在石头上刻画出棋盘。铁拐李一边下棋，一边想着如何出去，结果棋下输了，只好向吕洞宾求饶，吕洞宾这才将铁拐李驮着驾云飞出去。

他们下棋的山洞从此就叫作"棋盘洞"。

从此以后，铁拐李每次路过苏州就会按下云头，专程到这里来看假山，努力想找到走出假山的路。

乾隆巡游而使寺园分家

　　1703年，康熙皇帝巡游，来到狮子林，当时狮子林还是菩提正宗寺的后花园。康熙非常喜爱园内的美景，故将寺庙改名为"狮林寺"。

　　当时在园中有五棵参天古松，故又名"五松园"。后来这五棵松树渐渐枯死了，人们便在园中建造了古五松园，纪念这五棵古松。在存留下来的"古五松园"匾额下，还有绢质五松联屏一扇。

　　乾隆皇帝也曾先后六游狮子林，赐"镜智圆照""画禅寺""真趣"等匾额。

　　据说，也正是因为乾隆来到狮子林游玩，才使本来是狮林寺后花园的狮子林从寺庙分离了出来，成为私人园林。

　　据说，1711——1799年，苏州狮子林附近出

狮子林内假山

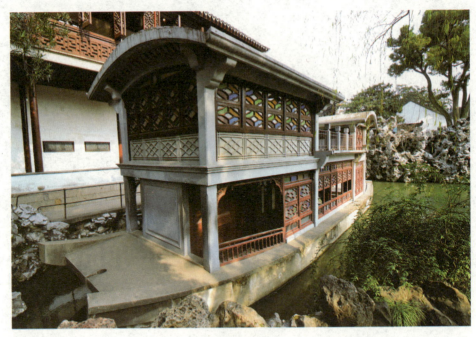

■ 狮子林水边石舫

方丈　即住持。原为道教固有的称谓，在道教中，讲人心方寸，天心方丈，方丈是对道教十方丛林最高领导者的称谓，亦可称"住持"。佛教传入中国后借用这一俗称。狭义的方丈指佛寺住持的居处。广义的方丈除指住持居处外，还包括其附属设施，如寝室、茶堂、衣钵寮等。后转申为禅林住持，或对师父之尊称。

了个状元叫黄熙，他从小就喜欢到狮子林玩。寺内的方丈见他聪明伶俐，也很喜欢他，便和他开玩笑说："你不是很喜欢这座花园吗？那你要好好读书，将来中了状元，我就把这座花园送给你。"

言者无心，听者有意，黄熙便一直记着这件事，发愤学习，后来果然考中了状元。那个老和尚对于送花园的事却忘得一干二净了。

就在这时候，乾隆皇帝下江南，来到了苏州，听说城北有座出名的狮林寺，寺庙后花园的假山堆得弯弯曲曲，很是出奇，便叫地方官陪着到狮林寺游玩。

方丈听说皇上要驾到，一时慌了手脚，不知如何接驾。老方丈急中生智，想起了黄熙，觉得黄熙书读得多，口才好，又见过世面，让他过来接待龙驾，准不会出差错。

主意已定，老方丈叫小和尚请黄熙过来。黄熙到了寺里，老方丈说尽好话，把接驾的事托付给他，黄熙满口应承下来。

过了没多久，只听得鸣锣开道，乾隆皇帝驾到。黄熙和方丈带着那帮小和尚，都俯首贴地，跪在了山门接驾。

乾隆一下轿，黄熙就高呼万岁，赶上去恭恭敬敬地带路。穿过弯弯曲曲的几处殿宇走廊，把乾隆引进了后花园。

乾隆见园中的假山，有的像大狮子，有的像小狮子，有的像公狮，有的像母狮，有的像狮子滚绣球，有的像双狮在嬉闹，真是千变万化。

这假山还有许多好听的名字，比如"含晖""吐月""春玉"和"昂霄"等，最高的一层假山叫"狮子峰"。

黄熙对狮子林特别熟悉，向皇帝介绍起来，倒也十分生动。乾隆越听越高兴，连连点头，还兴致勃勃地钻进了假山。

那狮子林的假山设计得也巧妙，钻到里面就像走进深山，半天也绕不出来。好比诸葛亮摆下的八阵图，奥妙无穷。

万岁 很久以前"万岁"只是表示人们内心喜悦和庆贺的欢呼语，本意有永远存在之意。到秦汉以后，臣子朝见国君时常呼"万岁"，表示臣下对君主的祝贺之意。

■ 狮子林内的奇石

■ 狮子林内的"真趣"匾额

文房四宝 中国独具特色的文书工具。文房之名，起于中国历史上南北朝时期，专指文人书房而言，因笔、墨、纸、砚为文房所使用而被文人们誉为"文房四宝"。其中，砚的别名是"润色先生"，是文房四宝中能传世最久的一宝。

乾隆进来后发现，园里的树木疏疏密密，交柯错叶，也非常秀丽。一池清水，游鱼历历可数。所见景致无处不精，无处不秀。乾隆越看越有趣。

穿过假山，乾隆在一个亭子里坐下来，便问亭子叫什么名字。黄熙知道机会来了，连忙回禀道："这个亭子尚未取名，请圣上为它起个名字吧。"

乾隆是喜欢到处题名留字的人，黄熙的话正中心头，不觉得心里一热，手头发痒，叫手下人取来了文房四宝。他想了好久，搜肠刮肚得也难下笔，一着急，就胡乱写下了"真有趣"三个字。

黄熙在一旁看着，见圣上题出这样粗俗、不伦不类的字句，将来挂了出去，岂不是要被人笑话吗？他灵机一动，上前奏道：

臣见圣上御题，笔笔铁划银钩，字字龙飞凤舞，其中这个"有"字更是百媚千态，臣冒昧该死，望圣上将个"有"字赐给小臣吧！

皇上题了"真有趣"三个字，自己想想也有点俗气，正想改一改，听黄熙一说，去掉这个"有"字，剩下"真趣"，倒也风雅，就点头应允了，并在"有"字旁题了"御赐黄熙有"一行小字。

命令侍从当场就裁下来，赏给黄熙，把"真趣"两字留下来，作为那座亭子的匾额。从此，那座亭子就叫作"真趣亭"了。

黄熙得到了这个御书的"有"字，心中暗自高兴。乾隆走后，他就把这个"有"字贴在了园门上，马上叫家人搬家，把家具都搬到园里来。

狮林寺的方丈十分奇怪，拦住黄熙问道："你怎么把家具搬到园子里来啦？"

黄熙两眼一瞪，说："'御赐黄熙有'这几个大字你还没看见

■ 狮子林内的怪石

■乾隆御笔"真趣"牌匾

吗？你是有意要违抗圣命？"

方丈一看，全明白了，是中了黄熙的计了，真是哑巴吃黄连，有苦说不出。从此以后，这个花园就同狮林寺分了家，就成黄家的私家花园了，而那"真趣亭"的名字也就流传了下来。

1771年，黄熙精修府第，重整庭院，改名为"五松园"。至清光绪中叶黄氏家道衰败，园子就荒废了，唯有假山存留下来。

阅读链接

1757年，乾隆皇帝第二次南巡时来到苏州，他取来狮子林图展卷对照着观赏狮子林，非常欣赏狮子林内的狮子假山的美景，于是赐匾"镜智圆照"于狮林寺，又题五言诗《游狮子林》。

后来，黄氏为了显示皇帝临幸狮子林的荣耀，将这首诗刻碑立石，留念后人，并建造了御碑亭，为园中古迹之一。

后来，御碑亭和石碑都被毁废了，存留下来的碑文乃是后来按原有断碑拓片重刻，只有碑座、碑顶为旧物。

西部假山及建筑胜景

　　1917年，商人贝润生购得此园林，用了将近7年的时间整修，新增了部分景点，建造了西部假山，俗称"土山"。贝润生还恢复了"狮子林"这一旧名，狮子林一时名冠苏州。

　　贝润生在园中植花木、浚水池，增建燕誉堂、小方厅、九狮峰等建筑。燕誉堂位于门厅的北方，"燕誉堂"的意思也就是宴请宾客的安乐之所。

　　再往北便是小方厅。小方厅东西两侧的墙上有呈矩形的砖细月洞，东窗外是素心蜡梅，西窗外是假山和林木。

　　以窗洞、门洞为画框，观赏外面的景

■ 狮子林内亭檐

俊秀雄丽的南北园林

■ 狮子林的燕誉堂

文天祥（1236—1283），宋朝民族英雄。字宋瑞，又字履善，号文山，吉州庐陵人，即今江西吉安人。1256年，举进士第一。1275年，元兵长驱东下，他于家乡起兵抗元。次年，临安被围，除右丞相兼枢密使，奉命往敌营议和，因坚决抗争被拘，后得以脱逃，转战于赣、闽、岭等地，兵败被俘，坚贞不屈，就义于大都（即今北京）。

色，称为"框景"。两幅框景，如两幅山水画，尽现造园主人的匠心，意境深远。

出小方厅即见厅园中的九狮峰。此峰由太湖石堆砌而成，为狮子林众多湖石峰的代表之一，气势雄伟，涡洞纵横，玲珑奇特，妙趣横生。因有拟态的九头狮子造型而得名。

峰石粉墙衬托，勾勒出峰石清晰的轮廓，左侧有次峰相配，翠竹摇曳，更显出峰石的奇、曲、高、峻，变幻莫测。

不仅如此，园中还有许多碑刻也非常有名。在园的周围环有长廊，长廊上置有"文天祥诗碑"等碑刻71块。

文天祥碑亭位于园林的南边，立雪堂的西侧，亦名"正气亭"。亭内碑刻是文天祥狂草手迹《梅花诗》：

静虚群动息，身雅一心清。
春色凭谁记，梅花插座瓶。

文天祥碑亭再往西为扇亭。扇亭是外形像折扇扇面的小亭。亭中有扇形的月洞、吴王靠和石台。置身其中，可饱览园景。

除此之外，贝润生还建了湖心亭、九曲桥、石舫、花篮厅、见山楼、人工瀑布等建筑。

湖心亭位于湖中央，故有此名。从亭中西望有瀑布飞泉，泉布共分五叠，跌入飞涧，故湖心亭中悬挂着"观瀑"匾额。

湖心亭是观瀑的最佳位置，故又名"观瀑亭"。湖心亭与连接亭的九曲桥和南面的拱桥一平一拱、一曲一直、一轻一重，形成了鲜明的对比。

石舫即旱船，人称"不系舟"。石舫中舱、后舱均为两层，四周共安有86扇和合窗。在江南园林里，往往有石舫点缀其中，暗示园主高洁、脱离尘世、浪

085

寺庙园林

狮子林

■ 园林建筑

■ 狮子林内绿水环
绕的假山

迹江湖之意。石舫上书对联：

> 柳絮池塘春暖
>
> 藕花风露宵凉

暗香疏影楼位于石舫的北侧，取"疏影横斜水清浅，暗香浮动月黄昏"的诗意得名。楼依湖而建，一层为通道。上楼南面可欣赏到园景大部，与问梅阁、五叠瀑布、听涛亭及400年的古银杏树组成园西部景区，古朴而幽静。

花篮厅面水而筑，前有平台。门前有一巨幅屏门，上刻《松寿图》，图中有松、竹、兰、芝。画上有匾额，上书"水殿风来"，两边有对联：

> 尘世阅沧桑，向昔年翠辇经过，石不能言，叠嶂奇峰还似旧；
>
> 清谈祇风月，于此地碧筼酬饮，花应解语，凌波出水其争妍。

屏门 中国传统建筑中遮隔内外院或遮隔正院或跨院的门，一般用于垂花门的后檐柱、室内明间后金柱间、大门后檐柱、庭院内的随墙门上，因起屏风作用，故称屏门。和屏风不同的是，屏门置于固定的地方，而和影壁不同的是，屏门的门扇可以活动，也可拆卸。

屏前有琴桌，桌旁两边各有落地花瓶，瓶高有一米多。厅南有14扇落地长窗，各刻有唐诗一首。厅北有6扇长窗，均刻有山水人物故事。厅内步柱不落地，柱端雕刻成花篮形状及梅、兰、竹和菊。

厅中间设屏门4扇，南刻《松寿图》，北雕东汉末年哲学家、政论家仲长统的《乐志论》。花篮厅为夏天赏荷的好地方。

紧挨着花篮厅的东侧便是见山楼。见山楼为两层小楼，依山临水而建，此处可尽览园内山水佳景。

见山楼的大小仅有指柏轩的1/10，主要是为了突出指柏轩的高大，并且不与假山争高低。在飞瀑亭南侧，便是问梅阁。问梅阁的名字出自禅宗公案，是西部园景的主体建筑。它构筑于土山之上，阁前遍植梅树。

整个狮子林中水景丰富，溪涧泉流，迂回于洞壑峰峦之间，隐没于林木之中，藏尾于山石洞穴，变幻幽深，曲折丰富。林中水体聚中有分。聚合型的主体水池中心有亭伫立，曲桥连亭，似分似合，水中红鳞跃波，翠柳拂水，云影浮动。

水源的处理更是别具一格，在园西的假山深处，山石为悬崖状。一股清泉经湖石三

东汉 （25—220），刘秀推翻了王莽所建立起的新王朝，重新恢复由刘氏统治的汉王朝，史家称为东汉。东汉沿用了许多西汉的方针与政策，而且在一些方面做了调整与改革，使之更加适于当时的社会状况。东汉时期的经济、文化、科学技术等方面都超过了西汉时期的水平。

■ 苏州狮子林建筑

叠，奔泻而下，如琴鸣山谷，清脆悦耳，形成了苏州古典园林引人注目的人造瀑布。

狮子林的假山是中国园林中大规模假山的仅存者，具有重要的历史价值和艺术价值。狮子林的假山群峰起伏，气势雄浑，奇峰怪石，玲珑剔透。假山群共有9条路线，21个洞口。

横向极尽迂回曲折，竖向则力求回环起伏。穿洞左右盘旋，时而登临峰巅，时而沉落谷底，仰观满目叠嶂，俯视则四面坡差，如入深山峻岭。

洞穴诡谲，忽而开朗，忽而幽深，磴道参差，或平缓，或险隘，给游人带来一种恍惚迷离的神秘趣味。

狮子林虽假山不高，但洞壑盘旋，嵌空奇绝；虽凿池不深，但回环曲折，层次深奥，飞瀑流泉隐没于花木扶疏之中，古树名木令人叫绝，厅堂楼阁更是精巧细致，是当时著名的园林。

阅读链接

问梅阁旁是人工瀑布。这条人工瀑布的建造不仅在苏州古典园林建造史上未曾见过，而且瀑布的假山堆叠在近代假山作品中堪称一流。

假山用石色泽一致，纹理走向自然天成，勾、挂、嵌堆叠手法细腻。从山涧顶端至湖面落差将近10米，山涧平均宽度仅为3米。

山涧中形成五个梯级，当泉水从天而降时，湍急的水流，潺潺的水声，危岩似的洞山，两旁摇曳的绿树，再加上五叠泉，在这里栩栩如生。西部假山艺术价值在此处得到升华。

拙政园

拙政园位于苏州东北街，它的面积达56000平方米，是苏州园林中面积最大的古典山水园林，也是江南园林的代表。

拙政园始建于明代。这个大观园式的古典豪华园林，以其布局的山岛、竹坞、松冈和曲水之趣著称。整个园林竹树野郁，山水弥漫，近乎自然风光，充满浓郁的天然野趣，被誉为"天下园林之典范"。

拙政园与承德避暑山庄、留园、北京颐和园齐名，被称为"中国四大名园"。

诗画隐喻中的明代建筑

明代的1505——1521年，御史王献臣因官场失意而还乡苏州，购地修建了一个园林，取晋代文学家潘岳《闲居赋》中"灌园鬻蔬，以供朝夕之膳……此亦拙者之为政也"之意，名为"拙政园"。

据史籍记载，王献臣曾委托画家文徵明做最早的设计，并存文徵明的画作《拙政园三十一景图》及手记《王氏拙政园记》和《拙政园咏》传世，比较完整地勾画出园林的面貌和风格。

拙政园绣绮亭

根据文徵明在《王氏拙政园记》中的描述，一开始建造此园时，文徵明就发觉这块地并不太适合盖相当多的建筑，因为地质松软，积水弥漫，

■ 拙政园

而且湿气很重。

　　因此，文徵明以水为主体，辅以植栽，因地制宜地设计出了各个景点，并将诗画中的隐喻套进人们的视觉层次中。

　　园中后来一直留有许多文徵明的对联与诗，其中以"梧竹幽居亭"中的"爽借清风明借月，动观流水静观山"最能代表此园的意境。

　　此外，园中所栽种的紫藤相传是文徵明亲手种植。由此可看出文徵明相当喜爱植物，并且园中超过一半的景色都与植物本身的含义有关。

　　当时刚刚建成的拙政园，规模宏大，园内多隙地，中亘积水，浚沼成池，池广林茂，有倚玉轩等建筑。

　　倚玉轩又称"南轩"，位于远香堂西侧临池，是四周带廊的三开间小轩，主向朝西，与旱船香洲隔水

潘岳　西晋文学家，30余岁出为河阳县令，令全县种桃花，遂有"河阳一县花"之典故。潘岳在任上有政绩，太傅杨骏引岳为太傅主簿。

御史　中国古代官名。先秦时期，天子、诸侯、大夫、邑宰皆置，是负责记录的史官、秘书官。国君置御史，自秦朝开始，御史专门为监察性质的官职，一直延续到清朝。

■ 拙政园留听阁

相望。步下三级石阶向北，即是兰曲平桥，向南有游廊，通向小飞虹廊桥。

这一带曲廊弯环回转，形成一曲尺形的小庭院，院内原先植青竹数十竿，青竹在诗人笔下有碧玉之美称。成园之初，文徵明的《拙政园图咏》中曾有"倚楹碧玉万竿长"之句，轩之得名亦源于此。

小轩东廊直接连主厅北边的大月台，与之成掎角之势，是拙政园中部的名景之一。

清代的学者曲园居士俞樾当年游园后曾为园主人题写小篆"听香深处"四个字，额悬于轩西向廊内，并评说：

> 吴下名园以拙政园为最，其南一小轩，花光四照，水石俱香，尤为园中胜处。

后来，此匾遗失。小轩在建筑上也颇有特色，为了方便赏景，共有三个出口，除西向主门外，南向、

俞樾（1821—1907），字荫甫，自号曲园居士，浙江德清人。清末著名学者、文学家、经学家、古文字学家、书法家。曾任翰林院编修，后罢官，移居苏州，潜心学术。治学以经学为主，旁及诸子学、史学、训诂学，乃至戏曲、诗词、小说、书法等，可谓博大精深。

东向的轩廊上均有出入口，堪称处处邻虚。屋顶为歇山构造，曲线优美，歇山山花探入水面，从对岸山岛看来，其倒影上下相衔，分外姣好。

王献臣所建的整个园林竹树野郁，山水弥漫，近乎自然风光，充满浓郁的天然野趣。王献臣死后，其子将园卖给了徐佳。徐佳是紫芝园主徐封之弟，也是另一名园"东园"主人徐泰时的堂叔父。

拙政园被徐佳所得后，徐佳以己意增损其中的建筑和布局，使园林失去了原本的意蕴。此后，徐氏家族在拙政园居住长达百余年之久。后来，徐氏家族衰落，拙政园也逐渐荒废了。

到了1631年，已破落近30年并荡为丘墟的拙政园东部园林为刑部侍郎王心一购得。王心一善画山水，他买到这片土地后，开始悉心经营，布置丘壑，在1635年落成，取名为"归园田居"，从此，拙政园便成为两个相对独立的园林。

小篆 秦始皇统一六国后，在秦国原来使用的大篆籀文的基础上，进行简化、创制的统一文字的汉字书写形式。因为篆书字体优美，始终被书法家所青睐，又因为其笔画复杂，形式奇古，而且可以随意添加曲折，所以古代印章刻制上，尤其是需要防伪的官方印章，一直采用篆书。

■ 拙政园的奇石

■拙政园美景

李白（701—762），字太白，号青莲居士。李白与杜甫合称"李杜"。中国唐朝诗人，有"诗仙""诗侠""酒仙""谪仙人"等称呼，是中国历史上最杰出的浪漫主义诗人。其作品天马行空，浪漫奔放，意境奇异，才华横溢，诗句如行云流水，宛若天成。

王心一所设计的"归园田居"大致位于存留下来的拙政园东园。园的入口设在南端，经门廊、前院，穿过兰雪堂，即可进入园内。

据史料记载，当时东园中为涵青池，池北为主要建筑——兰雪堂，周围以桂、梅、竹屏之。

兰雪堂是拙政园东部的主要厅堂，堂名取意于李白"独立天地间，清风洒兰雪"的诗句。

据园主王心一所著《归园田居》记载，最初的兰雪堂为五楹草堂，东西桂树为屏，其后则有山如幅，纵横皆种梅花。梅之外有竹，竹临僧舍，旦暮梵声，时从竹中来，环境幽僻。

堂前两棵白皮松苍劲古拙，墙边修竹苍翠欲滴，湖石玲珑，绿草夹径，东西院墙相连。

存留下来的兰雪堂为三开间，坐北朝南，"兰雪堂"匾额高挂，长窗落地，堂正中有屏门相隔。屏门南面为一幅漆雕《拙政园全景图》，北面为《翠竹图》，全部采用苏州传统的漆雕工艺，屏门两边的隔扇裙板上刻有人物山水。

涵青池池南及池左有缀云峰和联璧峰。山峰高耸在绿树竹荫中，山的西北双峰并立，取名"联璧"。

缀云峰的形态自下而上逐渐壮大，其巅尤伟，如云状，岿然独立，旁无支撑，此峰苔藓斑驳，藤蔓纷披，不乏古意。

峰下有洞，为"小桃源"。步游入洞，如渔郎入桃源，桑麻鸡犬，别成世界。

芙蓉榭建于水边，屋顶为卷棚歇山顶，四角飞翘，一半建在岸上，一半伸向水面，凌空架于水波上，伫立水边，秀美倩巧。

拙政园的芙蓉榭面临广池，池水清清，是夏日赏荷的好地方。漫步芙蓉榭，凭栏四顾，可见满池青翠，粉黛出水，风流丽质似亭亭玉立的仙子在碧波中

歇山顶 即歇山式屋顶，宋朝称九脊殿、曹殿或厦两头造，清朝改今称，又名九脊顶。为中国古建筑屋顶样式之一，在规格上仅次于庑殿顶。歇山顶分单檐和重檐两种，所谓重檐，就是在基本歇山顶的下方，再加上一层屋檐，和庑殿顶第二檐大致相同。

■ 拙政园内的建筑

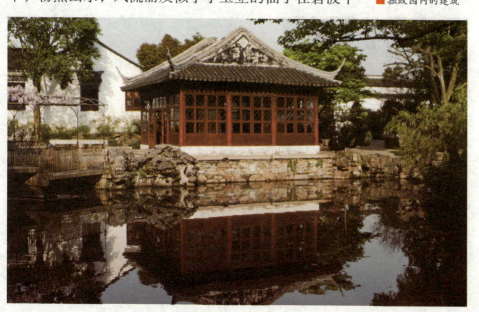

095

园林之母

拙政园

美目流盼，微风骤起，掀起一片绿浪，送来阵阵荷香，意境非常优美。

放眼亭为拙政园东部的最高点。登放眼亭，远可望园外闹市，近可观园内山水楼台。在园主王心一的《归园田居》中有这样的描述：

> 渡涧盘旋而上，是为紫逻山，以言其石之色也。上有五峰，曰"紫盖"，曰"明霞"，曰"赤笋"，曰"含华"，曰"半莲"，又谓之"五峰山"，有亭曰"放眼"。

这样的文字像图解说明，如数家珍。虽然文中的五峰早已消失，但是放眼亭一直浮在山顶，像一面不倒的旗帜。

东园西北的土阜上是由黑松、枫树和杨树组成

及第　指科举考试应试中选，因榜上题名有甲乙次第，故名"及第"。在隋唐时期只用于考中进士，在明清时期，殿试的前三名称"进士及第"，亦省称"及第"，另外也分别有"状元及第""榜眼及第""探花及第"的称谓。应试未中的叫"落第""下第"。考中进士也有其他别称，如"披宫锦""登科""登龙门"等。

■ 拙政园的建筑

的树林，林西为秫香馆。秫香馆原为秫香楼，秫香楼早已颓圮，存留下来的秫香馆成了园林的茶室。

拙政园内的亭阁

秫香馆为单檐歇山顶结构，其面阔5间。屋柱都移到外部，形成围廊，两侧有短窗，前后正中设落地长窗。

馆内落地长窗裙板及夹堂板上，刻有48幅黄杨木戏文浮雕。图案为明代风格，有"状元及第""洞房花烛"等场景，还有《西厢记》中的"张生跳墙会莺莺""莺莺拜月""拷红""长亭送别"等，雕镂精细，层次丰富，栩栩如生。西面有一道依墙的复廊，上有漏窗透景，又以洞门数处与中区相通。

阅读链接

拙政园最早的设计者文徵明是明代著名山水画家，"吴门画派"的领袖，他在中国山水画史上具有重要的影响。

在文氏的山水画作品中，以园林为题材的创作占有很大比重，这与明代苏州园林文化的影响以及文氏个人以"造化为师"的艺术创作思想不无关系。

在文徵明的园林题材绘画作品中，《拙政园三十一景图》堪称精品。在这幅图册中，对当时拙政园中的各个景点进行了非常细致的刻画，画后均题诗一首，与所画内容相得益彰。

图册中的拙政园以水景为主，园内建筑稀疏，是一座茂树曲池，接近天然风光的自然园林。

分家后复园的山水美景

1648年，当时拙政园主园的园主为徐佳第五代后人，他将拙政园卖给了清代大学士陈之遴。之后，陈之遴重新修葺了拙政园。

与陈之遴为儿女亲家的吴伟业在他的诗作《咏拙政园山茶花》中赞道：

苏州拙政园

有宝珠山茶三四株，交柯合理，得势争高，每花时，巨丽鲜妍，纷被照曜，为江南所仅见。

■ 拙政园的走廊

他在诗中赞美道：

艳如天孙织云锦，赪如姹女烧丹砂。
吐如珊瑚缀火齐，映如蟏蛛凌朝霞。

后来，陈之遴获罪被谪至辽东，1662年，拙政园被没收为官产。之后，拙政园又被还予了陈之遴家。陈之遴之子将园林卖给了王永宁。

王永宁购得拙政园后，开始大兴土木，易置丘壑。经过此次大修后，拙政园的面貌与文徵明的图记中所述已大不相同。

大学士 中国古代的官a职名称。唐代曾置昭文馆、集贤殿和崇贤馆大学士，后皆由宰相兼领。宋初，沿唐制，宰相分兼昭文馆、集贤殿大学士，其后又置观文殿、贤政殿大学士。明代废宰相，设置内阁制，内中官员皆称大学士。明清时期又称为中堂。

■ 拙政园的建筑

升龙　中国古代
关于龙的一种图
案，一般用于浮
雕。升龙的头部
在上方，呈升起
的动势。龙头往
左上方飞升，称
"左侧升龙"，
龙头往右上方飞
升，称"右侧升
龙"。升龙又有
缓急之分，升起
较缓者，称"缓
升龙"，升起较
急者，则称"急
升龙"。

重建后，园内有斑竹厅和娘娘厅，为王永宁居处。又有楠木厅，列柱100多根，石础直径达1米左右，高齐人腰，柱础所刻皆升龙。还有白玉龙凤鼓墩，都是珍贵的宝物。

当时，王永宁常在园内举行盛宴，令家姬演剧，时人有"素娥几队出银屏，十斛珍珠满地倾"之句。后来，王永宁因故身亡，家产被没收，雕龙柱及楠木柱等尽被送到京师，拙政园便颓圮衰败了。

1679年，拙政园改为苏松常道新署，当时的参议祖泽深将园修葺一新，增置堂三楹。

1684年，康熙帝南巡曾来此园，同年编成的《长洲县志》中写道：

廿年来数易主，虽增茸壮丽，无复昔时山林雅致矣。

拙政园自苏松常道署裁撤后，开始逐渐散为民居，先由王皋闻、顾璧斗两富室购得，后总戎严公伟亦居于此。

在1736年左右，拙政园又被分为中部的复园和西部的书园两部分，再加上早已分离出去的东部归园田居，最初浑然一体、统一规划的拙政园，演变为相互分离、自成格局的三个园林了。

此时，中部的复园归蒋棨所有。当时园内荒凉满目，经过蒋氏多年经营，才逐渐恢复了原来的规模。复园面积为1万多平方米，其中水面占1/3，为全园精华之所在，虽历经变迁，但园林的布局基本上延续了明代的格局。

复园中的水面有分有聚，临水建有形体各不相同、位置参差错落的楼台亭榭。

从《拙政园图》和《八旗奉直会馆图》中可以看

苏松常道 中国古代官名，又称苏松道。清初设兵巡道，管辖苏州、松江两府，驻地太仓州，后改为苏松常道，管辖苏州、松江、常州三府。乾隆年间改名为苏松太道。一般全称为分巡苏松太兵备道，或称苏松太仓道，因驻地在闵行区并兼理江海关，又简称为上海道、沪道、江海关道、关道等。

■ 拙政园内的亭榭

■ 拙政园的远香堂

到曾经的海棠春坞、听雨轩、玲戏馆、枇杷园、小飞虹、小沧浪、听松风处、香洲、玉兰堂等庭院，与存留下来的拙政园中部建筑毫无二致。

远香堂是复园的主体建筑。远香堂主厅为宴饮宾客之所，四面长窗通透，可环览园中景色。

厅北有临池平台，池中有东西两座假山。西山上有雪香云蔚亭。亭子上与远香堂正对的两根柱子上挂有文徵明手书的对联：

蝉噪林愈静

鸟鸣山更幽

亭的中央是元代诗人倪瓒所书的"山花野鸟之间"题额，东山上有待霜亭。在两座山之间以溪桥相

八旗 由清太祖努尔哈赤正式创立，初建时设黄旗、白旗、红旗和蓝旗四旗。后来因人数增多，又将四旗改为正黄、正白、正红和正蓝，并增设镶黄、镶白、镶红和镶蓝四旗，合称八旗，统率满、蒙、汉三族军队，他们是清朝主要的军事力量。

连接，山上到处都是花草树木，岸边则有众多灌木，使得这里到处都是一派生机。

远香堂的东面有一座小山，小山上有"绿绮亭""枇杷园""玲珑馆""嘉实亭""听雨轩""梧竹幽居""海棠春坞"等众多建筑。

听雨轩在远香堂的东南方，与周围的建筑用曲廊相接。轩前有一泓清水，水内植有荷花。池边有芭蕉、翠竹，轩后也种植一丛芭蕉，前后相映。

这里芭蕉、翠竹、荷叶都有，无论春夏秋冬，雨点落在不同的植物上，再加上听雨人的心态各异，就能听到各具情趣的雨声。因此，多少年来，在这里听雨的人们，都会感到境界绝妙，别有韵味。

荷风四面亭位于远香堂北方，建于水池中央，西面有一座曲桥通向柳荫路曲。在这里转向北方可以看到见山楼。

见山楼是一座江南风格的民居式楼房，重檐卷棚，歇山顶，坡度平缓，粉墙黛瓦，色彩淡雅，楼上的明瓦窗保持了古朴之风。

■ 苏州拙政园的听雨轩

■ 拙政园美景

见山楼三面环水，一侧傍山，底层被称作"藕香榭"，沿水的外廊设吴王靠，小憩时凭靠可近观游鱼，中赏荷花，远则园内诸景如画一般在眼前缓缓展开。

从西部可通过平坦的廊桥进入底层，而上楼则要经过爬山廊或假山石阶。上层为见山楼，陶渊明有"采菊东篱下，悠然见南山"的名句。

在古代，苏州城中没有高楼大厦，登此楼望远，可尽览郊外山色，故而得名。见山楼高而不危，耸而平稳，与周围的景物构成均衡的图画。此楼高敞，可将中园美景尽收眼底。春季满园新翠，姹紫嫣红。夏日熏风徐来，荷香阵阵。秋天池畔芦花迎风，寒意萧瑟。冬时满屋暖阳，雪景宜人。

在远香楼的西边，便是小飞虹。小飞虹的形制很特别，是苏州园林中唯一的廊桥。取南朝宋鲍昭《白

陶渊明（约365—427），字元亮，号五柳先生，东晋末期南朝宋初期诗人、辞赋家、散文家。曾做过几年小官，后辞官回家，从此隐居。田园生活是陶渊明诗的主要题材，相关作品有《饮酒》《归园田居》《桃花源记》《五柳先生传》《归去来兮辞》等。

云》诗中"飞虹眺秦河，泛雾弄轻弦"之意，取名"小飞虹"。"虹"指雨过天晴后横跨大地的一架绚丽的彩桥，古人以虹喻桥，用意绝妙。

小飞虹桥体为三跨石梁，微微拱起，呈八字形。桥面两侧设有"卍"字护栏，3间8柱，覆盖廊屋。檐枋下饰以倒挂楣子，桥两端与曲廊相连，是一座精美的廊桥。小飞虹朱红色的桥栏倒映水中，水波粼粼，宛若飞虹。

小飞虹的南面有小沧浪水阁。"小沧浪"取自北宋苏舜钦所筑的"沧浪亭"，寓意遁世归隐。小沧浪阁面阔3间，南窗北槛，两面临水，外形十分别致，似房非房，似船非船，似桥非桥，完全是架在水面上的一座水阁。

水阁横跨池上，将水面再度划分，把到此结束的中园水尾营造得貌似绵延不断，艺术手法高超。亭廊

南朝宋　又称水宋、刘宋。中国南北朝时期南朝的第一个朝代，420年，宋武帝刘裕取代东晋政权而建立。改国号宋，定都建康。因国君姓刘，为了与后来赵匡胤建立的宋朝相区别，故又称为刘宋。以刘裕世居的彭城为春秋时宋国故地，故以宋为国号。

105

园林之母

拙政园

■ 拙政园

围绕，构成开敞的幽静水院。

从前苏州古城文人雅士、官宦人家众多，无论是华屋巨宅还是一般住房，都特别注意小空间的修饰，这小空间就是庭院，而水庭院则是这绝无仅有的小沧浪。

一方面，它体现了江南水乡风情；另一方面，因水造景，院落内外互相借景而构建了一个特别清凉的环境。

小飞虹的北面是香洲。香洲为舫式结构，有两层舱楼，通体高雅而洒脱，其身姿倒映水中，更显得纤丽而雅洁。"香洲"之名寄托了文人的理想与情操。"香洲"用的是屈原笔下"芳洲"的典故。

《楚辞》中有"采芳洲兮杜若，将以遗兮下女"的句子。古时人们常以香草比喻清高之士，此处以荷花景观来寓意香草，也很得体。

在中国古典园林众多的石舫中，拙政园的香洲大概称得上是造型最为美观的一个。船头是台，前舱是亭，中舱为榭，船尾是阁，阁上起楼，线条柔和起伏，比例大小得当，使人想起古时苏州、杭州、扬州一带山温水软，画舫如云的景象。

香洲位于水边，正处于东西水流和南北向河道的交汇处，三面环水，一面依岸，由三块石条所组成的跳板登船。站在船头，波起涟漪，四周开敞明亮，满园秀色，令人心爽。烈日酷暑，此地却荷风阵阵，举目清凉。

香洲船头上悬有文徵明写的题额，后人还专门为之题跋。香洲这条旱船，建筑手法典雅精巧，引人入胜，使人感到一种对高尚人格的追寻。

松风水阁位于远香堂的西南边，又名"听松风处"，是看松听涛之处。松、竹和梅在中国传统文化中被称作"岁寒三友"。

松树经寒不凋，四季常青，古人将之喻有高尚的道德情操者。松之苍劲古拙的姿态常被画入图中，是中国园林的主要树种之一。有风拂过，松风水阁外，

屈原（约前340—前278），中国古代伟大的爱国诗人。名平，字原，战国时期楚国贵族出身，任三闾大夫、左徒，兼管内政外交大事。他写下许多不朽诗篇，成为中国古代浪漫主义诗歌的奠基者，在楚国民歌的基础上创造了新的诗歌体裁楚辞。他的主要作品有《离骚》《九章》《九歌》《天问》等。

107

园林之母 拙政园

■ 拙政园的建筑

松枝摇动，松涛作响，色声皆备，是别有风味的一处景观。

再往西便是玉兰堂。玉兰堂曾名"笔花堂"，与文徵明故居中的"笔花堂"同名，梦笔生花是古代文人对创作灵感的追寻，将此处取名"笔花堂"表明这里是园主进行创作的地方。玉兰堂的南墙高耸，好似画纸，墙上藤草作画，墙下筑有花坛，植天竺和竹丛，配湖石数峰，玉兰和桂花，色香宜人。

蒋氏拥有复园70余年之后，再次易主。1809年，刑部郎中查世倓购得此园，当时园子已经池堙石颓了，经过查氏不断修缮，复园面貌才焕然一新。

阅读链接

复园的海棠春坞，位于听雨轩的北边，是一个独立小院，造型别致的书卷式砖额嵌于院之南墙。院内植海棠两株，初春时分万花似锦，娇羞如小家碧玉，秀姿艳质。

庭院地面为青、红、白三色鹅卵石镶嵌而成的海棠花纹，与海棠花相呼应。海棠春坞的庭院虽小，但清静幽雅，是读书休憩的理想之所。

西部园林的建筑胜景

1736年，拙政园西部书园的主人是太史叶士宽。存留下来的书园中有拥书阁、读书轩、行书廊和浇书亭诸古迹，都是由叶士宽所筑的。

书园后来又归道员沈元振，园中宅第为太常博士汪美基所居，后来又分属程、赵、汪等姓。

拙政园的建筑

■ 拙政园内景

道员 清代官名。清代各省设道员，正四品，或有专责，或作为布副使、按副使。专责者有督粮道或粮储道，简称粮道。作为布副使者、按副使者，有分守道和分巡道。

洪钧（1839—1893），清末外交家。字陶士，号文卿。同治年间中状元，任翰林院修撰。后出任湖北学政，主持陕西、山东乡试，并视学江西。1881年任内阁学士，官至兵部左侍郎。

1877年，富贾张履谦接手此园，把拙政园的西部园林，改名为"补园"。张履谦大举装修了相当多的细致部分，存留下来的拙政园西部园林，便形成于张履谦接手时期。

补园面积为8 000多平方米，该园以池水为中心，有曲折水面和中区大池相接。补园中有三十六鸳鸯馆、留听阁、塔影亭、浮翠阁、与谁同坐轩、笠亭、宜两亭和倒影楼等建筑。

三十六鸳鸯馆是补园的主体建筑，方形平面带四耳室，厅内以隔扇和挂落划分为南北两部，精美华丽，南部叫"十八曼陀罗花馆"，北部叫"三十六鸳鸯馆"，夏日用以观看北池中的荷蕖水禽，冬季则可欣赏南院的假山、茶花。

一座建筑同时有两个名字，这是古建筑中的一种鸳鸯厅形式，以屏风、罩、纱槅将一座大厅分为两部分，梁架一面用扁料，一面用圆料，似两进厅堂合并而成，其作用是南半部宜于冬、春，北半部宜于夏、秋。

鸳鸯厅面阔3间，外观为硬山顶，平面呈方形，四隅均建有四角攒尖的精巧耳房，又叫暖阁。北半部挑出于水面，由8根石柱撑住馆体架于池上。

馆中央的银杏木雕玻璃屏将大厅一隔为二。北厅临清池，夏、秋时推窗可见荷池中芙蕖浮动，鸳鸯戏水。东汉时大将军霍光"园中凿大池，植五色睡莲，养鸳鸯36对，望之灿若披锦"，馆名取其意。匾额为清代苏州状元洪钧题写。

南厅是十八曼陀罗花馆，宜于冬、春居处，厅南向阳，小院围墙既挡风又聚暖，并使室内有适量的阳光照射。

曼陀罗花即山茶花。清代末年，张履谦建此馆时曾栽种18株名贵的山茶花，冬季百花凋零，山茶却如

■ 拙政园内景

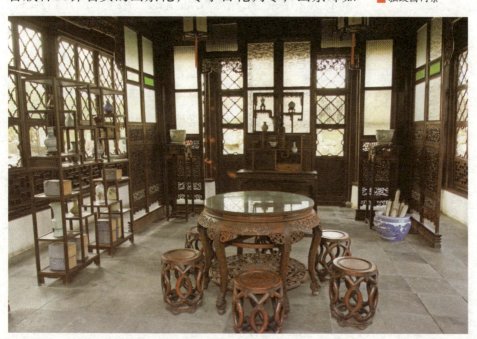

■ 留听阁外景

挂屏 清初出现挂屏，多代替画轴在墙壁上悬挂，成为纯装饰性的品类。它一般成对或成套使用，如四扇一组称四扇屏，八扇一组称八扇屏，也有中间挂一中堂，两边各挂一扇对联的。这种陈设形式，雍、乾两朝更是风行一时，在宫廷中皇帝和后妃们的寝宫内，几乎处处可见。

傲雪的蜡梅嫣红斗雪，"树头万朵齐吞火，残雪烧红半个天"，表现出蓬勃的生命力，展示着独特的美。

此馆匾额是晚清苏州的另一个状元陆润庠所题。陆状元和洪状元在苏州话里的"洪、陆"谐音红、绿。这一洪一陆同邑两状元，为同一建筑写匾额，为厅堂增色不少。

三十六鸳鸯馆内的顶棚采用连续四卷的拱形状，既弯曲美观，遮掩顶上梁架，又利用这弧形屋顶来反射声音，增强音响效果，使得余音袅袅，绕梁萦回。

主人在此宴友、会客、休憩，环境优雅，在厅中铺就一方红氍毹，吹笛弄箫，吟歌唱曲。陈设古色古香，书画挂屏，家具摆设配置精当。

留听阁位于三十六鸳鸯馆的北方，为单层阁，体形轻巧，四周开窗，阁前置平台。从整体外形看，留听阁是一个抽象化的船厅，厅前平台如船头。左侧池塘中种满了荷花，荷花生长期间其叶、蕾、花和果皆有姿有态。

阁内有松、竹、梅和鹊的清代银杏木立体雕刻，将"岁寒三友"和"喜鹊登梅"两种图案融合在一起，接缝处不留痕迹，浑然天成，是园林中不可多得的精品。

从春末夏初池面冒出点点绿意，到盛夏时节的满池华盖，直至秋意浓浓的枯叶残花，每一个阶段都有其独到的美。

有道是"花无百日红"，再美的鲜花最终也是"零落成泥碾作尘"，残花败叶的凄凉晚景总让人不忍目睹，唯独这里的枯荷却别有一种残缺美的意境。

唐代诗人李商隐有"留得残荷听雨声"的名句，留听阁就是取此诗意而名。

在留听阁，回望南边的塔影亭，顿觉美妙之至。攒尖的八角亭映入水中，宛如宝塔，端庄怡然，为西部花园中一个别致的景观。

塔影亭所处的位置并不显眼，已到了花园的尽头。园主在水源将尽处筑了一个小亭，使整个园林的美景到这里结束却不觉得突兀。更

拙政园内的亭阁

斗笠　中国古代的一种遮阳或遮雨的器具。斗笠以竹篾、箭竹叶为原料，编织而成，有尖顶和圆顶两种形制。讲究的以竹青细篾加藤片扎顶混边，竹叶夹一层油纸或者荷叶，笠面再涂上桐油。有些地方的斗笠，由上下两层竹编菱形网眼组成，中间夹以竹叶、油纸。

妙的是，不光有亭，还有影，就如曲终余韵不绝，扩展了人们的想象空间。

在塔影亭的东北方为扇面亭"与谁同坐轩"。与谁同坐轩是补园中的一个小亭，造型小巧玲珑，非常别致，修成折扇状。苏轼有词"与谁同坐？明月、清风、我"，故名"与谁同坐轩"。

轩依水而建，平面形状为扇形，屋面、轩门、窗洞、石桌，石凳及轩顶、灯罩、墙上匾额和半栏均呈扇面状，故又称作"扇亭"。

轩内扇形窗洞两旁悬挂着杜甫的诗句"江山如有待，花柳自无私"。扇亭地处山麓水边，地理位置甚佳，树高而雄，石幢静立，人在轩中，无论是倚门而望，凭栏远眺，还是依窗近视，小坐歇息，均可感到前后左右美景不断。

在与谁同坐轩后的土山上还有一小亭，称"笠亭"。亭呈浑圆形，顶部坡度较平缓，恰如一顶箬

■ 拙政园内的与谁同坐轩

■ 拙政园小景

帽，掩映于枝繁叶茂的草树中，摒弃了一切装饰，朴素无华。山小亭微，搭配匀称，衬以亭前山水，俨然一个戴着斗笠的渔翁在垂钓，悠然自得。

与谁同坐轩和笠亭是两种不同的园林建筑艺术造型，也是在古典园林中较少见的象形建筑。亭、轩结合，浑然一体。

笠亭山上有一座八角形双层建筑，高大气派，山上林木茂密，绿草如茵。远远望去好像建于浮动的翠绿浓荫之上，因而得名"浮翠阁"。登阁眺望四周，但见山清水秀，天高云淡，满园青翠，一派生机盎然，令人心旷神怡，乐不思返。

与谁同坐轩、笠亭和浮翠阁，地理位置依次是临水、山中和山巅，它们形态各异，大小不一，由低至高，循序渐进。

与谁同坐轩的北面为倒影楼。倒影楼以观赏水中倒影为主。楼分两层，楼下是"拜文揖沈之斋"，文是指文徵明，沈是指沈周，这两位均是苏州著名的画

沈周 （1427—1509），字启南，号石田、白石翁、玉田生、有居竹居主人等，明代杰出的书画家。不应科举，专事诗文、书画，明代中期文人画"吴派"的开创者，与文徵明、唐寅、仇英并称为"明四家"。传世作品有《庐山高图》《秋林话旧图》《沧州趣图》等，著有《石田集》和《客座新闻》等。

家，沈周还是文徵明的老师。

西园园主张履谦为表达自己对这二人的景仰之情，于1894年特建此楼以资纪念。同时，张履谦还将自己收藏的文徵明、沈周画像和《王氏拙政园记》拓片，以及清代书法家俞粟庐的《补园记》石刻嵌在楼下左右两壁。

倒影楼的中间裙板上刻有郑板桥的书画真迹。面水的一侧于柱间安装通透玲珑的长窗，窗内有木质低栏。

倚栏而立，可凭水观景，左有波形长廊相伴，右有与谁同坐轩，这些景物的倒影如画，尽入眼中。再加上水底明月，池中云彩，波影浮动，景色绝佳。

在别有洞天靠左叠有假山一座。假山石径上有一座六角形的亭子立于山顶，这就是宜两亭。宜两亭与西北方的倒影楼互为对景。

从中花园观望西花园，层层递进的景色展开后，宜两亭突出于廊脊之上，使整个中花园的景色变得绵延不尽，形成非常深远的景观空间，这是造园技巧上"邻借"的典型范例。

阅读链接

拙政园宜两亭的"宜两"出自一个有趣的故事。唐代白居易曾与元宗简结邻而居，院落中有高大的柳树探出围墙，可为两家共赏。

白居易写诗赞美道："明月好同三径夜，绿杨宜作两家春。"以此来比喻邻里间的和睦相处。

当年，拙政园的中园和西园分属两家所有，西园主人不建高楼，而改为堆山筑亭。西家可以在亭中观赏到他十分羡慕的中园景色，而中园主人在中园亦可眺望亭阁高耸的一番情趣，借亭入景，丰富景观。

一亭宜两家，添景更添情。就这样，一句好诗，一段佳话，造就了一个妙亭，一道风景。

留园位于苏州金阊门外，以园内建筑布置精巧、奇石众多而知名，是中国著名的古典园林。

留园占地两万多平方米，集住宅、祠堂、家庵、园林于一体，综合了江南造园艺术的精华，并以建筑结构见长，形成一组组层次丰富，错落相连，有节奏、有色彩、有对比的空间体系。

留园在空间上的突出处理，充分体现了古代造园家的高超技艺、卓越智慧和江南园林特有的艺术风格和特色。

苏州留园

富有山林之趣的东园

　　1593年，明太仆寺少卿徐泰时罢官归田后，在苏州金阊门外建造园林，名为"东园"，这即是留园的前身。徐泰时能够建成东园，这和他的做官经历是分不开的。

　　早在1580年，41岁的徐泰时考中进士，被授予工部营缮主事，后

苏州留园美景

以劳绩晋升为营缮郎中。

后来，明神宗兴建寿陵，徐泰时被派到工地管理寿陵的建造。这一段时间的修陵经历，为徐泰时以后建东园积累了丰富的经验。

修陵之后，徐泰时因平时慷慨任事，自恃才高，得罪了上司与同僚，被弹劾，后来被罢职了。

徐泰时罢官回归故里苏州后不问世事，在1593年开始专心建筑东园和西园。西园为佛寺，即后来的戒幢律寺；东园为园林，即留园前身。

由于徐泰时仰慕范仲淹，取《岳阳楼记》的含义，题园中主体建筑名为后乐堂。但后乐堂被毁，后来刘恕为园主时扩建为"传经堂"，到盛康为园主时，因得文徵明停云馆藏石，更名为"五峰仙馆"。

五峰仙馆位于大门的北方，为留园一座最大的建筑，由于五峰仙馆的梁柱均为楠木，又称楠木厅，有

■ 留园五峰仙馆

进士 科举制度是中国历史上考试选拔官员的一种基本制度。源于汉朝，创始于隋朝，确立于唐朝，完备于宋朝，兴盛于明、清两朝，废除于清朝末年。在中国古代科举制度中，通过最后一级中央政府朝廷考试者，称为进士，是古代科举殿试及第者之称，意为可以进授爵位之人。

"江南第一厅堂"之誉。这里的一副楹联道：

> 白云怡意
>
> 清泉洗心

楹联的落款是"佚名题留园五峰仙馆北浣云沼东边墙"。

楹联主要写山居生活的情趣。上联中的白云，一方面是隐逸的象征，另一方面又是禅家常用的喻象，象征着不染不著、无拘无缚的自由心态。

下联表达的是以清澈的泉水涤荡心中的杂念，使心智纯洁专一，颇富玄理色彩。全联言简意赅，意趣恬淡，富有玄理妙思。

此楹联出自南朝梁时陶弘景《诏问山中何所有，赋诗以答》一诗，诗道：

> 山中何所有？岭上多白云。
>
> 只可自怡悦，不堪持寄君。

陶弘景（456—536），字通明，自号华阳隐居。南朝南齐南梁时期道士、医学家、哲学家和文学家。他精通棋术，善于弹琴，也是个书法家，人称"山中宰相"。传世作品有《本草经集注》《集金丹黄白方》《二牛图》等。

五峰仙馆内还有楹联为：

雨后静观山意思
风前闲看月精神

楹联落款是"梁巘集自宋人邵雍诗题五峰仙馆内大理石插屏"。

表示此副楹联是为馆内的大理石插屏所题。

五峰仙馆的这块大理石圆形座屏的石面纹理色彩仿佛一幅"雨霁图"，而左上方的朦胧石晕又恰成云中月，故联语选取了富有诗意的自然景物，如新雨洗过的青山、清风和明月，景清而意远，仿佛天然水墨图画。

联中的"山意思"和"月精神"，赋自然风景以人情味，和李白《独坐敬亭山》中"相看两不厌，只有敬亭山"的意境异曲同工，写出了山和月的个性，人与山、月，好像主人和宾客一样，是物我交感的绝好说明。

五峰仙馆还有楹联道：

历宦海四朝身，
且住为佳，休辜负清风

■ 苏州留园内景

■ 苏州留园

明月；

　　借他乡一廛地，因寄所托，任安排奇石
名花。

楹联落款是"盛康题留园五峰仙馆"，这是后来
园主盛康的自撰联，联中的"且住为佳"，出自晋
人帖：

　　天气殊未佳，汝定成行否？寒食近，且
住为佳尔。

盛康精通医道，原在常州开过药店，因所献丹药
治愈了慈禧太后的慢性皮炎而得到青睐。

此后，凭借着自己的才能，盛康在官场非常得
意，不断升迁。而此联就是反映了盛康官场得意后的

太后　根据封国、
非封国的情况分
为王太后和皇太
后。"皇太后"
为中国古代皇帝
法定母亲的尊
号。在中国，太
后的起源不详，
最早在春秋战国
时期以前就有太
后出现，是世界
上最早的太后。
自西汉起，历代
沿称。"王太
后"是指诸侯国
藩王或诸侯国君
王的母亲。

踌躇满志，寄情山水之情。

五峰仙馆的北厅还有一副楹联道：

读书取正，读易取变，读骚取幽，读庄取达，读汉文取坚，最有味卷中岁月；

与菊同野，与梅同疏，与莲同洁，与兰同芳，与海棠同韵，定自称花里神仙。

楹联的落款是"陆润庠题留园五峰仙馆北厅"，这副对联为后来清代状元陆润庠撰写，挂放在五峰仙馆厅北。

楹联的上句谈读书之乐。作者选取了五部具有代表性的著作，吸取其精髓，从中获取无穷乐趣。下句借咏花喻指人的品格高洁脱俗，心志不凡。

据记载，徐泰时所建的东园已经颇具规模。后乐堂前有楼，楼下左右隅植牡丹、芍药，又在堂右数步外植野梅一林，在堂后请叠山高

苏州留园春色

■苏州留园冠云峰

手周时臣垒石屏作普陀、天台诸峰峦状，山上梅岩相得，势若拱遇。池堤上红杏垂杨间植，堤尽有亭一座。

另外，徐泰时还在园中安置了三块有名的太湖石，造成了冠云峰、瑞云峰和岫云峰。这三块太湖石也是宋代花石纲的遗物。

庭院居中者，最为高大的即为冠云峰，东西两侧分别为瑞云、岫云两峰，两峰退立两侧，屏立于冠云峰左右，呈品字形排列。

冠云峰清秀奇特，极嵌空、瘦、挺之妙，因石巅高耸，四展如冠，取名冠云。此峰不但正面看去峻峭雄拔、风韵不凡，细看峰顶，似乎像一只雄鹰兀立其上，鹰头在西，向下盯着一只向上爬的老龟。

如从西北方向望去，却另有一番情趣，宛如一尊送子观音，怀抱婴儿，脚踩鳌鱼，亭亭玉立。

冠云峰前凿有小池，半方半曲，峰石倒影落入池中，名为"浣云沼"。峰后建楼名为"仙苑亭"，又叫"冠云楼"。

这前池后楼和石峰在色调与形体上，形成了深浅明暗和高低横竖的明显对比，从而把冠云峰衬托得更为高大凌空。

山峰下用湖石砌成的花台小径，罗列小峰石笋，花草松竹点缀其间，真是绝妙的林泉景色，大有林下水边、胜地之胜的风味。

冠云峰西侧一峰，名为"岫云峰"。峰石呈白色，嵌空玲珑，窈

俊秀雄丽的南北园林

穴密布，视之犹如乱云出岫，飞雪轻扬。身下有一沟
壑，形如深山溪涧，蜿蜒曲折。

峰脚下有一棵百年枸杞，攀石穿穴，缠绕其身。
每值深秋，那峰石上一串串翡翠般的绿叶，以及那色
同红珊瑚似的浆果，把峰石打扮得更为美丽，充满
生机。

瑞云峰石呈浅灰色，亦玲珑嵌空，窍穴数百，有
两个由水浪拍打形成的大洞孔，石峰左右形成两只宽
袍舞袖，相隔仅尺，如同美女扭动着细肢软腰，翠袖
翩风，舞姿翩跹。

据说，徐泰时得到瑞云峰后，在将石运至东园的
一路上不知破坏了多少桥梁，因此，徐泰时对瑞云峰
更加珍惜了。

峰石运回苏州后，立于徐
氏园林堂侧土垅之上。徐泰时
女婿范允临曾对时任吴县知县
的袁宏道说："此石每夜有烛
光出现。"

从此，瑞云峰更是声名鹊
起。但是瑞云峰运回不久，徐
泰时就病故了，瑞云峰从此就
高卧深林茂草之中。

过了40年，徐泰时的儿子
徐溶把倒伏在深林茂草中的瑞
云峰又竖立了起来。但是没想
到，没有几年徐溶也死了。瑞

■ 苏州留园秋色

云峰被视为不祥之物，所以一直被搁置，后来才被重新立起来。

瑞云峰高约5米，宽约3米，厚1米，底座高1米，总高约6米。峰形似巨掌，褶皱相叠，涡洞相套，玲珑剔透，趣妙曲折，四面可赏，其规模体量、清秀奇特为现存太湖石峰之最。

瑞云峰不仅具有传统赏石品定的"瘦、皱、漏、透"四美，而且形态天成，神采独具，更是历史悠久，传说神奇。明代文学家袁宏道称赞瑞云峰"妍巧甲于江南"。

徐氏园林中的简洁疏朗和自然野趣，反映了禅宗美学思想的超凡脱尘原则，而疏朗与野趣正是明代文人园林的特点。徐泰时不仅修建了东园，还给东园带来了一些文化元素。

俊秀雄丽的南北园林

■ 留园瑞云峰

当时，徐泰时一边修园，一边还结识了许多朋友。他所会的好友有著名文学家——吴县知县袁宏道和长洲令江盈科。

这二人在1595年到苏州任职，把东园分别记入《园亭纪略》和《后乐堂记》中，东园也因这两篇美文而闻名。

徐泰时去世后，东园传及子孙，但是后来随着徐氏的没落，东园也逐渐衰落。清朝初期，东园一度被废为踹布坊。相传当时也曾经被人重建，但屡屡易主，所以总是无法得到很好的重建。

■ 留园太湖石假山

阅读链接

留园的五峰仙馆内保存有一件号称"留园三宝"之一的大理石天然画"鱼化石"。

只见一面大理石立屏立于墙边：石表面中间部分隐隐约约群山环抱，悬壁重叠；下部流水潺潺，瀑布飞悬；上部流云婀娜；正中上方，一轮白白的圆斑，就像一轮太阳或者一轮明月。这是自然形成的一幅山水画。

这块直径一米左右的大理石出产于云南点苍山中，厚度仅有1.5厘米。这么大尺寸的一块大理石，是如何完好无损地从千里之外的云南运到这个江南苏州的，真是一个谜！

奇峰异石云集的美景

1794年，刘恕成为园主后，开始对东园的修复和扩建。经过5年时间的努力，东园的修复和扩建终于完成。重修完成后，因园内竹色清寒，波光澄碧，又以其中多植白皮松，故名"寒碧庄"，又因为属于刘家所有，故又称"刘园"。

留园荷花池曲桥

刘恕一向爱石，有人形容其是"千金一石不为痴"。在刘恕治园的20多年里，刘恕搜寻了玉女、箬帽、青芝等太湖石，称为"十二峰太湖奇石"，自号"一十二峰啸客"，并撰文多篇，记载寻石经过，抒发仰石之情。同时，他还邀人绘画、题字、作记，然后移入园内。

印月、青芝和鸡冠三石位于濠濮亭曲溪楼前，三石都高不过3米。印月临水，石中有一天然涡孔，其倒影落在池中如一轮明月，刘恕曾经作诗描述道：

凌虚忽倒影，恍若月临川。

青芝的形状如刘恕诗称"拟断白木镵"，只是颜色万古长青，后来唯其顶上横加了一块湖石。

累黍石位于五峰仙馆北面、还读馆西面，当窗而立，高3米有余。累黍石上布满黄色结晶颗粒，可谓"累处直疑从黍谷"，和还读我书斋之名相得益彰。

俊秀雄丽的南北园林

潘奕隽（1740—1830），清代著名书画家、藏书家。字守晟，一作守愚，号榕皋，又号水云漫士、三松居士。1762年中举，1772年进士，官户部主事，充方略馆总校官、四库全书馆分校官，官内阁中书、文渊阁检讨。

狝猴和仙掌位于五峰仙馆北面庭院花径之上，仙掌居中，狝猴偏西，两石高两米左右。从五峰仙馆内朝北望之，狝猴峰如一老猿，抓首弄耳蹲立于白皮松下，身上毛发也依稀可辨，真有点"似戒飞腾学静观"的味道。

一云峰位于明瑟楼南的假山中，石上镌有"一梯云"三个字，其侧隐约可见"一云峰"三个字，峰高丈余，屹立于假山石径旁，如云似帆。

箬帽屹立在冠云峰旁东侧，石高不过丈，石上部形如箬帽，故有此名。石背面镌有刘恕所题"箬帽峰"字。可惜此峰曾折裂，人们用铁搭连之，暗合清代学者潘奕隽诗"不必低头效苦吟"之句，真是恰如其状，栩栩如生，出神入化。

拂袖在东园一角，石上攀附凌霄一株，石高约一丈，其身拂出一角如古人袍袖，故有此名。清代学者潘奕隽有诗道：

介石心原不染尘，
餐霞几岁学修真。
浮邱把袂还招手，
同调应呼澹荡人。

玉女在"绿荫"西墙边，青枫下，石高不满丈，前临荷池，雾鬟风鬟，素裳曳地，亭亭玉立，如一美人，故有此名。

■ 留园书房

苏州留园

　　奎宿在曲溪楼前濠濮亭旁，石高两米余，貌不惊人。唯其形状与天上二十八星宿中的奎宿形状极为相似，故称"奎宿"。

　　刘恕还喜好书法名画，他将自己撰写的文章和古人几百方条石法帖，勒石嵌砌在园中廊壁。后来保存的书条石，基本是刘恕留下的。

　　刘恕还遍请当地名家，集各家之长，融会贯通，对东园故址改建，形成了独特的风格。经过刘恕的重修，刘园虽然比东园增加了建筑，但仍不失深邃曲折幽静之趣。当时园林有内园、外园之分，内园即刘恕住宅部分，外园即园林部分。

　　刘园中建有古木交柯、还读馆、卷石山房、明瑟楼、绿荫、曲溪楼、掬月亭、含青楼、垂杨池馆、个中亭和半野草堂等。

　　古木交柯位于园林的东南方，是一个幽僻的小庭院。此处虽无奇峰秀石，但高墙下用素砖砌筑的花台上的山茶怒放，柏枝凝翠，红绿相间，一派生机盎然的景象。

　　粉墙上嵌有"古木交柯"砖匾一方，但后来由于岁月的洗刷，旧题已久磨灭。存留下来的是后来盛康为园主时补书的，在题名的左边还有跋文：

《水经注》北魏时郦道元所著，是中国古代较完整的一部以记载河道水系为主的综合性地理著作，在中国历史发展进程中有过深远的影响，自明清以后不少学者从各方面对它进行了深入细致的专门研究，形成了内容广泛的"郦学"。

　　　　此为园中十八景之一，旧题已久磨灭，爱补书以彰其迹。丁巳嘉平月，道苏郑思照识。

　　郑思照为盛康幕僚，在后来的1910年曾测绘《苏州留园全图》，补书时间为1917年。

　　在古木交柯的花台中原有古树两棵，一为古柏，一为耐冬，耐冬即为山茶的一种。但是两树都已死亡，只是古柏虽死，但躯干还在。后来为正其名，又移栽了古柏和耐冬两棵，形成景观。两树交柯连理，红绿相映。

　　古木交柯花台虽为砖砌，但造型古朴典雅，别有风味。此处仅植两树、置一匾，就构成了一幅充满生趣、耐人寻味的图画。

　　这里运用了传统国画中最简练的手法，以墙作纸，化有为无，化实为虚，使整个空间显得干净利落、疏朗淡雅。

　　还读馆即存留下来的还读我书斋，位于五峰仙馆的北侧。"还读馆"这个名称出自晋代陶渊明的《读山海经》："既耕亦已种，时还读我书。"

132

俊秀雄丽的南北园林

■ 留园的古木交柯

还读我书斋所在的地方从前是书斋，刘恕建筑为楼，时称"还读馆"，后来盛康为园主时称"还读我书斋"。

卷石山房即存留下来的涵碧山房，位于古木交柯的西北方，东面紧靠明瑟楼。刘恕为园主时称"卷石山房"，后来盛康为园主时名"涵碧山房"。"涵碧山房"这个名称来自宋朱熹诗"一水方涵碧，千林已变红"。

古典园林

苏州留园

涵碧山房的建筑面池，水清如碧，"涵碧"两字不仅指池水，同时也指周围山峦林木在池中的倒影，故借以为名。涵碧山房建筑三间，因建筑前临荷池，故通常又称荷花厅，清代文学家俞樾《留园记》中的"凉台燠馆"即是指此。

■ 留园冠云亭

"明瑟楼"这个名称来自北魏时郦道元所著《水经注》中"目对鱼鸟，水木明瑟"之句。此处环境雅洁清新，有水木明瑟之感，故有此名。

明瑟楼为两层半间，卷棚单面歇山造，楼上三面置有明瓦和合窗，楼梯在外，用太湖石堆砌而成。梯边一峰屹立，上镌"一梯云"三字。楼梯面东墙上，有明代著名书法家董其昌的"饱云"两字砖匾一块。

绿荫的建筑临水而筑，取元末诗人高启《葵花诗》中"艳发朱光里，丛依绿荫边"为名。轩南庭院

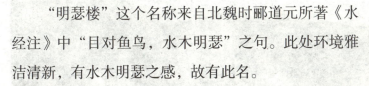
晋代 中国历史上9个大一统朝代之一，分为西晋与东晋两个时期。它上承三国，下启南北朝，属于六朝之一。265年，司马炎自立为皇帝，国号晋，定都洛阳，史称西晋，后迁都长安。316年灭西晋。317年，晋室南渡，司马睿在建邺建立东晋。两晋历时156年。

方干（809—888），字雄飞，号玄英，擅长律诗。其诗清润小巧，且多警句。有的反映社会动乱，同情人民疾苦；有的抒发怀才不遇、求名未遂的感怀。方干去世后，门人相与论德，谥"玄英先生"，并搜集他的遗诗370余篇，编成《方干诗集》传世。

墙上有石匾嵌于其上，有清代史学家钱大昕书"花步小筑"。绿荫建筑的西侧原有一株古枫，小轩笼罩在树荫下，故有此名。

曲溪楼也是临水而建，紧挨着濠濮亭，为两层单檐歇山式建筑。楼只有前半部分，下为过道，狭长，进深仅3米左右，南北长10多米。

掬月亭即存留下来的濠濮亭。濠濮亭为方形四角单檐歇山式建筑，其北挑出水面而筑。刘恕时称此亭为"掬月亭"。后来盛康为园主时名"濠濮想亭"，后易名"濠濮亭"。

含青楼即后来的远翠阁，位于还读我书斋的西边。唐朝诗人方干有诗道：

前山含远翠，罗列在窗中。

■ 留园假山

诗与景符，故有此名。刘恕时曾名"空翠"，后改名"含青楼"，后来盛康时名"远翠阁"。远翠阁实质上为楼，其上三面都置有明瓦和合窗，两层，单檐歇山造。

从曲溪楼北行，有水榭名"清风池馆"。清风池馆的建筑为水轩形式，单檐歇山造。刘恕时称"垂杨池馆"，后来盛康时改名为清风池馆，昔署匾为"清风起兮池馆凉"。

清风池馆傍水池东侧而筑，开敞不设门窗，清风徐来，分外舒适。风行水上，池水泛起粼粼碧波，池馆变得清幽凉爽。这里有一副楹联为：

墙外春山横黛色

门前流水带花香

楹联的落款是"杨沂孙题留园清风池馆"。此为旧联借用，篆书。挂在清风池馆内，联语和环境相符。上联咏远借之景。黛色，就是深青色，是远山的天然美色。下联咏近观之景，似轻柔明透的流

水，还有醉人的花香。山水本是自然界中富有魅力的基本景观，联语还赋予它们丰富的感情。"横"和"带"两字突现了山水之性格、神采，有妙造自然之趣。山水与人们的感情相交流，引起人们更美的遐思。

此处还有一副清代书法家杨沂孙作的楹联：

> 松阴满石闲飞鹤
>
> 潭影通云暗上龙

上联咏景色之清幽。松枝虬干，浓荫泻地，奇石蔽日，而清新秀逸、体态翩翩的飞鹤悠闲地在池边活动。由于仙人骑鹤的神话故事广为流传，人们往往将鹤与神仙隐士连在一起，因此寻常之景被寓超凡脱俗之趣。

下联咏水潭倒影之奇妙。楼台亭阁、绿树浓荫、白云、艳阳、松影，全都倒映入清潭，微风乍起，随波荡漾，美如神话中的水晶仙宫。这里的"上龙"是指松影，将松树比作龙蛇或龙影在古代诗作当中运用十分广泛。水光、树荫、闲云和飞鹤，虚实、静动交相辉映，使人们心灵愉悦，尘念烦忧尽去，富于佛家禅机悟趣。

个中亭即存留下来的可亭，位于涵碧山房的北边。在亭中南望，"涵碧山房"与"明瑟楼"形如一艘航船，停泊在水边。整组建筑打破了整齐划一的布局，给人既有变化而又美观自然的感受，体现了中国山水画法中主景偏右的传统手法。

可亭为六角，飞檐攒尖，刘恕时称"个中亭"，后来盛康时称"可亭"。可亭有多副楹联，其一为：

园古逢秋好

亭小得山多

落款是"郑文源题留园可亭"。此外，郑文源的

137

古典园林

苏州留园

■ 苏州留园秋色

■ 苏州留园曲溪楼

题联还有一处：

园林甲天下看吴下游人载酒携琴日涉总
成彭泽趣
潇洒满江南自济南到此疏泉叠石风光合
读涪翁诗

黄庭坚（1045—1105），字鲁直，自号山谷道人，晚号涪翁，又称豫章黄先生。生于唐代洪州分宁，即今江西省修水县。北宋书法家、诗人和词人。在书法方面，他与苏轼、米芾、蔡襄并称为"宋代四大家"，是北宋书坛杰出的代表，一代行草书风格的开拓者，对当时乃至后世影响深远。

此联的落款是"郑文源题留园半野草堂"。

此联后来被悬挂于可亭。联中的"彭泽"指的是东晋文学家陶渊明，陶渊明曾任彭泽令，故世称"陶彭泽"。"涪翁"指的是北宋诗人黄庭坚，黄庭坚曾被谪涪州，自号"涪翁"。

此联的上联赞美苏州园林之美、游人之盛、情趣之雅。联中所引用的陶渊明，表现出一种闲适高雅的生活情趣。下联叙作者行迹，咏疏泉叠石之美景。联语将园林山水之美和黄庭坚的写景诗并称，景美诗美，相得益彰，令人回味。

可亭处的楹联其三为：

水转桐溪约秋禊

路寻花步赋春游

楹联落款是"佚名题留园可亭"。

对联中的"秋禊"，是指古人于夏历七月十四日临水祓祭，以清除不祥，称为"秋禊"。联中的"花步"亦称"花步小筑"。

可亭处的楹联其四为：

唯曰进德焉修学焉是在我尔

从慈永安矣其乐矣盖有天乎

苏州留园楠木殿

楹联的落款是"俞樾题留园可亭"。俞樾是晚清著名文学家、教育家和书法家。他一生著述不倦，主要著述有《春在堂全书》《小浮梅闲话》《右台仙馆笔记》《茶香室杂钞》等。

俞樾曾经与留园主人盛康是好友，和盛康相比，俞樾在官场显得不是很得意，而他离开官场专心于学却取得了巨大的成就。在这副楹联中，人们能够看到一代国学大师修学、修德的崇高品质。

可亭处假山与"涵碧山房"中间仅一池相隔，形成南北对景。假山旁有古老银杏两棵，树冠相连，浓荫蔽日。

可亭处假山沿池呈东西走向，长36米，南北宽14米，高约4米。山间有石径两条，一条往上至可亭，一条沿池高低曲折至小蓬莱曲桥。

从1789年清代举人王学浩所绘园林图中能够看到，最初的假山为平冈小坡，上置茅亭一间，颇有山林风味。

后来，经刘恕修建，把其他废圃中搜罗来的零星湖石夹杂黄石掇叠于此，以造就与池对面"卷石山房"相适称的景观。

阅读链接

留园书条石在苏州园林中数量是最多的，其中绝大部分为清嘉庆年间刘恕为园主时从别处寻觅所得，还有一部分系园主家中的历代收藏。

留园的书条石品质也较为上乘，园内廊长壁多，为安置书条石创造了有利的条件。

其内容主要是介绍书法，法帖大都集自南派著名帖学诸家，从晋代的钟、王，至唐、宋、元、明、清共有100多位书家的珍品，包括历代名人法帖真迹和古旧拓本，由著名工匠勒之以石。

苏州耦园

耦园原名"涉园"，位于苏州仓街小新桥巷，以黄石假山为特色。它始建于清初，后经过重修扩建，取名"耦园"，"耦"通"偶"，显示出园主与夫人的伉俪情深。

耦园占地约8 000平方米，住宅居中，东西花园分列两边，北端背河而起一排楼房，借"走马楼"贯穿。

这样一宅两园的布局，在苏州众多古典园林中独具特色，颇有江南水乡风韵，尽显"姑苏人家尽枕河"的特色。

黄石假山和仕宦宅第

清初保宁知府陆锦致仕归故里后始构园林，取陶渊明《归去来兮辞》中的"园日涉以成趣"之意，取名"涉园"，又名"小郁林"。

此园林为后来的耦园东花园，园不甚广，以黄石假山著名。

黄石假山为东花园主要景观，石块大小相间，手法逼真自然。假山东半部较大，陡峭险峻，名"留云岫"。

■ 苏州耦园

■ 耦园藏书楼

假山由西向东山势逐渐增高，转为绝壁，直削而下，临于水池，池水澄澈，名为"受月池"，绝壁东南设磴道，依势下至池边。

假山西半部较小，自东而西逐级降低，山势平缓，坡度渐缓，名"桃屿"。两山之间有一谷道，两侧峭壁如悬崖，名"邃谷"，而绝壁东临水池，假山体量与池面宽度配合适当，空间相称。

主山北侧，竖大石数排，结构似巨石自然风化剥裂，给人险峻和苍劲之感。悬葛垂萝，堪与真山媲美，百龄以上乔木有山茶、黄杨、柏树。

山上不建亭阁，而于山顶山后铺土之处，散置十余种花木，随风摇曳，平添了山林趣味。而池水随假山向南伸展，曲桥架于水上，池南端有阁跨水而筑，称"山水阁"。

据记载，当时陆锦致所建的涉园已经具有一定的

知府 官名。宋代至清代地方行政区域府的最高长官。唐以建都之地为府，以府尹为行政长官。宋升大郡为府，以朝臣充各府长官，称以某官知某府事，简称知府。明以知府为正式官名，为府的行政长官，管辖所属州县。清沿明制不改。知府又尊称为太守、府尊，亦称黄堂。

■ 耦园月洞门

规模了。园中有观鱼槛、吾爱亭、藤花舫、浮红漾碧、宛虹杠诸胜，但后来都被毁废了，存留下来的有吾爱亭和藤花舫等建筑。

吾爱亭位于受月池旁假山石上，亭基石构，卷棚歇山顶，面积约13平方米。亭内地面铺方砖，亭东为银杏木雕花纱槅进出，亭西、亭南、亭北三面均为和合窗。

藤花舫位于黄石假山的西北侧，是一仿旱船建筑，坐西朝东，卷棚歇山顶，面积约35平方米。藤花舫戗角上饰有云龙，舫内以纱槅分为前后两部，前部上为四方亭式顶，东、南、北三面置和合窗采光观景，下为砖砌半墙，垫石基座。

南北两侧墙上各辟木格漏窗一框，中置一藤面红木雕花湘妃榻。此舫为休闲小憩和观景的建筑。因舫南侧植有紫藤，故名为"藤花舫"。

后来涉园成为清人祝氏的别墅，但不久后又因战乱被毁了。

1874年，按察使沈秉成因病来到苏州，购得涉园废址，聘清末画家顾沄在旧园基础上设计图纸，将涉园重修扩建为一宅两园式格局的园林，1876年落成。

建成后，沈秉成将其易名为"耦园"，"耦"通"偶"，寓夫妇偕隐双栖、啸吟终老之意，也道出了

按察使 官名。由宋代提点刑狱演变而来。唐初仿汉刺史制设立，隶属于各省总督、巡抚，为正三品官，主要任务是赴各道巡察，考核吏治。清末改称提法使，简称臬司。

湘妃 上古人物。名为娥皇、女英，分别为帝尧的两个女儿，后皆嫁舜帝为妻，以湘妃的意象出现。在中国很多的古典文献中，如记录上古之事的《尚书》，先秦史籍《山海经》，儒家著作《孟子》等，都有对其故事的直接记录。

园宅的特征。

耦园在布局上为明显的仕宦宅第，东西花园相互对应。在个体建筑上也有或东西，或南北，或上下，或明暗，或高低等两两呼应。

沈秉成重建的耦园东西长108米，南北宽78米，近乎长方形，占地约8 000平方米。住宅居中，东西花园分列两边，北端背河而起一排楼房，借"走马楼"贯穿，取唐人"东园载酒西园醉"诗意。

耦园中部为住宅区，沿南北中轴线依次设有门厅、轿厅、大厅和楼厅。

门厅为耦园正门，坐北朝南，面对河道，面阔3间，面积约80平方米。梁架明露，硬山式屋顶，屋脊作纹头脊，两头饰以砖雕"松鼠啜果图"，西面与邻屋连接处上置风火墙。

■ 耦园建筑

■ 耦园"平泉小隐"门楼

门厅北面即轿厅，为旧时客人落轿或等候主人会见之场所。面阔3间，面积约90平方米。硬山顶，纹头脊。

明间南为6扇长窗，北置6扇屏门隔断，两次间南北均为半窗，北窗后有小型蟹眼天井，供采光。内中还有"城市山林"匾额。

在轿厅南院落有"平泉小隐"门楼。"平泉"出自唐代名相李德裕游息的别庄"平泉庄"，南唐清辉殿学士张洎在他的《贾氏谈录》中说道：

平泉庄台榭百余所，天下奇花异草、珍松怪石，靡不毕具。

李德裕（787—849），字文饶，宰相李吉甫之子，今河北赵县人，唐代文学家、政治家。穆宗时，因与牛僧孺、李宗闵政见不合，发展成为党争。武宗即位后，得到重用，拜太尉，封卫国公，世称李卫公。执政6年，内驭宦官，外败回纥，朝廷一时呈中兴之势。

所以后人常以"平泉"作为园林的代表。而"平泉小隐"这个名字，也点出了园主在此建造宅园以过隐居生活的主题。

载酒堂为园中主厅，位于轿厅北第三进，这里原为主人举行重大礼仪活动的场所。

载酒堂坐北朝南，面阔3间，面积150平方米。屋顶为哺鸡脊，一脊横贯，前后纵深尺度较深，超过厅宽，在平面上可划分为前廊、中堂、后堂及通道四部分。载酒堂名取自"东园载酒西园醉"的诗意。

堂前有石制台阶三级，台阶上即为前廊，上部梁架上雕有祥云和花卉图案，四根檐柱间饰回纹挂落，两边各有木制栏杆，花结上雕饰着山石和牡丹花图案，回廊东西两侧各有一小门，东侧门楣上有砖额"载酒"，西侧门楣上有砖额"问字"。

前廊长窗后即为中堂，面积约70平方米。中堂步柱前梁架为船篷轩形制，后面作复式构架，梁架上雕刻祥云和花卉等图案。厅内陈设为清式红木家具，摆放庄重严整，东西两壁墙上，各挂有红木镶嵌天然大理石挂屏两幅。

中堂后部正中为6扇屏门，两侧各有6扇长窗，以此为界，通入后堂。后堂面积约为30平方米，进深约3米，北面两侧均各有6扇半窗，窗外小型蟹眼天井，后堂东西两侧可通往东花园和西花园，往北通道可进

■ 耦园载酒堂

■ 耦园偕隐双山

入第四进楼厅。

"厚德载福"门楼位于载酒堂南院落和轿厅北面出口处。"厚德"出自西周时期周文王《易·坤》中的"地势坤,君子以厚德载物";"载福"出自春秋史学家左丘明《国语》中的"吾闻之,唯厚德者能受多福,无德而服者众,必自伤也"。这是指有德者能多受福。

此门楼高约6米,宽约3米,厚约0.6米,东西两侧是黛瓦盖顶的风火墙,属于牌科门楼,硬山顶,顶部为哺鸡脊,屋檐下面为砖雕方形檐椽两层,至瓦棱前之滴水处。其下部为6朵斗拱托住上面的桁条,斗拱下面之上枋处除中间和两端有精细纹头式浮雕外,余均素面无饰。

门楼上枋下面有雕刻精细之砖雕回纹挂落,上枋

西周　由周文王之子周武王灭商后所建立,定都于西安,后东迁都洛阳。历史上将东迁之前的周朝称为西周。西周共传12王,历时275年左右。从西周开始,进行境内各个民族与部落不断融合的过程,在这期间,华夏族逐步形成,成为现代汉民族的前身。

东西两端饰倒挂砖柱花篮头。上枋之下砖额书有篆书大字"厚德载福"，砖额东西两侧兜肚处只雕一抹角矩形方框。下枋除东西两端处刻有回纹装饰外也是素面无饰。下枋下即为水磨方砖砌筑的两侧砖墩和中央两扇黑漆板门。

楼厅位于载酒堂北面，为耦园中部四进的最后一进，坐北朝南，面阔5间，上下2层，东西两端有厢房，呈凹字形的三合院格局，是园主生活起居之所。建筑面积约800平方米，楼檐高约7米，顶脊为哺龙脊，装饰等级高于载酒堂。

主楼前有阶石两层，步上台阶为楼前回廊，廊顶部起一枝香轩，檐柱处月梁下饰斗拱，月梁上雕祥云花卉等图案。

主楼前走廊西侧有门通往一处独立封闭院落，上有砖额"锁春"。楼厅东部另有一组两层建筑，自成

■ 苏州耦园雪景

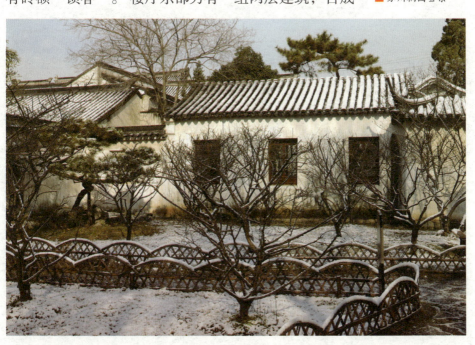

院落，上部即"走马楼"，沟通耦园东西部。

在楼厅南院落，载酒堂北面出口处有"诗酒联欢"门楼一座，门楼上枋东西两端饰倒挂砖柱花篮头，雕狮子滚绣球。

中枋整体以回纹浮雕环绕，砖额处以祥云纹围护，中书楷体大字"诗酒联欢"，东西两侧兜肚处各有一幅深雕作品。

内容是以花树围绕的楼阁中两人对饮的场景，其中的楼阁，一为敞开，一有半窗掩映，楼下为一人骑马而来且有童仆恭迎的场面，似为以诗酒酬客、联合欢悦之场景。

门楼下枋处为深雕人物画5幅，以花树山石为主要背景，人物或行或坐，似在对饮作诗，栩栩如生。此门楼砖雕画亦说明园主追求向往之诗酒生活。

中国古代文人聚会宴饮时，往往是进行所谓的"文字饮"，他们有诗酒唱和的习惯，所谓"诗情酒分合相亲""醉里轻吟胜管弦"，取名"诗酒联欢"，显示了园主夫妇归隐后以诗酒为主题的恩爱生活之写照。

阅读链接

耦园是沈秉成在心身几乎绝望的情况下买下的，那时沈秉成心是冷的，所以从耦园的环境中可隐约地感觉到当时沈秉成的遁世心理。

三面环水，只有一条小路与外界相连，正门对着三丈高的城墙。这完全是一个"一去红尘三十里，白云黄叶共悠悠"的环境。

可是上天并没有让这样的一个才华横溢的人孤独终老，在他最不知所之之时认识了江浙才女严永华，并结成了伉俪。

沈秉成酷爱藏书和诗文，严永华也爱写诗，至今在耦园东院的墙上还刻着这位夫人的诗："耦园住佳偶，城曲筑诗城。""耦"通"偶"之意，"城"通"成"之意。可见严永华之才。

饱含爱意的东西花园

　　东花园占地3 000多平方米，是耦园的精华所在，山池的主景列中，周围环以亭廊楼榭，呼应主景，整个布局疏密得体，错落有致，随处可见精妙佳构。

　　东花园主体建筑是一组退居北端、跨度40米的重檐楼阁读书楼建筑群，楼前有月台，楼中有天井4处，整个造型气势雄伟。楼中间设大厅3间，下名"城曲草堂"，上名"补读旧书楼"，陈设气度不凡。

　　城曲草堂为重檐二层楼厅，正对黄石假山，横跨整个东花园北端，高大宽敞。楼下居中3间悬额"城曲草堂"，面积约70平方米。

　　堂前檐下为回廊，东西贯通，廊前上置回

苏州耦园冬景

"诗酒联欢"题刻

飞罩 中国传统建筑中的构件之一，和挂落相似，悬装于屋内部，依附于柱间或梁下，在小木作中多用于室内装饰和隔断。飞罩常用镂空的木格或雕花板做成，采用浮雕、透雕等手法以表现出古拙、玲珑、清静、雅洁的艺术效果，其花纹多为几何图案或缠交的动植物，或神话故事之类。

纹挂落，下置木雕栏杆，花结雕饰山石牡丹，方砖铺地。耦园居城东北隅，园外城墙盘曲，与园景意合，故以此命名。

城曲草堂步柱间明间置长窗6扇，两次间下置裙板，上为和合窗三排。明间前步柱处有纱槅两扇分置两侧，纱槅之间上方有葵式万川飞罩一架，中雕收翅蝙蝠衔磬连双鱼纹雕饰。

主间与两次间以裙板及和合窗分隔，两次间后面各有长窗6扇，长窗后面均有木制楼梯，可供登楼。明间后部为7扇屏门，窗芯嵌有山水条幅，组成一幅山水通锦。两次间内窗芯上则嵌有书法12幅。

补读旧书楼为城曲草堂上层的楼厅，是园主旧时读书之所。"补读旧书"出自陶渊明诗句："既耕亦已种，时还读我书。"这表达了园主夫妇向往着读书学习式的隐居生活。

补读旧书楼楼面阔3间，面积约70平方米，楼内楼板、装折均为杉木，南面木格半窗，明间北面向后凹凸，上置回纹挂落，东西次间北面各置6扇木板门供出入。楼区东端略向南突，呈曲尺形，上层名"双照楼"，下层名"还砚斋"。

双照楼三面临窗，面南而立，可得日月双照，是全园赏景佳处。"双照"取晋代王僧儒《忏悔文》："道之所贵，空有兼忘；行之可贵，其假双照。""照"是"明"的意思，"双照"指园主夫妇双双明道。

双照楼楼面见方，卷棚歇山顶，面积65平方米，内顶部为中间向内凹入的木制吊顶，东、南、西三面临空置窗，北面为杉木板墙，楼西面有一通道与补读旧书楼相通。因三面临窗，故能同时见到日月之光

王僧儒（465—522），南朝梁官吏、学者，东海郯人。少好学，6岁能文。曾任尚书左丞、御史中丞。遍览群书，学识渊博，兼擅书法，与沈约、任昉为当时三大藏书家。有文集30卷，已佚，明人辑有《王左丞集》。

153

爱情之园

苏州耦园

■ 耦园的西花园

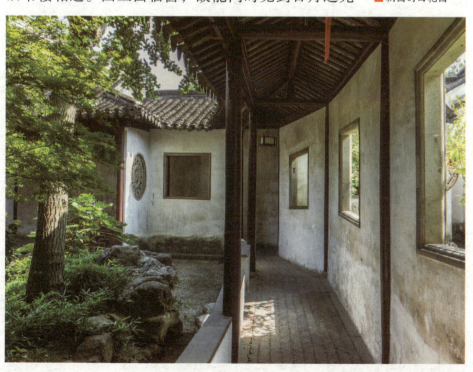

■ 耦园内的石桥

照，也是双照之意。

城曲草堂两侧有廊环抱，东名"筼廊"。廊中有半亭，亭壁有《抡元图》碑，上有沈氏夫妇跋文。是图因出自清初著名书法家王文治之手而弥足珍贵，加园主夫妇真迹于其上，益显此碑的珍贵。

筼廊位于东花园东侧，起自双照楼下还砚斋的东南口，南连望月亭，止于吾爱亭。在望月亭处廊上有木制方匾，题额"筼廊"两字。廊伴植丛竹，新竹称"筼"，故名筼廊。

筼廊是半廊，依墙而建，全长约30米，随形拐折5处，设有漏窗6扇，廊下有园内外水道相通。廊内保存了园主夫妇题跋的《抡元图》真迹。

筼廊与对面的樨廊成为对景。廊曲折南延，与望月亭和吾爱亭相接，廊外伴植丛竹。望月亭位于东花园还砚斋南筼廊北端，与吾爱亭分处廊两端，为筼廊

《抡元图》碑

耦园中集中体现沈严夫妇志同道合且精熟诗画的图碑，此碑青石刻制，高约1米，宽约0.5米，嵌于东墙内侧，旁有筼廊廊亭保护，外对水池和黄石假山，有极开阔的视野。碑之左下部刻绘枝叶间挂着的3个香橼，碑上刻绘了关于香橼的七言长诗和跋文一段，图和诗文皆为清代文学家、书画家王文治所作。

向西突出的一座方形建筑。

望月亭卷棚歇山顶，面积约7平方米。南、西、北三面为和合窗，下部为砖细矮墙，筑于石基之上。为观赏受月池中月色美景，而因此得名。

储香馆位于城曲草堂西侧，是草堂西延的重檐平屋，面积约20平方米，东西为墙，南北下为裙板，上置和合窗三排，南北各有一门，南门供出入，北门通向馆内小室。

旧时是园主后裔读书授学之所。馆前庭院内遍植丛桂，每至秋高气爽的季节，桂花争相绽开，满室留香，故而得名。又隐喻劝勉子孙勤奋学业，尊重科名，他年蟾宫折桂之意。

安乐国位于城曲草堂东次间之隔壁，还研斋东北，是一处较为僻静安逸之所，为一单间，面积约40平方米，内铺杉木地板，西壁及顶部为杉木板壁，东

蟾宫　即广寒宫，神话景观，是上界神仙为嫦娥在月亮上建造的一座宫殿。因为这座宫殿是一个具有宇宙灵性的蟾蜍幻化而成，所以广寒宫又称作蟾宫。在中国古代称月亮的书面语，其指月亮。科举时代也用蟾宫折桂比喻应考得中。

155

爱情之园

苏州耦园

■ 耦园内的山石

■ 耦园内的回廊

砚 俗称砚台，是古人书写、绘画研磨色料的工具。汉代时砚已流行，宋代则已普遍使用，明、清两代品种繁多，出现了被人们称为"四大名砚"的端砚、歙砚、洮砚和澄泥砚。古人对砚十分重视，不仅终日相随，而且死后用之殉葬。砚与笔、墨、纸是中国传统的文房四宝。

侧、南侧为下裙板上和合窗，北面为矮墙半窗。

其南有廊与城曲草堂南廊连通，向东折南即通还砚斋，但廊在此不开口，即不能单独出入。"安乐国"就是安乐窝之意，指安逸的生活环境。

在安乐国东南面，望月亭之北，城曲草堂东延部分为还砚斋。斋陈设极雅，是园主的书斋。据清俞樾题匾跋记载，园主曾祖曾用一砚，久已失之，后被园主复得，故以"还砚"命斋名。

还砚斋面积约45平方米。斋内以一圆形银杏木落地罩将斋分隔成南北两间，方砖铺地，杉木顶，东墙、北墙为杉木板壁，西侧银杏木槅扇外，有走道通往安乐国，落地罩、槅扇雕刻精美。南面为和合窗，外为走廊，向东南方延伸可通往望月亭，向西北延伸可通往城曲草堂。

过储香馆即为樨廊，廊外伴植木樨林。"樨"指木樨，即桂花。廊的始点上方有砖制题额"樨廊"两字。廊间漏窗共计19扇，拐折10处，以储香馆一带居多，与东花园东侧的筠廊形成对应。

樨廊南与藤花舫和无俗韵轩相连，然后曲折延伸，过月洞门及半亭，直至园东南隅之楼阁，总长约100米，使得全园建筑散而不断，一气呵成。

便静宧位于耦园东南角樨廊终点。坐东朝西，面积约40平方米。其东、南为墙，北、西为栏杆裙板和冰凌纹半窗，方砖铺地，西侧之南置长窗两扇供出入。"便静"即入静之义，"宧"为东北之方位，因耦园在苏州城之东北方位，故称之，是园主入静悟道之场所。

便静宧上即为听橹楼。听橹楼系重檐楼阁建筑，为卷棚歇山顶，面积约40平方米。除戗角处为缠枝花纹瓦饰外，其山花处塑大鹏展翅腾飞状。楼上北、

157

爱情之园

苏州耦园

■ 耦园内的亭阁

■ 耦园古井

二十八星宿 古人为观测日、月、五星运行而划分的28个星区，用来说明日、月、五星运行所到的位置。每宿包含若干颗恒星，是中国传统文化中的主题之一。广泛应用于中国古代天文、宗教、文学及星占、星命、风水、择吉等术数中。

东、西三面置木格半窗，可分别观赏园内外景色。

西侧有木质楼梯，向西可通往魁星阁。此楼位于东花园东南隅，临近城壕，外隔娄江，可闻阵阵摇橹之声，故名。

魁星阁与听橹楼两楼间有阁道相通。魁星阁为重檐楼阁建筑，卷棚歇山顶，面积约20平方米。"魁星"为中国古代天文学中二十八星宿之一，俗称"奎星"，主宰文章兴衰之神。旧时读书人极为崇敬，为园主崇祀场所。

魁星阁戗角上为双牡丹花纹饰，下为双桃纹塑饰。向北突出于樨廊外，底层东、西、北三面为木板上置和合窗，窗格为冰凌纹，楼梯架沿廊贴墙处。楼阁内东、北两面置半窗，可观东花园之景。

无俗韵轩位于东花园最西侧，与樨廊矮墙坐槛相隔，坐南朝北，自成一院，为旧时女主人书房。轩阔

3间，面积约55平方米，硬山顶，正屋顶部为船篷轩。

轩北带廊，顶部为香轩，柱间有挂落，廊下以一块平坦的太湖石作为阶石，廊东通樨廊入东花园，西连载酒堂。

无俗韵轩明间开4扇长窗进出，两次间为木板半墙和合窗，上置冰凌纹风窗。轩东侧砖墙上辟有一海棠形窗户，窗芯居中饰木制田字格，四周为"卍"形花格。其外墙饰以大片砖细墙面，窗两侧砖刻隶书对联：

耦园住佳偶

城曲筑诗城

横额为"枕波双隐"。此对联为园主沈秉成夫人严永华所撰。

廊墙上的数十处漏窗造型各异，亦很精美。轩南侧每间辟一窗，窗外花圃原为耦园之菜园。

山水间位于东花园受月池南端，魁星阁正北，与双照楼隔水相

耦园庭院一角

翰林院 在中国历史上曾长期存在，是带有浓厚学术色彩的官署。尽管其地位在不同朝代有所波动，但性质无大变化，直至伴随着传统时代的结束而寿终正寝。在院任职与曾经任职者，被称为翰林官，简称翰林，是传统社会中层次最高的士人群体。

望。北半部凌空于水上，为一水阁，卷棚歇山顶，南北通透，四周围廊，面积约70平方米。四角飞檐高翘，装饰精美。两歇山塑有“松鹤”“柏鹿”浮雕，廊四周置“吴王靠”。

阁内南侧置有大型鸡翅木雕落地罩，跨度4米，高3米。双面镂雕以松、竹、梅内容的“岁寒三友”图案，雕艺精湛，传为明代遗物，为耦园的镇园之宝。

北侧有纱槅3扇，雕饰牡丹、葫芦图案。“山水间”为清代翰林院侍读学士沈荃题匾，因值山水之间，故得名。

西花园则以湖石构景，舒展绵延，主要建筑有织帘老屋、长方厅、藏书楼、鹤寿亭和方亭。其中，织帘老屋书斋为整个西花园的中心，将西花园分隔为东、南、北不间断的3个院落。

■苏州耦园冬景

耦园花草

　　织帘老屋面积约165平方米，硬山顶，屋架高大，门宕和窗宕及窗台均为砖细构筑。屋为鸳鸯厅式，屋内由6扇屏门和飞罩分隔为前、后两部分，可称之为前堂和后堂。

　　鸳鸯厅形式南厅阳光充足，常在冬春时使用，北厅无日光直射，较为凉爽，常在夏秋时使用。

　　屋子顶部为船篷轩，南北长窗都以银杏木雕作，上部为回纹宫式，花结处雕梅、兰花朵状构件。前堂东侧、西侧墙上辟上下扁长的八角形窗框，内装精细窗格。后堂两次间北墙开矩形大窗，也饰以精细木雕窗格。

　　"织帘"表达了园主向往农家劳动、躬耕读书的理想隐居的生活。织帘老屋屋南有一约30平方米的月台，月台前二级台阶与园内通道相连。

　　再往南还有一座湖石假山，小巧玲珑，峰峦绝壁，山洞磴道一应俱全，山间散植乔木，老树参天，与东花园的黄石假山遥遥相对。

　　在湖石假山之南为长方厅。长方厅坐北朝南，临近园墙。面阔3间，

■ 耦园古建筑

吴伟业（1609—1672），字骏公，号梅村，别署鹿樵生、灌隐主人、大云道人，明末清初著名诗人，与钱谦益、龚鼎孳并称"江左三大家"。

耳房　正房两侧的还一间或两间进深、高度都偏小的房间，如同挂在正房两侧的两只耳朵，故称耳房。如果每侧一间耳房，两侧共两间，即称"三正两耳"。如果每侧两间，两侧共四间耳房，则称"三正四耳"。

面积70平方米，因形似长方形，俗称"长方厅"。

此厅体量不大，但构筑精巧，中间南北各有长窗供出入，两次间都是半窗，东侧墙西侧墙各开有一个六边形的木格漏窗，窗下各置一方桌，桌上置金砖一块，两次间各置红木椅、长几。长方厅前有小庭院，辟耦园西门。

织帘老屋屋西北另有耳房一间，作为织帘老屋的辅房使用。"织帘老屋"之东为三进平房，其中一进房、二进有耳房，南面有墙门，门前隔走廊为一歇山顶方亭，南向，与"织帘老屋"比邻，为正方形，外观精巧，质朴而轻快。

方亭面积约30平方米，因形似方形，故称之为"方亭"。内侧梁架明露，为圆呈船篷轩式。亭北为墙，南为长窗8扇，长窗上半部为三格抹角方框宫纹，下半部为素面裙板。东西两面上部为和合窗三排，下部为木栏杆加板墙。

亭东走廊中有西向歇山顶半亭一座，额"鹤寿亭"，其依墙而建，位于西花园最东侧，古朴素雅。廊壁有砖细花窗，在苏州各园中见之不多。

鹤寿亭为卷棚歇山顶，梁架明露，为圆呈船篷轩式，面积约20平方米。南北通廊道，以檐柱辟为3间，明间较阔，可供人们出入西花园，南北两次间下有木栏杆，上方有回字形挂落装饰。南北两侧墙面各有一椭圆形漏窗，图案为同心双环形似旋转状的水花纹砖雕。

沈秉成当年任镇江知府时，曾得《瘗鹤铭》拓片，较其以前所藏的数种《瘗鹤铭》拓片多出"寿鹤"两字，其上又有清人吴伟业款识，故取名为"鹤寿亭"。

"织帘老屋"之北为一庭院，院北即藏书楼。园主夫妇曾有"万卷图书传世富，双雏嬉戏老怀宽"之

《瘗鹤铭》 指镇江焦山江心岛《瘗鹤铭》摩崖石刻。瘗，即埋葬，是一个书法家养的鹤死了，埋葬后写的铭文。凡是历史上有名气的书法家都在这里留下了书法摩崖石刻，并拓了此铭而去。遭雷击滑坡，碑文下半截落入江中，后来上半段也消失了，唯有拓片存世。

■ 耦园古典建筑

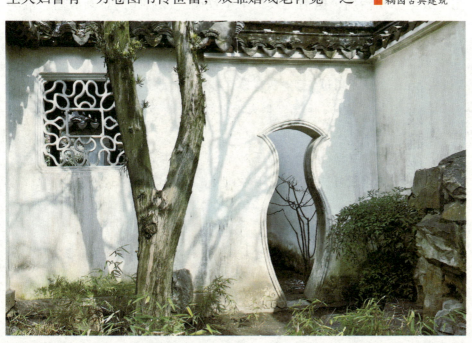

诗句，可知当年曾收藏过大量书籍。

　　藏书楼为上下两层，建筑面积约380平方米。上层置回纹栏杆裙板和半窗，下层间置长窗、半窗。 西花园环境幽雅宁静，具苏州书斋花园的特色。1884年，沈秉成奉诏复出任官他省，全家随往。1895年，沈秉成至苏州治病，医治无效，卒于耦园。此后园内日渐破落，散为民居。存留下来的耦园，为后来按照历史资料重建的。

阅读链接

　　中国传统园林的造园立意，往往是追求奇构妙筑，供人们观赏怡悦，耦园却以夫妻之间的爱情为造园立意，可谓别开生面。

　　在耦园中有一座不对称的凹形书楼，园主沈秉成和夫人严永华爱好诗文昆曲，常在此阅览、吟诗作画。这对伉俪情深、才华横溢的佳偶在苏10年，隐居耦园8年，夫唱妇随，在此留了众多诗篇与丹青。

　　例如严永华的《过洞庭》，诗道："烟雨沧茫接窅冥，君山横扫黛螺青。城南老树今何在？也学高吟过洞庭。"

　　诗文格调清新，备受人们喜爱。

秀美园林

江南园林特色与名园

江南园林是中国古典园林建筑的典范。它不同于皇家园林拥有浓厚的政治色彩，江南园林追求超凡脱俗的意境。在江南园林中，南京的煦园和瞻园并称为"金陵两大名园"。

江南园林所拥有的古典艺术及传统历史文化是任何建筑形式所不能代替的，由于文化传统与审美趣味的差异，中国人多倾向于取含蓄隐晦的方法，使艺术作品引而不发、显而不露。

江南园林的造园艺术每每采用欲显而隐或欲露而藏的手法，把某些精彩的景观或藏于偏僻幽深之处，或隐于山石、树梢之间，避免开门见山、一览无余。

浑然天成

江南园林

私家园林的形成和发展

中国古典园林作为古典文化的一个组成部分，在它漫长的发展过程中，不仅影响着亚洲汉文化圈内的一些国家，还远播欧洲。它历史悠久，持续时间长，分布范围广，是一个博大精深而又源远流长的风景式园林体系。

■ 苏州园林内的沧浪亭

在众多类型的园林中，私家园林占据着很重要的地位。魏晋和南北朝时期，文人士大夫为了逃避现实，隐逸江湖，寄情于山水之间，他们开始在自己的生活居地周围经营起具有山水之美的小环境，这就是私家园林的开端。

唐朝是中国园林全面发展的时期，光在洛阳一地就有私家园林千家之多。宋朝都城汴梁除大建皇家园林外，私家园林也有数百家。

江南园林沿文人园林轨辙，以淡雅相尚，以黑、白、灰为主色，崇尚淡雅，力避艳俗。布局自由，建筑朴素，厅堂随意安排，结构不拘定式，亭榭廊槛，宛转其间，一反宫殿、庙堂、住宅之拘泥对称，而以清新洒脱见称。

这种文人园风格，后来为衙署、寺庙、会馆、书院所附庭园，乃至皇家苑囿所取法。宋徽宗的艮岳、苑囿中建筑皆仿江浙白屋。清初营建北京的三山五园和热河的避暑山庄，有意仿效江南园林的意境。

这些淡雅的园林都足以说明，以蕴含诗情画意的文人园林为特色的江南园林，已成为宋朝以后中国园林的主流。北方士大夫营第建

江南 在历史上江南是一个文教发达、美丽富庶的地区，它反映了古代人民对美好生活的向往，是人们心目中的世外桃源。从古至今"江南"一直是个不断变化、富有伸缩性的地域概念。江南意为长江之南面。在古代，江南往往代表着繁荣发达的文化教育和美丽富庶的水乡景象，区域大致为长江中下游南岸地区。

园，也往往延请江浙名师为之擘画主持。

用苏东坡的诗来形容江南私家园林的色彩风格是最合适不过的了：

水光潋滟晴方好，山色空蒙雨亦奇。
欲把西湖比西子，浓妆淡抹总相宜。

明代、清初的私家园林与两宋一脉相承，更广泛地普及于全国各地。但是由于各地区经济、文化的发达程度参差不一，私家园林在数量上有多寡之分，在艺术上也有高下之别。

江南地区是当时全国的经济中心，因此江南地区的园林无论在数量上还是质量上都居于全国首位。大部分私家园林集中在南方，是因为南方地区具有造园的自然、经济与人文诸多方面的条件。

■ 沧浪亭古迹

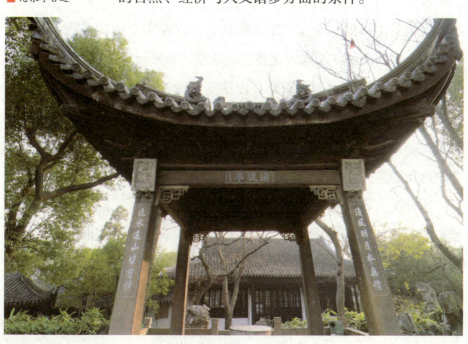

■ 江南园林假山

在江南，江流纵横，河网密布，水源十分丰富。气候温和，空气湿度大，适宜生长常青树木，植物花卉品种多。

另外，江苏、浙江一带多产石料。南京、宜兴、昆山、杭州、湖州等地多产黄石。苏州自古出湖石，湖石采自江湖水涯，经过长年流水冲刷，石色有深浅变化，表面纹理纵横，形态多玲珑剔透，历来为堆山之上品用料，也宜罗列庭前，成为可欣赏之景观。

因此，明、清两代叠石名家辈出，如周秉忠、计成、张南垣、石涛、戈裕良等，他们活动于江南地区，对园林艺术贡献甚大。

江浙一带是鱼米之乡，手工业发达。随着商业经济的发展，城市得以繁荣。经济发达为造园提供了物质条件。在清代，乾隆皇帝六下江南，遍游名山名园，江南掀起造园热潮。

另外，江南自古文风盛行，南宋时盛行文人画与

文人画 泛指中国封建社会中文人、士大夫所作之画，以别于民间画工和宫廷画院职业画家的绘画。北宋苏轼提出"士夫画"，明代文徵明称道"文人之画"，以唐代王维为其创始者，并被视为南宗之祖。文人画系指画中带有文人情趣，画外流露着文人思想的绘画。

科举 是一种官员尤其是文官的选拔制度。因以分科考试选举官员，故名"科举"。它是中国古代的一项重要发明，对中国社会和文化均产生了深远的影响。它打破了中国自古在选拔官员时对出身的束缚。科举是中国乃至世界第一种面向全国大多数人的公平的官员选拔制度。

山水诗，随着宋朝廷南迁临安，大批官吏、富商云集苏杭，造园盛极一时。

明、清两朝以科举取士，江南中举进京为仕者为数不少，这批文人告老返乡后多购置田地建造园林。

这些人不但精心经营自己的宅邸，还亲自参与设计。这个时期在造园的数量与质量上都达到了一个高峰，使江南一带成为私家园林的集中地区。

自古以来人们喜好自然山水，乃至在园林中堆山开池，不仅表现出人们对自然环境的喜爱，而且带有仁智者的神圣色彩。

南方气候极宜培植花木，江南园林堪称集植物之大成，且多奇花珍木。扬州历来以花闻名，清初扬州芍药甲天下，新种奇品迭出，号称"花瑞"。江南园林得天独厚，园艺匠师精心培育，因此四季有花不断。

江南园林按中国园林的传统，虽以自然为宗，但绝非丛莽一片，漫无章法。

其安排原则大体是树高大乔木先以荫蔽烈日，植古朴或秀丽树形树姿以供欣赏，再辅以花、果、叶的颜色和香味。

江南多竹，品类亦繁，终年翠绿以为园林衬色，或多植蔓草、藤萝，以增加山林野趣。也有赏其声音的，如雨中

■ 苏州园林的沧浪亭

荷叶、芭蕉，枝头鸟啭、蝉鸣等。

南方园林中也常常运用荷花或"岁寒三友"等植物来比拟一种人的品格情操，还以它们所具有的人文象征内容去陶冶人们的精神。例如扬州个园，园主爱竹，并且是一个商人，于是将自己的园林取名"个园"。

私家园林中的建筑与布局也是特别追求意境美的。

江南园林的湖边建筑

例如，金陵名园——煦园，煦园的园林构筑以水为主体，水体呈南北走向；在建园手法上，平面如长形花瓶，使中部形成较开阔的水面，南舫北阁遥相呼应，东阁西楼隔岸相望。

有分有聚，虽分实聚，景致自然和谐。使众多建筑在布局上符合中国传统当中的呼应对称性，为园林更加增添了和谐的美感。

阅读链接

江南园林无论是建筑的构造还是外观的粉饰，都体现着儒家的中庸思想，显得不躁不火，自然淡雅。由于湿润的自然环境及江南文人儒雅风格的影响，形成了江南私家园林清新淡雅的风格。

中国建筑学家刘敦桢在《苏州古园林》一书中说："园林建筑的色彩，多用大片粉墙为基调，配以黑灰色的瓦顶，栗壳色的梁柱、栏杆、挂落，内部装修则多用淡褐色或木纹本色，衬以白墙与水磨砖所制成的灰色门框窗框，组成比较素净明快的色彩。"

园林里很少见色彩强烈的色调，金碧辉煌的色彩不合乎中国文人素淡空灵的审美追求。

多彩的园林设计艺术

　　在这些文人的住宅和园林里，住房要隐蔽，读书处求宁静，待客厅堂需方便，而游乐区又讲求自然山水之趣。怎样在不大的范围内去安置这些建筑而能使之各得其所呢？

　　第一，在布局上要采取灵活多变的手法。表现在建筑布局上不能

江南园林

■ 江南园林的亭榭

用传统的宫室、寺庙四合院中轴对称的规整形式，而
采用灵活的、不规则的布置，按功能的需要，穿插安
置不同形式的厅堂、楼阁、亭榭、画舫。

　　第二，在这些建筑物之间多用曲折多弯的小路，
切忌用径直的大道相连，道路有露天的石径、小道，
也有避雨遮日的廊子。

　　廊子形式多样，有的沿墙而建，有的呈折线形，
有的随山势地形之高低而呈爬山廊或跌落廊，有的驾
凌水面而呈水廊。

　　沿着这些弯曲的道路或廊，造园者巧妙地创造出
具有不同景观的景点，它们或者是一亭榭，或者是古
木一棵、翠竹一丛、堆石一处，只要布局适宜，安置
得体，皆可成景。使人一路走来，步移景异，可观赏
的不同景致在有限的范围内扩大了空间，延长了观赏

画舫　舫是船的
意思，画舫就是装
饰华丽的小船。一
般用于在水面上
荡漾游玩，方便
观赏水中及两岸景
观。有时候，画
舫也指仿照船的
造型建在园林水
面上的建筑物，
制造方法与真正
的画舫较为相
似，但下部船体
采用石料，所以
像船而不能动，
一般固定在比较
开阔的岸边，也
称"不系舟"。

俊秀雄丽的南北园林

清漪园 即颐和园，是中国现存规模最大、保存最完整的皇家园林，为中国四大名园之一。它是利用昆明湖、万寿山为基址，以杭州西湖风景为蓝本，汲取江南园林的某些设计手法和意境而建成的一座大型天然山水园，也是保存得最完整的一座皇家行宫御苑，被誉为"皇家园林博物馆"。

■ 江南园林的小假山树木

的时间与内容。

第三，要善于仿造自然山水的形象。自然山水自有它们本身的生态形象，要把它们再现于私家园林的环境中，不能按比例缩小尺寸，而是经过概括、提炼对自然形象进行再创造。

这就要求造园者对自然山水的形态进行观察与研究、总结，提炼出它们在造型上的规律，按园林的需要将它们典型地再现，这样才能以小见大，得自然之神韵。

从堆山的手法上来看，无论是用土还是用石，切忌二峰并列或列如笔架的呆板形式，应该像天然山脉一样，有主有从，有高有低。

如果是以土为主的堆山，则可以在山上广植花木，使山体郁郁葱葱，并可在山的上下散置少量石块，如同石自土中露出。

如以堆山石为主，则在石间培以积土，种植少量花木，使其具有自然生气。若用石太多，虽属乖巧灵石，也会失去自然之意。

在私家园林中往往喜欢在堂前屋后、廊下墙角立置单一或成组的石头而成一景，这种石头犹如独立之雕刻，十分注意本身的造型，或挺拔峭立，或浑厚滋润，或玲珑剔透，有的还在石旁、石下配置花草，组成形色俱佳的观赏景物。

又如造水之法，私家园林当然不可能有北海、圆明园、清漪园等皇家园林那样宽大的水面，在这些小园中只能靠人工挖地造池。

这类水池形状切忌正方，以曲折自然为好，因为天然湖水绝无规整之形状。在比较大的水面上宜用石桥将水面分隔为大小不等的部分，以免单调。

为了使死水变活，往往将池中一角变为细弯水流，折入山石间或亭榭等建筑的基座之下，仿佛池水从这里流出，水有源而无头。

■ 江南园林的亭子

为了使水面增加情趣，往往在池中种植水生植物，但此类植物不可满布，即使是美丽的莲荷，也应有疏落有致的气氛。

第四，应致力于园林的细部处理。私家小园没有皇家园林那样广阔的环境，没有宏伟的建筑群组，只有曲折有致的空间，只有近在眼前的各种建筑和山水植物。

因此，要做到耐看、耐游，除了在布局，在模仿自然山水上下功夫之外，还十分讲究园中建筑、山水和植物的细部处理。

私家园林中建筑类型不少，有厅、堂、楼、轩、

堂　正房，高大的房子。可以用来表示同祖父的亲属关系。旧时官吏审案办事的地方也被称作堂，还可以用作量词。中国一些老字号的中医药店，多以"堂"相称，如"济生堂""同仁堂""长春堂""四知堂"等。

计成　中国明末造园家，字无否，号否道人。少年时代即以善画山水知名。中年回到江南，定居镇江，转事造园。他的作品形象佳妙，宛若真山，于是名闻遐迩。他于1634年写成中国最早和最系统的造园著作《园冶》，被誉为世界造园学最早的名著。

榭、舫、亭、廊等。以亭而言，有方亭、长方亭、圆亭、五角亭、六角亭、梅花亭、十字亭、扇面亭、套方亭和套圆亭等不同的形式，分别被安置在园中合宜的位置。明代造园家计成在《园冶》中说：

> 花间隐榭，水际安亭，斯园林而得致者。惟榭只隐花间，亭胡拘水际？通泉竹里，按景山巅，或翠筠茂密之阿，苍松蟠郁之麓；或假濠濮之上，入想观鱼；倘支沧浪之中，非歌濯足。亭安有式，基立无凭。

可见亭是一种灵活多变、适应性极强的建筑，其建造之法由"景"来决定。无论亭是建在山巅，还是筑于水畔或道旁，其经营意匠讲究的都是借景成亭，得景随形。要合宜而立，得自然之势，成天然之趣。

■ 江南园林的水池

在园林中，山石水池都是自然山川的模拟，所以山上建亭不但丰富了山的轮廓，而且使山石有了生气，为人们观赏山景提供了合宜的尺度。同时，在园林空间构图上还常常起到控制制高点的作用，从而形成山石景物的重心所在。

水是风景园林构成中的重要元素，因此，水边常常建有亭榭。临水建亭大都借助水的特性营造环境气氛。水中可见浮光倒影，可观鱼荡舟，可濯足品茗。水亦潺潺湍流，或淙淙如说似诉，或叮咚如音似乐。水畔之亭即是充分结合这些特点，利用波光水影和水色水声去创造意境。

第五，还有许多亭运用有限的空间，尽量扩展可观的景致。运用借景、框景、移步换景等多种手法，把有限的亭的空间充分利用。

江南私家园林在引用各地名胜古迹方面也有所建树。各地名胜古迹都经历了漫长的历史过程，都带有各种不同的历史内容。运用在园林环境中，既有浓厚的文化气息，又有抚今追昔的沧桑感。同时，对一些自然景观的模仿也起到了弥补园林中天然环境不足的短处。

中国的园林还经常应用诗情画意来表达意境。这种诗情画意除了用景观空间来表达以外，还常常依靠

■ 江南园林的假山

扇面 顾名思义，就是扇子形状的一个面。在中国历史上，历代书画家都喜欢在扇面上绘画或书写，以抒情达意，或送他人收藏或赠友人，以诗留念。存字和画的扇子，保持原样的叫成扇，为便于收藏而装裱成册页的习称扇面。中国扇文化有着深厚的文化底蕴，是民族文化的一个集成部分，历来中国有"制扇王国"之称。

书画 是书法和绘画的统称，也称字画。中国古代书画、欧洲油画、翡翠珠宝并称为世界艺术品拍卖市场上的"三大宠儿"。中国书法是一种富有民族特色的传统艺术，它伴随着汉字的产生和发展一直延续到今天，经过历代书法名家的熔炼和创新，形成了丰富多彩的宝贵遗产，备受世人热爱。

■ 江南园林池台的亭榭

悬挂在建筑上的题额、楹联来点明，用附在建筑上的诗词、书画来渲染，从而使它们更加富有情趣和发人遐思。

江南的私家园林历经千百年的发展和演变，在其身上沉淀了太多文化与思想的精华，它们千姿百态的风韵中有着人们发掘不尽、感受不完的美。

它就像一部绵长的诗歌，越读下去越有让人意想不到的精彩内容。无论是从景观、布局、建筑、艺术还是文学方面，都给后人留下了一笔宝贵的财富。同时，也是后人可以不断继承发展的文化遗产。

第六，空间的延伸对于在有限的园林空间获得更为丰富的层次感具有重要作用，空间的延伸意味着在空间序列的设计上突破场地的物质边界，有效地丰富了场地与周边环境之间的空间关系，即"流动空间"。

■ 江南园林的长廊

　　江南园林主要通过对空间的分隔与联系的关系处理，古典私家园林的内部空间通常按照功能关系划分区域和院落，其中包含了若干个空间层次和主要景物。主要构成元素则有山石、水、植物、声音、光线乃至气味。

　　空间的延伸与渗透使得空间分隔用的院墙、影壁、廊桥等与园林的其他部分融为一体。通常借用大量设置完全透空门洞、窗口而使被分隔的空间相互连通和渗透，这样就可以使有限的园林空间渗透出无限神秘的感觉。

　　第七，空间的对比性也是十分重要的。清代文学家沈复曾论及园林建造的艺术规律：

　　　以小见大，小中见大，虚中有实，实中有虚，或藏或露，或浅或深。

沈复 字三白，号梅逸，清代文学家。著有《浮生六记》。工诗画、散文。据《浮生六记》来看，他出身于幕僚家庭，没有参加过科举考试，曾以卖画维持生计。1777年随父亲到浙江绍兴求学，1784年乾隆皇帝巡江南，沈复随父亲恭迎圣驾。

它们在哲学上是对立统一、互为因果的关系，在园林艺术上则是相互对比的关系。江南园林通过一系列的对比手法，在空间上产生变化，以有限面积造无限空间。

若想更加突出地运用以小见大的对比手法，对于园林的整体布局要求也是十分高的。

有人把古典园林比喻为山水画的长卷，意思是指它具有多空间、多视点和连续性变化等特点。例如，上海的豫园，其空间组成异常复杂，就整体来看似乎很难找到一条明确的观赏路线以及与之相适应的空间序列。

江南园林实际上所采用的是一种综合式的空间序列形式，为了达到以小见大的目的，空间序列也并非平面展开的，而是从简略的园门、街道等建筑进入，往往几经曲折才能进入园林的主体空间。

这是空间上的抑扬顿挫，建筑在这里是一个从城市环境到自然环境的过渡空间，它为豁然开朗打下了基础。

阅读链接

在江南园林中除叠石是园中亮点之外，水也成为园林中的主体景区，古代匠师根据自然山水的特征和规律，灵活运用多种多样的造园手段，以典型概括的方法创建人工山水环境。

而水处理的成功之处主要是恰当地做了曲折收放的处理，曲折收放变化的水面呈动态，自然生动，游人在水上活动的范围和视野也可随水面变化而变化。

造园者往往通过水面上的水烟弥漫，把整个景区带入优美的意境，再加上几座曲桥散布水面，假山若隐若现于水中央，水面构成了种种景观的向心力，使不同空间的景物围绕水面产生了丰富的层次和意境。

醉白池位于上海市人民南路，占地5万平方米，与上海豫园、嘉定古漪园、秋霞圃、青浦曲水园并称为"上海五大古典园林"。

醉白池内古木葱茏，亭台密布，古迹甚多，有堂、轩、亭、舫、榭等古建筑，保持着明清江南的园林风貌，其曲栏横槛、回廊曲径古色古香。它是上海五大古典园林中最古老的园林。

醉白池全园布局以一泓池水为中心，环池三面皆为曲廊亭榭，晴雨均可凭栏赏景，园内美景名扬江南。

上海醉白池

曾经吟诗作赋的谷阳园

在宋代，松江进士朱之纯有一个私家宅园，名叫"谷阳园"。其意思是：这是陆机家乡的名园。因为西晋文学家陆机曾有诗说"仿佛谷水阳"，就是说自己的家乡在谷水之阳，而朱之纯便以这个名人名句来命名自家的宅园。

随着时间的推移，人们在谷阳园的基础上进行了多次扩建。

到了明朝末年，松江著名书画家，礼部尚书董其昌在此处建造了四面厅、疑舫、读书堂和文澜堂等建筑。

四面厅位于园东门的西南方，因其四面均有花格长窗贯通而得名。四面厅原为董其昌泼墨畅吟之处，别名"柱颊山房"，

上海醉白池内景

董公曾为此厅书屏，他写道：

■ 上海醉白池的长廊

堂敞四面，面池背石。
轩豁爽恺，前有广庭。
齐柯丛筱，映带左右。
临世濯足，希右振缨。

厅前有古樟，风雨300余年，浓荫蔽日，生机勃勃，厅后古藤盘绕，具有古朴之风。四面厅的东北不远处，又有一似屋非屋、似船非船的建筑，这就是"疑舫"。

疑舫比较低矮，舫门是面西的，呈八角形，上有"疑舫"匾额，据说是明代著名书画家、礼部尚书董其昌的手迹。

从舫门走入，前为书房，后为卧室，南北均有

西晋 中国古朝代名。晋武帝司马炎于265年取代曹魏政权而建立，国号晋，定都洛阳，区别于五代时的后晋，史称"西晋"，又称为"司马晋"，与东晋合称"两晋"。316年，西晋灭亡，北方从此进入五胡十六国时期。317年，司马睿于南方建立东晋，开始进入东晋十六国时期。

■ 上海醉白池的石雕

窗，南窗外是个小天井，有叶状洞门与外相通。北窗外是临水的，石基下即是河道，设计巧妙，尤其适合盛夏时在此小憩消暑。

疑舫与四面厅之间，植有两棵已逾百年的老蜡梅，在寒冬时花香四溢。疑舫与长廊结合、傍水而建的有两榭一亭。

读书堂面阔3间，建筑面积约125平方米，前后为落地门窗。门窗下部开框花板，雕饰古代兵马将帅、才子佳人及花卉山石图案，刻工精细。

该厅堂为富家子弟读书之所在，因其四周遍植柳树，幽深清静，故称为"深柳读书堂"。

文澜堂即存留下来的乐天轩，这是一座书房式的建筑，因朱之纯崇拜白居易而得名。乐天是白居易的字，所以也是仰慕白居易的意思。乐天轩是内园的最后一景，该建筑历代几经修复才得以保存，是上海最古老的园林建筑之一。

轩旁墙侧竹林掩映，松林碧翠，怪石嶙峋，屋后银杏参天，屋前板桥流水，可谓小桥流水人家，颇有村野之趣。由乐天轩向东，即是醉白池的东门了。

当时董其昌团结了一批文人，他们经常在此处吟诗作赋，酬唱不断。在同一时期，明代南安知府、松江籍名人张东海的后裔在此处增建了雕花厅。雕花厅是一座结构谨严、不可多得的江南古典民宅。门厅梁枋上密布着百花及人物浮雕，十分稀有、珍贵。

前厅的窗棂上、门楣上、梁坊上雕的都是各种各样正在开放的花。厅内中间放置的大屏上有"百花齐放"四字，概括前厅雕花的内容。雕的花不重复，有神韵，细腻无比，栩栩如生。

后厅包括厢房在内，门窗上、门楣上都是一整套的三国人物故事浮雕图，每幅图反映三国中一个故事，前后绝不重复。从"桃园结义"开始，到司马懿统一中国为止，大概有三国人物故事图100多幅。后厅内中间放置的大屏上雕的是"赤壁大战"。

到了清朝康熙年间，著名画家顾大申将此处列为私人别墅，重加修建，增建了轿厅和宝成楼等建筑，园林建成后，取名为"醉白池"。

三国　中国东汉与西晋之间的一段历史时期，主要有曹魏、蜀汉及东吴三个政权。220年，曹操之子曹丕篡汉称帝，国号"魏"，史称曹魏，三国历史正式开始。次年，刘备在成都重建汉朝，史称蜀汉。229年，孙权称帝，国号"吴"，史称东吴。至此三国正式鼎立。280年，西晋统一中国。至此三国时期结束，进入晋朝。

■ 上海醉白池的建筑

■ 醉白池的雪梅堂

赵孟頫 字子昂，号松雪，松雪道人。元代著名画家，楷书四大家之一。他博学多才，能诗善文，懂经济，工书法，精绘艺，擅金石，通律吕，解鉴赏。特别是书法和绘画成就最高，开创元代新画风，被称为"元人冠冕"。他也擅篆书、隶书、真书、行书、草书，尤以楷书、行书著称于世。

顾大申继承和发展了古典园林建筑的艺术精华，利用松江最具有江南水乡秀丽风光这一特色，以700平方米长方形荷花池为主体，以不规则对称等园艺手法建造池岸，以竹、梅、假山、奇石为相互陪衬，融为一体，建造了这座名扬江南的醉白池。

轿厅是专供主人停放出门用轿子的地方。轿厅东侧是停放男主人用的八人抬大轿，西侧为女主人用的四人抬花轿。

宝成楼是园主人住宅，前后庭院。面阔5间，山墙为观音兜，简洁明快，是一组极有民族特色的建筑。楼下廊轩悬有"宝成楼"匾额，楼后有200多年的罗汉松，院角有数棵名贵的佛肚竹。

在同一时期，清代画家徐璋在园内廊壁和部分庭园里绘画了多处石刻碑碣，这些碑刻后来成为醉白池的镇园之宝。

池南长廊的墙壁上嵌有清代画家徐璋的《云间邦彦图》石刻。碑刻在东西长廊与南廊圆洞门内都有分布。在东长廊靠近大湖亭之处还有一处碑刻。

此处与东面另外一个院子是相通的，这是原醉白池主人顾大申的住宅，叫"宝成楼"，这里有元代书法家赵孟頫的双面石刻碑，苏东坡的前、后《赤壁赋》，字体优美飘逸，弥足珍贵。

其余的碑刻尚有40余块，主要分布在西廊与南廊的圆洞门内。如明代文学家方孝孺、书画家董其昌的手书碑，唐代画家吴道子的观音画像，以"正心修身、克己复礼"八字组成的魁星像，清代书画家郑板桥的"难得糊涂"手迹碑等。

还有一块刻着两棵竹子的组字画，由关羽的一首

吴道子　唐代画家，画史尊称"吴生"，又名道玄。以善画被召入宫廷，历任供奉、内教博士、宁王友。曾随张旭、贺知章学习书法，通过观赏公孙大娘舞剑，体会用笔之道。擅佛道、神鬼、人物、山水、鸟兽、草木、楼阁等，尤精于佛道、人物，长于壁画创作。

■ 醉白池美景

五绝组成，表示了他"身在曹营心在汉"的心迹。全诗为：

不谢东君意，丹青独立名。
莫嫌孤叶淡，终究不凋零。

醉白池中的这些碑刻后来散佚了一部分，但均按照历史记载补书上去了。顾大申去世后，到了清代的1797年，醉白池曾被改为育英堂。

到了1899年，醉白池中池的西南角建起了一个大型六角亭。该亭一半建于岸石上，一半悬空于水上，临池三面有窗，其余都无窗，故名"半山半水半书窗"，又名"三半亭"。亭中还有一联：

幽树幽花幽静处幽窗观幽景
清池清水清心境清座赏清荷

此联不仅用词奇妙，而且概括了此处能充分观赏荷花的特点。

阅读链接

《云间邦彦图》石刻是著名的清代石刻，石刻镌刻了松江府籍明代乡贤名士百余人的画像和赞词，刻画极工，是重要的文物和难得的文史资料。

"云间"乃松江的旧称，"邦彦"取自《诗经》"彼其之子，邦之彦兮"的诗句，意为"松江的贤士、邦国之俊才"。

《云间邦彦图》石刻共30方，除序跋外，共有画像石28方，每方大多分四格，每格一般画一人。独有一格，合画了两个人，乃抗清志士，民族英雄夏允彝、夏完淳父子。其余画像也不乏徐光启、董其昌、陈子龙、徐阶、李待问等著名艺术家和诗人、名臣等。

优雅古典的醉白池建筑

到了清代末年，园中建起了雪海堂。雪海堂是一座五开间的大厅，当时因院内广植梅花，梅花开时，一片雪海，故叫"雪海堂"。

雪海堂西面、东面各有一个小庭院，庭内各植有百年以上树龄老桂花树一棵。雪海堂前置有大型精雕石狮一对，是明代的遗物，曾置明代松江籍内阁首辅徐阶夫人的墓上，后又几经易主，辗转至明代科学家徐光启女儿的墓上，后来才又移至醉白池。

雪海堂前的院子内还有一个石砌的方形喷水池，周围都是花岗石栏杆，里面养有睡莲。

在院东园门南侧，曾经还砌着一块看似很平常的石头，

醉白池雕镂特色

俊秀雄丽的南北园林

石头前有一个石槽,里面盛水,只要用水泼上石头,便显出一个清晰的僧人打坐的侧面像,这就是闻名松江的"泼水观音石"。

在这一时期,醉白池内园中也新置了许多景物。醉白池内园不仅古老,而且远比外园精致,它以一个面积仅700平方米的长方形水池为主体进行配置。照理说,水体小,又是规正的形状,很难体现古典园林的幽雅,但是醉白池做到了。

其中最主要的手法是在池的周围都叠置着各式不同形态的太湖石,见石不见土,湖石错落参差却风格统一。池内遍植荷花,养有金鱼、红鲤。

池的东、南、西三面都有长廊,配以云墙、亭、榭、轩等建筑,高低错落,又远近不一,逶迤连接,生动灵活,却自成一体。各长廊的一侧都为白色墙面,镶嵌着各种石刻或碑刻。东、南长廊的另一侧临池,多有美人靠,可俯观池内。

西长廊的另一侧不临池,外有沿池而筑的卵石小径,小径往东北通向一座用太湖石装饰的小拱桥,直达池北的一棵大香樟树下,转而又可步入东长廊。

池与北边的河道是相通的,池上草堂就建于池的北端偏西,凌空横架于池与

■ 上海醉白池

■ 上海醉白池木亭
雕刻特色

河道的汇合处，一来遮挡了分别为北向与东向的两条支流河道，二来居高临下俯视着整个池体，在假山、植物、小桥的烘托之下，更显清幽，毫无霸气，却主次分明。

池上草堂建于1909年，整座建筑凌空于池上，气势雄伟，古朴雅观，堂前有乔木参天，怪石布岸。堂后桂林华茂，郁郁青青。上有树荫蔽日，下有流水通池，曲栏横槛，临于水上，池中莲叶东南，花香阵阵袭来，自有一番诗情画意。

池上草堂有匾额"醉白池"三字，里面有"香山韵事"横匾，堂内有明清时期的古桌椅、茶几等。池上草堂无疑是内园的主景，其名取白居易《池上篇》"有池一方"之意，草堂并非真的是草，而是具有100多平方米的典型清代建筑。

池上草堂的四面有槅扇，并环以廊轩与栏杆。堂北有树荫遮光，堂下有流水潺潺。

僧 是梵语"僧伽"的简称，意译为"和合众"，即指信奉佛陀教义，修行佛陀教法的出家人，亦指奉行"六和敬""和合共住"的僧团。它的字意就是"大众"。僧伽是出家佛教徒的团体，至少要有四个人以上才能组成僧伽，所以一个人不能称僧伽，只能称僧人。

■ 上海醉白池景观

在池的东北角有一个建在岸上的半屋式小榭，其名却叫"小湖亭"，它近水而不临水，人在榭中，可北望古樟、四面厅，南望池中。

榭外北侧，还植有紫花牡丹两棵，已逾百年，每当牡丹花开，如果凭栏观赏，无不怡然自得，故取名"花露涵香"。

池的东南方向有一个大榭，虽为榭名却叫"大湖亭"。它与"小湖亭"同时兴建，由于临水而建，比小湖亭的视角宽阔，是盛夏赏荷的绝佳之处，故取名"莲叶东南"。

后来，醉白池归国家所有，再次进行了扩建。增建照壁、赏鹿厅、玉兰院、深柳读书堂和雕花厅等建筑，园内风光秀丽，景色迷人。

园门口的砖雕照壁是一座反映醉白池及松江古代风物的建筑。它以斜眺俯瞰的角度，以浮雕的精致刀

吴国 存在于长江下游地区的姬姓诸侯国，也叫勾吴、工吴、攻吾、大吴、天吴、皇吴，是春秋中后期最强大的诸侯国之一。吴国有季札通习中原礼乐，有孙武等名将，出现了《孙子兵法》，有著名兵器吴钩。公元前473年，越王勾践吞并吴国。

法，将醉白池的主景、近景、远景、背景突现出来。

赏鹿厅是为了纪念松江的由来而建。在春秋战国时期，松江地处东海之滨，境内河湖棋布、草木茂密。自海中新涨起的土地不断出现，可供渔猎。

当时松江隶属吴国，吴王寿梦经常骑马到此游猎，看到这一带有五处地方草木特别丛密，鹿也很多，于是称之为"五茸"，并在这里建厅歇脚，赏鹿狩猎。以后在这里逐步建起了城镇，称之为"茸城"，也就是后来的松江。

赏鹿厅内竖有"十鹿九回头"石刻浮雕，呈方形，边长约1米，画面上10只健壮的梅花鹿在奔走，形态生动，因其中有九鹿皆回头而得名。

玉兰院树木葱郁，亭台相接，曲廊相连，四季鸟语花香，环境十分幽美。北侧亭廊相接的建筑，造型美观，独具匠心，将亭子与回廊连接起来，亭廊曲

吴王寿梦　春秋时期吴国的国君。吴王阖闾的祖父，吴王夫差的曾祖父。又名乘，字熟姑，又称攻卢王，在位25年，葬于嬴博，娶文氏。吴国的振兴始于吴王寿梦。寿梦在位期间，开始与中原交流，引进中原文化。经过数十年努力，使吴国成为当时一个强盛的国家。

■ 上海醉白池

醉白池亭子

折有致，亭园相映生辉。因其周围广植玉兰科植物，有白玉兰、广玉兰、二乔玉兰等，故命名为"玉兰院"。

　　醉白池有堂、轩、亭、舫、榭等古建筑，并保持着明清江南园林的风貌，其曲栏横槛、回廊曲径古色古香。园林布局以一泓池水为中心，环池三面皆为曲廊亭榭，可凭栏赏景。园内古木葱茏，小桥流水，亭台密布，是存留下来的著名的江南古典园林。

阅读链接

　　十鹿九回头石刻浮雕最早嵌置于普照寺前的石桥旁壁上。拆桥后，石刻被搬到"云间第一楼"陈列。1950年，楼毁后才搬到醉白池园内。

　　清嘉庆《松江府志》记："以做事不全者，谓之十鹿九回头。"在民间一般传为：松江历来为鱼米之乡，外出做官或经商的人，十有九个都要返回家乡。十鹿九回头，以鹿喻人，寓意为"叶落归根，不忘故土"。

上海秋霞圃

　　秋霞圃是中国江南著名的古典园林，位于上海市嘉定区嘉定镇东大街，是一座具有独特风格的明代园林，由私家园林——明代龚氏园、沈氏园、金氏园和邑庙合并而成，全园面积3万多平方米。

　　秋霞圃布局精致，环境幽雅，景物与色彩的变化都不大，好像笼罩着一层淡淡的秋意，让人充满诗情画意的遐想。

　　秋霞圃为上海五大古典园林之一，园内建筑大多建于明代，而邑庙则可以上溯至宋代。如果按其中邑庙部分的始建时间推算，可称为五大园林中最古老的园林。

自然山水园与邑庙建筑

　　秋霞圃是中国江南著名的古典园林，位于上海市嘉定区嘉定镇东大街，由3座私家园林——明代龚氏园、沈氏园、金氏园和邑庙合并而成，全园面积3万多平方米。其中邑庙可以上溯至宋代嘉定年间。

秋霞圃的井亭

■ 秋霞圃景观

邑庙位于全园东南方，殿建筑宏伟高大，结构独特，系上海地区保存最为完整的邑庙。

邑庙大殿于明、清两代因火灾和兵祸而屡毁屡建，存留下来的大殿、工字廊和寝宫均为1882年清代时重建。

大殿重檐覆顶，檐口饰钉帽，屋脊上塑盘龙吐水戏珠图，两端塑动物及八仙。殿前月台三面有石围栏，18根望柱头上镌有形态不同的石狮。

殿北有工字廊与寝宫相连，宫内置大床及家具，陈设华丽。殿西有月门，门额为"逸趣""神韵"。殿东侧有石板路通沈氏园。

在园东南大门外的两侧有两座井亭，均为邑庙遗物。亭皆方形，亭内有井，飞檐翘角，斗拱花板，高3米多，面积近7平方米，檐口置人物塑像，亭内天花板镌双龙戏珠图，四周设石栏连四柱。

盘龙 在中国古代的神话与传说中，龙是一种神异动物，具有九种动物合而为一之"九不像"的形象，是兼备各种动物之所长的异类。盘龙为盘屈交结之龙，常刻绘其状以饰器物。

■ 上海秋霞圃的建筑

工部　中国古代官署名，为掌管营造工程事项的机关，六部之一，长官为工部尚书，曾称冬官、大司空等。起源于周代官制中的冬官，后周依《周官》，置冬官府，长官为大司空。隋代始设工部，掌管各项工程、工匠、屯田、水利、交通等政令，与吏、户、礼、兵、刑并称为"六部"。

在园的西南方为龚氏园，东临宾藻风香室，西靠归家弄，南以院墙为界，北至清镜塘。

龚氏园由龚家先祖草创，成园则是在明代，由龚弘所建，龚弘官至工部尚书，显赫一时。龚弘过世后，龚氏败落，1555年，龚敏卿将龚氏园售给徽州盐商汪某，后龚敏卿的儿子龚锡爵乡试中举，汪某将宅第归还给了龚氏。

龚氏园以桃花潭为中心，南北两山隔潭相望，山石亭台互为衬景。南有晚香居、霁霞阁、池上草堂、仪慰厅，西有丛桂轩，北有即山亭、碧光亭、延绿轩、碧梧轩、观水亭，它们或筑于山上，或构于潭边。远近高低，前后左右，主次分明，疏密相宜。

桃花潭南北两山对峙，南山峭壁耸崎，北山浑厚见长。沿潭茂林修竹，断岸滴泉，临水曲径，低栏板桥。可谓山具丘壑之美，水揽幽邃之胜，虽由人作，宛自天开，是中国典型的自然山水园林。

西门楼为园西南部入口，门高5米，宽3.5米，门楼上方塑以花鸟及纹状图案，楼脊上有吻兽，门楼上有"含芳凝露"砖刻门额。

仪慰厅又作"义慰厅"，位于西门楼西侧，东向三楹，面积25平方米。仪慰厅前后有两院，步入门楼为前院，南侧孤植女贞，东北隅有松竹湖石。

园南的东西主干道越前院及厅中而过。厅檐悬"秋霞圃"行书额，后院以罗汉松、枸骨、慈孝竹、芭蕉、茶花与云层状假山组成一幅精致的庭院小景，院北侧有梅花形门洞通南山坡，门南北两面题额为"幽赏"和"翠叠"。

南山位于桃花潭南岸，以湖石夹土筑成，东西长40余米。山有南北两岗，岗上林木遮天蔽日。北岗有叠成牛、马、羊等动物形状的湖石，南岗有霁霞阁。

吻兽 即螭吻，又名鸱尾、鸱吻，是龙生九子中的儿子之一，喜欢东张西望，经常被安排在建筑物的屋脊上，做张口吞脊状，并有一剑以固定之。因螭吻属水性，所以用它作为镇邪之物，以避火。在古建中，"五脊六兽"只有官家才能拥有。

201

城市山林

上海秋霞圃

■ 上海秋霞圃内的桃花潭

俊秀雄丽的南北园林

■ 秋霞圃的池上草堂

霁霞阁为方形，面积6.3平方米，霁霞阁原属于金氏园，后移至龚氏园。

出霁霞阁，经长约5米的仙人洞，即抵位于南岗东南脚下的晚香居，此居为三楹，面积66平方米，居前有小院，植四时花木，散置湖石。居后有廊，通宾藻风香室。

桃花潭系龚氏园的中心，旧时潭畔桃红柳绿，故名。潭东西约55米，南北约17米，池岸曲折萦回。南岸港汊有石板平桥，长约3米，宽将近1米。

桥侧崖间嵌阴刻楷书"涉趣桥"三字，系明代"嘉定四先生"之一的娄坚所题，后来被毁，存留下来的为1838年按残石拓本摹刻的。

潭东南有平桥通向沈氏园。桥三曲，长将近10米，桥面双拼石条共宽0.75米，石条两侧刻圆形寿字和蝙蝠图形，故又名"福寿桥"。桥边置石栏杆，柱头上镌有4头狮子，神态各异。

　　池上草堂形似舟楫，故又名"舟而不游轩"，位于桃花潭西南岸，南向，三楹两披，东西长约15米，南北宽将近7米，高5米，面山背水。

　　"池上草堂"名出自唐代诗人白居易的《池上篇》和《草堂记》，堂与额后来都被毁了，存留下来的是后来重建的。

　　池上草堂的堂中楹陈设明式红木家具，上悬夏雨的行书额。堂前置数峰玲珑石，间植桂花、海棠、芭蕉、杜鹃及南天竹。东披形如船头，三面临水，有一形如跳板的条石连接南岸。

　　室内侧设扶王靠，上悬上海画院应野平所题"舟而不游轩"篆书额。额下置一面大镜，可尽收桃花潭四周景色，虚实相间，真幻莫辨。

　　丛桂轩位于桃花潭西，临池向东，方形，面积约

娄坚（1567—1631），字子柔，一字歇庵，明代诗人。娄坚与唐时升、李流芳、程嘉燧声气相通，人们尊称"嘉定四先生"。他们以学问品行为重，钟情于文学艺术，徜徉于山水园林之间，与海内的文人雅士交往，成为世人所瞩目的一个集团。

城市山林

上海秋霞圃

■ 秋霞圃的桃花潭

漏窗 俗称花墙头、花墙洞、漏花窗、花窗，是一种满格的装饰性透空窗，外观为不封闭的空窗，窗洞内装饰着各种漏空图案，透过漏窗可隐约看到窗外景物。漏窗是中国园林中独特的建筑形式，也是构成园林景观的一种建筑艺术处理工艺，通常作为园墙上的装饰小品，多在走廊上成排出现。

50平方米。轩的东西两面为清式格子门，南北两面置落地花格长窗，四角有漏窗8扇，桥式穹顶，内陈明代红木家具。

轩门悬挂"丛桂轩"匾额，"丛桂"之名，出自诗歌总集《楚辞》中"桂树丛生兮山之幽"。

丛桂轩南侧有门洞，两面门额为"清芳""含芳"，系邑人浦泳所书。轩东沿池遍植迎春花、垂柳，南种芭蕉、翠竹，西有南天竹、金桂，北栽青松、蜡梅。西侧两棵金桂已逾百年。轩南侧有酷似老态龙钟的福、禄、寿星的三座立峰石，"寿星"居中，左"禄"右"福"，形神兼备，故名"三星石"。

北山位于桃花潭西北，东西长约40米，高2米余，系黄石堆叠而成。因山巅有大银杏，西侧遍植青松，故名"青松岭"。登临山顶上六角形的即山亭可尽览园景，也可眺望远处城堞，故前人有"陌上女郎

■ 秋霞圃景色

■ 上海秋霞圃景观

连袂出，即山亭子探春来"之句。

山后有"近绿轩"，山前水上有"扑水亭"，都是登临佳处。站亭中望水面，波光粼粼，清澈见底，湖中游鱼来回穿梭于湖石之间。湖石形状各异，有的像鳌头，有的像鹰嘴，有的形似骆驼，有的状如老牛，皆形态逼真，妙趣横生。

亭西侧置石凳石桌，亭下的归云洞曲折三弯，长近13米，高约2米，南口有百年枫杨屏蔽。南北洞口原来分别镌有"归云"和"洞天"题刻。

碧光亭位于桃花潭北，归云洞东，三面临水，又名"扑水亭"。亭的面积近29平方米，临水三面置扶王靠，亭北墙上辟月洞门，门上有"渡月"匾额。

碧梧轩位于桃花潭北，也称"山光潭影馆"，俗称"四面厅"。轩三楹，南向，面积约150平方米，其名出自唐代著名诗人杜甫的"香稻啄余鹦鹉粒，碧梧

杜甫 （712—770），字子美，号少陵野老，一号杜陵野老、杜陵布衣，世称杜拾遗、杜工部、杜少陵、杜草堂，原籍湖北襄阳，生于河南巩义。他是盛唐时期伟大的现实主义诗人、世界文化名人。有1 500多首诗歌被保留了下来，有《杜工部集》传世。其作品对中国文学和日本文学产生了深远的影响。被后人称为"诗圣"，他的诗也被称为"诗史"。

栖老凤凰枝"之句。轩东侧植桂花、迎春，西侧栽芭蕉、青桐。轩前月台石板铺地，东、西有两棵百年盘槐，临潭石栏护围，凭栏眺望，南山景色一览无余。

轩后小院青苔如茵，两棵百年桂花叶稠荫翠。轩内置清式红木桌椅、长几，中楹闸堂板上悬松竹石《三清图》木刻画一幅，高1.67米，宽1.36米，两侧粉墙亦悬名家书画。

碧梧轩内有"壶峤长春""静观自得""山光潭影""碧梧轩"几块匾额，轩东侧有古琴形云纹石，长1.64米，宽近1米，石上镌刻"横琴"二字。

延禄轩位于北山北麓，碧梧轩西。轩南向，一楹，面积约28平方米。轩外有曲廊与碧梧轩相连，四周青松、翠竹相间，芭蕉互映。

观水亭位于碧梧轩东侧，北临清镜塘。原题额"枕流漱石"，故又名"枕流漱石轩"，原额已佚，

■ 秋霞圃室内布局

秋霞圃

存留下来的为后来补书的。面积约10平方米，四披屋顶，飞檐翘角。亭内三面有扶王靠，亭前木莲根棵盘结。

题青渡位于桃花潭东北隅，碧梧轩东，原为龚氏园一景，渡上架双拼石条，长约3米，宽约1米，为连接沈氏园与龚氏园的捷径。

秋霞圃龚氏园的池上草堂，有"一堂静对移时久，胜似西湖十里长"的赞誉。

堂南有一副对联："池上春光早，丽日迟迟，天朗气清，惠风和畅；草堂霜气晴，秋风飒飒，水流花放，疏雨相过。"此联将秋霞圃春秋两季的景色描绘得淋漓尽致。

还有1891年的清代举人冯诚求的对联："秋风池上莲初实；春雨亭前草不除。"

清代秀才李金声在《池上草堂观荷》中道："草堂幽秀傍神居，庙貌巍峨绕一渠。叠石檐前形突兀，浚池阶下势凌虚。茗谈曾忆春风入，珠走长看夏雨初。对景临流无限意，若耶溪畔比何如。"

对比鲜明的金氏园和沈氏园

金氏园位于龚氏园北，同样成园于明代，由明人金翊所建。1582年，金翊孙金兆登中举人时，园中有柳云居、止舫、霁霞阁和冬荣馆诸景。

金氏园面积约13 500平方米，全园以清镜塘贯穿东西，以植物景观为主体，疏朗开阔。亭榭、林木、花径、溪塘、山丘、护岸，或敞或蔽，或大或小，或明或暗，变化无穷，具有浓郁的村野气息，与建筑紧凑的沈氏园形成了强烈的反差，一疏一密，各具其趣。

金氏园清镜塘横卧于南面，塘北与东有三隐堂、柳云居、秋水轩、

秋霞圃

■ 上海秋霞圃内的观水亭

清轩，西有青松岭、岁寒亭、补亭。柳云居前遍植垂柳，绿云叠翠。青松岭上的青松、红枫、白玉兰、蜡梅布局有致。

清镜塘原系城内练祁河的支流，面积2 700平方米。塘东、西、北三端膨大如池，其余水面狭窄如溪，岸线曲折多变，并有河道与桃花潭相通，形成一个完整的水系。

东端宽阔处置一绿岛。塘上从东至西有观荷、绿荫、听松三座石板平桥，在东北面园北门处还有一座混凝土结构的清镜桥。

三隐堂位于园东北，堂名系沿用华亭乡蒲华塘畔的原三隐堂之名，堂南向，三楹，高约6米，面积约315平方米，宽敞明亮。

东部同其相连的柳云居，原系金氏园景物，居一楹，西向，高约5米，面积约34平方米，四周植柳。

举人　古时本谓被荐举之人。汉代取士，无考试之法，朝廷令郡守荐举贤才，因以"举人"称所举之人。唐、宋时有进士科，凡应科目经有司贡举者，通谓之"举人"。至明、清时，则称乡试中试的人为举人，亦称为大会状、大春元。中了举人叫"发解""发达"，简称"发"。习惯上举人俗称为"老爷"，雅称则为"孝廉"。

牡丹 中国特有的木本名贵花卉，是中国的国花，被拥戴为花中之王，素有"国色天香""花中之王"的美称。从古到今有关牡丹的文化和绘画作品很丰富，形成丰富的牡丹文化学，是中华民族文化和民俗学的组成部分，透过它可洞察中华民族文化的一般特征。

堂西侧为秋水轩，轩西向，一楹，高4.5米，面积约25平方米。轩南植桂花，西栽牡丹、杜鹃、海棠，北种蜡梅。

青松岭位于园的西部，南北长35米，东西宽18米，高约2米，遍植青松。山顶有长方形亭，面积约11平方米，高约4米，题有"岁寒亭"额。

亭内置一方形石台，四周栽松、竹、梅。西南以黄石叠一座高约6米的假山，山巅瀑布泻入山下小溪，溪中设汀步。

山南临塘处有扇形亭，东向，大弧长4.5米，小弧长近4米，间宽近4米，高约4米，题有"补亭"额。亭内顶面、漏窗、石台、石凳皆呈扇形，造型十分独特。

清轩位于三隐堂东北，为园北部出口，北向，三楹。金氏园后来也因兵火和年久失修毁废了，存留下

■ 秋霞圃景观

■ 秋霞圃内的建筑

来的多为后来重建的。

沈氏园在龚氏园东侧，系明末秀才沈弘正所筑，时有扶疏堂、权舟、聊淹堂、开襟楼、闲研斋、籁隐山房、觅句廊、洗句亭、游骋堂、涉趣桥等景，门额"十亩之间"系明末书画名家董其昌所书。

沈氏园西邻龚氏园，东止于园墙，南连邑庙，北依金氏园，占地4亩，约2 700平方米。沈氏园中建筑密集，以太湖石堆砌的大屏山为中心，北有凝霞阁，南有聊淹堂、游骋堂、彤轩、亦是轩，东有扶疏堂、环翠轩、觅句廊，西有屏山堂、数雨斋、闲研斋和依依小榭等建筑。

沈氏园内多院组合，院廊相连，曲折深邃。院墙多置漏窗，院内孤植树木和丛植花草，步移景异，若隐若现。凝霞阁也称"迎霞阁"，位于桃花潭东北，作为沈氏园的主建筑，凝霞阁居高临下，登阁纵览，

秀才 隋代始行科举制，设秀才科。唐初沿置，及第者称秀才。后废秀才科，秀才遂作为一般读书人的泛称。宋代为士子和应举者的统称。明代一度采用荐举之法，亦有举秀才。明清时期，秀才亦专用以称府、州、县学生员。

可观龚氏园、金氏园的景色。

凝霞阁位于全园中轴线的北端，坐北朝南，原阁已被毁，存留下来的为后来重建的，重建时为坐北朝南五楹两层阁，后改成三楹，只西楹上有阁。平房高约5米，阁高约7米，面积约88平方米，阁四周有回廊，阁前庭院宽敞，湖石屏山，绿树成荫。

从凝霞阁西出，再曲折向南连接屏山堂的曲廊就是依依小榭，廊长8.7米，宽1.6米，高约3米。廊东侧有一棵百年枸骨。

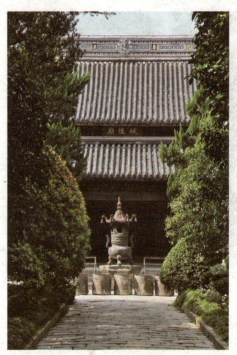

■ 上海秋霞圃

环翠轩位于凝霞阁东南，题有"环翠轩"和"长春精舍"匾额。轩三楹，面积约73平方米。轩东侧回廊北连洗句亭，南接扶疏堂。轩前院有古井一口，井口石栏圈呈六角形，镌有正楷阳文"义井"两字。轩四周遍植青桐、桂花和芭蕉。

扶疏堂位于环翠轩西南，三楹，南向，高约5米，面积58平方米。其西侧为彤轩，一楹，西向。扶疏堂前庭院湖石玲珑，花木扶疏。堂南与聊淹堂毗邻有文韵居，南向，一楹，面积约10平方米，门前孤植的五针松枝繁叶茂。

觅句廊位于环翠轩东北，廊为南北复式五曲廊，长约22米，高约3米，有16方碑刻置于其中，内还题有"觅句廊"和"碑廊"额。洗句亭位于觅句廊北

碑刻 指刻在碑上的文字或图画。一般理解为用书法体刻在碑石上的书法，是先将书写好的墨迹复写于平整的石板、石壁或木板上，然后镌刻而成。大约在周代，碑便在宫廷和宗庙中出现，但它与现在的碑的功能不同。宫廷中的碑是用来根据它在阳光中投下的影子位置变化推算时间的，宗庙中的碑则是作为拴系祭祀用的牲畜的石柱子。

端，内置明代秀才严衍所书的《柴侯德政去思碑》。

屏山堂位于凝霞阁西南，堂室连为一体，呈凸形，朝东三楹为屏山堂，朝西一楹为宾藻风香室，中间有砖墙相隔。堂、室东西长约10米，堂南北宽约10米，高约5米。堂前湖石假山高约3米，石质坚实润泽，形似屏风，故名。

闲研斋和数雨斋两斋位于屏山堂南，北为闲研斋，南为数雨斋，有曲廊与堂相连。两斋原分别为沈氏园、龚氏园中景。两斋均为一楹，东向，面积分别为13平方米和23平方米，高约5米。闲研斋窗外修竹淡石，斋前一棵百年茶花高4米余，数雨斋旁植海棠和芭蕉。

聊淹堂和游骋堂两堂并列于数雨斋南，南向，西为游骋堂，东为聊淹堂，中为天井。两堂均三楹，面积各为约53平方米，高将近6米，聊淹堂前乔松疏

213

城市山林

上海秋霞圃

■ 秋霞圃室内装饰

秋霞圃室内装饰

竹，游骋堂前有合抱雪松。

亦是轩在聊淹堂和游骋堂南部，隔院与游骋堂相望，东西有曲廊与两堂相连。轩一楹，高4米，面积约7.5平方米，轩的东、南、西墙有漏窗，可观四面景色。

到了清代，龚家趋败落，龚氏园宅第仅剩两堵危墙。后来，宅基地与后园由汪某后裔辟为秋霞圃，故又称"汪氏园"。1726年，汪家把龚氏园捐给城隍庙，作为灵苑。

而沈氏园后来归申氏；申氏将沈氏园进行了修复，并与龚氏园合并，与城隍庙连为一体，成为庙园，此时始定名为"秋霞圃"，也有"城隍园"之名流传。

后来金氏园也与城隍园合并，就形成了存留下来的秋霞圃。

阅读链接

在秋霞圃清镜塘内的银爪甲鱼味道特别鲜美，吃过的人都赞不绝口，但是由于数量稀少，知道的人一直不多。

相传，有一年，乾隆皇帝无意中听到一个老家是嘉定的小厮说："家乡秋霞圃的甲鱼味道特别好，简直比皇宫里的御膳还好吃。"

乾隆听了自然不相信，于是就命人到嘉定的秋霞圃捕捉甲鱼进贡，乾隆品尝后，赞不绝口，秋霞圃清镜塘内的银爪甲鱼从此出名了。

南京煦园

　　煦园位于江苏省南京市长江路，是一座别具特色的江南古典园林，也是金陵名园之一，与瞻园并称为"金陵两大名园"。

　　煦园小巧玲珑，虚实相映，层次分明，是中国园林建筑的代表之作。煦园内花木修竹参差，亭台楼榭林立，假山奇石散落，清水碧潭相映，是一座典型的江南山水园林。

　　煦园以小见大，以水景取胜，水占全园面积的一半多，在水域四周有东阁西楼隔岸相望，南舫北阁遥相呼应，花间隐榭，水际安亭，景致和谐，堪称园林中的经典之作。

自然神韵的假水假山

　　1368年，明太祖朱元璋招抚劲敌陈友谅旧部，于明皇宫西华门外为陈友谅之子陈理建造了汉王府。1372年，因陈理有怨言，明太祖以不克朕恩之罪遣陈理去高丽，汉王府便暂废置。

南京煦园园门

后朱元璋扩建其西半部为其义子西平侯沐英府，沐英死后追封为黔宁王，此地一度称为"黔宁王府"。

1403年，明成祖朱棣登基后，因其二子朱高煦善战，深得其心，于是明成祖于1404年封朱高煦为汉王，辟原汉王府东半部为"新汉王府"，并以朱高煦之"煦"字为新汉王府的西花园命名，谓之"煦园"。

煦园园门为圆形，上方嵌砖刻"煦园"门额，园门背面的游龙墙有"纶音"碑，为一座典型的江南山水园林。

■ 煦园院门

进入园内，假山是中国古代园林建筑中的要素之一，中国北方皇家园林体现的是真山真水，而南方私家园林往往以假山假水来体现园林的自然神韵。

这座大假山在园林构景中起到了欲露先藏、欲扬先抑的抑景作用，创造了一种渐入佳境的情趣。

煦园内有常绿树马尾松、雪松、女贞等10余种。落叶树有银杏、迎春、黄杨、雪柳、金钟、绣球、十大功劳、蜡梅等。

竹有丛竹、凤尾竹、紫竹等。地被类有麦冬、爬根草、石蒜、马尼拉、瓦巴斯等。古树有太平湖两侧两棵古银杏树。这些树木花草使得煦园四季景色变换，美丽异常。

沐英 明朝开国名将，字文英，朱元璋义子。他为明朝统一和稳定征战30年，功勋卓著。他驻守云南的10年间，大兴屯田，劝课农桑，礼贤兴学，传播中原文化，对西南安定做出了杰出贡献。后被封为黔国公，追封黔宁王，谥昭靖，享太庙，塑沐英像于功臣祠，配飨太庙。

■ 煦园建筑特色

煦园的园林构筑以水为主体，水体呈南北走向。在建园手法上，为了突破单一狭长的水体，还巧用画舫、楼阁将水面自然分割成各自独立又相互联系的三个部分。

煦园整体以太平湖为中心，太平湖湖长155米，宽52米，呈卧瓶形状，瓶口朝北。湖岸以明城砖和青石驳砌，水中有锦鲤。

据后来晚清李伯元的《南亭笔记》记载西花园道：

> 循曲径入花园，方塘数十亩，有玻璃室，上下皆注水，金鱼活泼，荇藻纵横，为天王消夏处。

李伯元 名宝嘉，别号南亭亭长，清代文学家。李伯元自幼聪慧好学，兴趣广泛。他擅长制艺诗赋，善于绘画篆刻，懂得金石考据，可谓多才多艺。少年时期就考取了秀才，名列第一。在文学方面构思之敏、写作之快，极为少见。

环湖有鹅卵石道，长310米，宽1.5米。

望亭位于煦园西南，亭为方形的两层砖石结构。亭之下层竖立石碑一通，镌刻着后来的1835年两江总督陶澍撰其家乡湖南《资江印心石屋山水图》和道光皇帝谢恩奏折文字，故此亭亦名印心石亭。

石碑上的碑刻文字书法端正秀丽，线条流畅，碑的背面雕有双龙戏珠。亭之上层系一平台，能眺望园内外全景，相传为守望深宫之处。

望亭经太平湖瓶底端至煦园大门有鹅卵石道长82米，宽1米。楼北池边有一座湖石堆筑的假山，是一座十二生肖石叠合而成的假山，为南假山。

到了清代，清王朝把汉王府改建成两江总督行署。康熙时，又把原来的汉王府东侧部分改为江宁织造署。《红楼梦》作者曹雪芹的祖父曹寅就曾任江宁织造之职，掌管江南的织造业。

正是因为曹寅的母亲是康熙的保姆，所以曹氏家族当时非常富庶，曹寅也深得康熙的信任和赏识，康熙皇帝6次巡视江南，5次均住在江宁织造署。

直至1727年，曹家被抄，江宁织造署才不复往日的繁华，开始败落。到乾隆时，把织造署扩建为行宫，以西花园为基础建成了一座富丽宏伟的宫殿。

忘飞阁就是在这一时期所建。忘飞阁位于太平湖东岸。阁有三楹，正中一间延伸入湖中，呈三面临水

奏折 重要官员文书之一，也称折子、奏帖或者折奏。奏折页数、行数、每行字数，皆有固定的格式，按其内容可以分为奏事折、奏安折、谢恩折及贺折四类，其公文程式各有不同。奏折上一般都有皇帝的朱批。

■ 煦园建筑

煦园建筑

的水榭。忘飞阁顶为卷棚式，红漆立柱，周围设扶栏靠座，供人休息，水榭圈有独立围墙，外围回廊，院内栽桂花、芭蕉、修竹，假山点缀其间，颇为幽雅。

檐角有一枝梅花，梅花上停着一只神态欢悦的喜鹊，好像一只真喜鹊停在那儿，看着自己水中美丽的倒影竟然忘了飞翔一般。

相传忘飞阁建成以后，因为屋脊上雕刻的梅花小鸟惟妙惟肖，引来飞禽栖落在它的旁边，看到园中美丽的景色，欣赏水中自己的倒影，竟乐而忘飞，故名"忘飞阁"。

煦园的亭台楼阁也布置得十分巧妙，各种建筑讲求东西楼隔岸相望，有分有聚，虽分实聚，景致自然和谐。夕佳楼与忘飞阁隔湖东西相对，此楼为上下两层卷棚歇山顶，三面临水。

阅读链接

在煦园入园处的右侧有一通非常著名的碑，这就是俞樾所书的《枫桥夜泊》诗碑，据说是从苏州寒山寺中移来的。

俞樾，字曲园，清末著名学者。在诗碑中俞樾告诉我们，唐代诗人张继的《枫桥夜泊》诗中"江枫渔火对愁眠"中的"江枫"实为"江春"，是后人误传为"江枫"。

当然，俞樾在这里无非是告诉人们这一事实，并非强调要把"江枫"改为"江春"，由此表现出他严谨的治学态度。

层次分明的煦园建筑

清代，煦园因战火所毁，到了1647年，在这里设江南总督，后改称"两江总督"，新汉王府便成为总督署。1751年，乾隆皇帝首次下江南，两江总督尹继善将总督署、煦园改为行宫花园。

煦园标志性建筑

■ 煦园的长廊船舫

园中的石舫就是在这一时期所建。太平湖是一个人工开凿的瓶形水池，面积约占全园面积的一半多。石舫就位于太平湖南侧，构造精致。

全船为青石砌制，卷棚船舱，形体逼真，坐南朝北，呈向北航行之状。船身底部用砖石雕刻图案花纹，船舱系木结构，彩绘浮雕。船分前后两舱，前为正厅，后舱为"驾驭室"，水下设舵。乾隆皇帝第二次南巡时，为此舟亲笔题匾"不系舟"。

石舫的尾部有舵，船身用青石做成，船头铺以青砖，船舱顶部是黄色琉璃瓦，两侧嵌有青砖雕花栏板，上面雕刻着牡丹、万年青、卷草、猴、鹿、蝙蝠等彩色图案，雕饰极其粗犷、优美，富有浓郁的传统民族特色。

石舫上的建筑曾毁于战火，门柱上有两头倒挂的狮子，额头上雕刻着"王"字，倒看又像"天"字。石舫以三曲桥连接东西湖岸，三曲桥原为桥廊，桥身及栏杆均系木结构，后改建为条石结构，铁栏杆，跨径25.5米，宽度约1米。

棕榈亭位于太平湖东侧，六翘角，中竖巨石，形似怪兽，相传此亭是为了表达思乡之情而建。在太平湖西侧，夕佳楼西侧的别院内为花厅，该厅为七开间西式平房，中间为穿堂。

后来煦园再次被毁，1821—1851年，两江总督曾国藩予以重建。此次重建增设了桐音馆等建筑。桐音馆位于鸳鸯亭北，印心石屋前，重檐翘角方形，门向南，3间，掩隐在绿荫梧桐树丛之间，风雨时带来悦耳声响，故而得名，又说"桐音馆"是取上下同心、异口同声的意思。

桐音馆是院中最大的建筑，以桐木建成，曾是曾国藩的花厅，门前屋后有大梧桐数棵，雨打梧桐，声趣雅然，桐音馆后有北假山，山中有洞，洞洞相连，宛若迷宫。

■ 煦园的桐音馆

在假山底部中段有石刻横额，上刻道光皇帝1835年御笔赐书于两江总督陶澍的"印心石屋"四个字，故陶澍将他的文集也冠以《印心石屋文集》之名。匾下为须弥石座，四边刻有云龙珠花纹。花厅位于印心石屋后，坐北向南，结构呈"品"字形。

据说当时的两江总督陶澍虽少时家贫，却整天坐在溪流中的大石块上专心研读，后来终于功成名就。道光皇帝有感于他潜心钻研的精神，赐"印心石屋"四个字，用来勉励后人。

后来两江总督署因战火被毁，煦园也跟着被毁了，此后，清廷又在此复建两江总督署，煦园也随之被重建。此次重建增设有漪澜阁、夕佳楼、鸳鸯亭、暖阁和六角亭等建筑。

漪澜阁位于太平湖北侧，为中式园林建筑，是园内主体建筑，该阁为单层歇山顶，四面环水，石栏环绕，8头可爱的小石狮盘坐于其上，仅有两座小石拱桥与岸相接。

漪澜阁三楹三间朝南，正面8扇屏门，均刻有"瓶鼎"图案，正面、背面两窗屏图案各异，内容丰富多彩。屋脊是用清代青花瓷砖仿明朝形状而制，翘角飞檐，十分壮观，屋脊正中有一葫芦瓶，传为盛水容器，为镇火之宝物。门前二朱红立柱上悬挂的木刻楹联道：

天命诛妖，杀尽群妖，万里河山归化日；
王赫斯怒，勃然一怒，六军介胄逞威风。

此楹联曾贴天朝东、西下马牌坊立柱上，黄纸朱字，上下联首字合为"天王"两字。阁前有一平台，立台南望，微风拂水，波光涟漪，舫阁楼榭倒映水中。在平台的东西两侧有青石板踏步，青石板栏杆小拱桥连接东西两岸。

山后设一凉台，凉台上置石桌石凳。此楼的二层是观赏园景的极佳处，每当夕阳西下，便是金色满楼，故称之为"夕佳楼"。

在夕佳楼凉台下层的墙壁上嵌有天发神谶碑，又名"三段碑"。三段碑以东的碑亭内，有乾隆皇帝两次南巡时赐给两江总督书麟、萨载的两通御题诗碑。

山上有座金字亭，位于太平湖东南侧，苍松梧桐之中有六角亭造

■ 煦园的漪澜阁

■ 煦园的六角亭建筑

型别致，形影相依，因而称之为"鸳鸯亭"。

鸳鸯亭因是双方亭合建，双顶压角重叠，远看好似双亭并立，近看却是浑然一体。在亭下有山石相衬，似相伴相依的一对鸳鸯，故名"鸳鸯亭"。

六角亭位于煦园的园门迎面流云假山之顶峰，有石径石级登亭，亭六翘角，立于亭上环绕全园的龙墙映入眼帘。流云假山至水榭有虎皮石园径，长60米，宽近2米。

煦园小巧玲珑，以水为主，置石舫于南，阁于北，使水景一分为七，既互相联系，又各自独立，使人感到大中有小，小中见大，虚实相映，层次分明。

园内花木扶疏，亭台楼阁错落有致，湖山叠石点缀其间，显得小巧玲珑、秀丽雅静，是一座富有江南特色的园林。

俊秀雄丽的南北园林

阅读链接

煦园中的天发神谶碑碣长两丈，折为三段，俗称"三段碑"。此碑嵌在夕佳楼凉台下层的墙壁上，青石质。为三国东吴276年纪功碑刻石，方笔篆体，笔力雄强，为历代所珍重。

据南朝地志《丹阳记》记载："秣陵县南三十里有石山，山西有石室，山东大道左有方石，长一丈，勒名题赞美功德。孙皓建。"

此碑以后流传至南京孔庙之中，后遇大火焚毁。两江总督端方爱好文物，是一位金石学家，根据宋拓本重新置石模勒于此地，目前仅剩两段。

南京瞻园

瞻园位于江苏省南京市瞻园路，又称"大明王府"。瞻园始建于明朝初年，是中山王徐达的府邸花园。瞻园素以假山著称，以欧阳修诗"瞻望玉堂，如在天上"命名。

瞻园也是南京保存最为完好的一组明代古典园林建筑群，是南京现存历史最久的一座园林，与无锡寄畅园、苏州拙政园和留园并称为"江南四大名园"。

瞻园面积约两万平方米，布局典雅精致，由宏伟壮观的明清古建筑群，陡峭峻拔的假山，闻名遐迩的北宋太湖石，清幽素雅的楼榭亭台，勾勒出一幅深院回廊、奇峰叠嶂、小桥流水、四季花香的美丽画卷。

深院回廊的建筑美景

明朝开国元勋中山王徐达的府邸中有一个西花园，景色优美，后来徐达七世孙太子太保徐鹏举，在西花园的基础上建了一个园林，取名"瞻园"。后来又经过徐氏七世、八世和九世三代人修缮与扩建，到了1600年左右园林已粗具规模。

瞻园大门

■ 瞻园的抱石轩

静妙堂是瞻园西边的主体建筑。静妙堂原名"止鉴堂"，为徐达晚年消闲处。后来清代改名"绿野堂"，清代诗人袁枚有诗云：

> 暂领中山府，权开绿野堂。
> 风花争舞蹈，竹木尽轩昂。

后来绿野堂毁于兵火，存留下来的为后来重建的，重建后才更名为"静妙堂"。静妙堂西南角有小桥，连接南、西假山，桥长约1.8米，宽约0.6米，由太湖石铺设。静妙堂东南为西瞻园三小院，这是一组与静妙堂相配之建筑。

瞻园出口位其西，瞻园出口为一间卷棚廊屋，门外水磨砖门头上，镌刻后来乾隆御书的"瞻园"两字。沿廊东院为玉兰院，内有3棵玉兰，沿墙配植麦

徐达　明朝开国军事统帅，字天德。徐达治军严明，是一名杰出的将领，而且徐达具有许多优秀的品德。徐达病逝后，朱元璋追封他为中山王，赐谥"武宁"，赐葬于南京钟山之阴，并亲自为之撰写神道碑，赞扬他"忠志无疵，昭明乎日月"。

冬草、南天竹，其间点缀几块湖石。

西院为海棠院，院内配植几棵不同品种的海棠，花木中立一块明代名石"仙人峰"，此石据传系宋徽宗赵佶生辰纲遗物，石高2.7米，形态宛如仙女含羞而立。

清代袁枚为此写诗云：

神女俨成行，萧齐两海棠。

吹红风亦软，惊艳鸟先狂。

廊的尽头为一南北向小轩，名为"致爽轩"。其东有一门廊通东瞻园，其北有一门廊通瞻园西部，其东北为桂花院。桂花院内植3棵金桂，这3棵金桂每岁花时，繁葩密缀，堆金簇银，微风轻拂，暗香浮动，清新淡雅，超凡脱俗。

■ 瞻园池塘建筑

在金桂中间耸立一块明代名"石倚云峰"，石高3.41米，似朵朵白云相互依偎，此石与仙人峰姿态奇巧、波纹起伏、峻峭挺拔、巧夺天工，具有湖石"瘦、皱、漏、透"之四美，堪称绝品。

循廊向北，有一矩形半亭，亭长3米，宽2.5米，面积7.5平方米。亭东进花篮厅，厅阔3间，面积54平方米，室内梁柱、檩枋精致细巧，悬空两垂莲柱下端雕刻成花篮形，即以此为厅名。

花篮厅南面为落地长隔扇，门外即桂花院，东与东瞻园籁爽风清堂相通，北有一窗可窥东瞻园草坪。沿曲廊向北至尽头，建有一水榭，南、西、北三面临池，设鹅颈椅可俯览水池游鱼，亦可观赏西瞻园全貌。

在瞻园西部南方有一处假山，位于静妙堂前，面积900平方米，系用1 000多吨太湖石拼接堆砌而成，临池绝壁高7米，主峰高9米，由危崖、溶洞、钟乳石、磴道、石矶、瀑布与步石组成。

假山北面峭壁下有水池，水池面积255平方米，池间步石将水面分成南北两部。山上种植海棠、石榴、紫薇、玉兰、女贞等花木，岩缝

南京瞻园石假山

有葛藤，山后植黑松、红枫、银杏、铺地松，与静妙堂隔水相望，形成对景。山巅飞泻一条瀑布，使清澈明净池水闪珠溅玉，绿涛滚滚，声震幽谷。南假山飞瀑流泉，奇峰异石，花木扶疏，犹如一幅浓淡相宜之山水画卷。

在瞻园西部北方还有一处假山，此假山面积1100平方米，由体态各异的太湖石堆砌而成。临水面壁，纵深山谷，谷上旱桥，桥长1.4米，宽约1.2米。山顶有平台，南面石壁下有低而平的石矶两层，名"石矶戏水"，构造设计十分奇特。

矶上有"水镜石"，形似铜盘，聚满雨水时，犹如水镜。石矶环山绕水，依磴道可曲折登山，山顶平台叠置三石屏。石屏采用壁状大块石，竖缝紧贴，平面略有凹凸，立面呈三叠状，石屏最高点高出水面近10米，显得陡峭雄伟。

北假山西北角有普生泉，为南宋时所挖掘，1898年，秦淮曾断流，但此泉从未干涸。普生泉为瞻园池水之源，幽泉曲桥，崖壁雄峙，相映成趣。

北假山东南有观鱼亭，三面临水，与岁寒亭隔水相望，亭长5米，宽2.5米，面积12.5平方米，四角形。北假山至观鱼亭有板桥，桥长2.7米，宽约1米。观鱼亭为西长廊之北端起点，长廊由此向南到中门口止，全长100多米，东瞻园与西瞻园以西长廊为界。

西瞻园西假山位于瞻园西部，面积1050平方米。从北假山经过一条将近9米长的三曲桥登岸，即西假山，西假山从北逶迤向南，横贯瞻园西边缘，达南假山西侧。西假山以土为主，仅临池一侧用湖石驳岸。

此山北低南高，山上遍植女贞、松柏、枫、竹、梧桐、黄杨等树木。山上有一方亭，名"岁寒亭"，匾额为武中奇手书，系瞻园最大且最精巧之亭。

亭长4.5米，宽4.5米，面积约20平方米，方形，亭前遍植松、竹、梅，故名，亦称"三友亭"。亭前有梅花坞，植梅数10棵，此为明清"十八景"之一。

■ 瞻园普生泉边的岁寒亭

清代文学家吴敬梓所著《儒林外史》中说到此坞，袁枚亦有吟诵梅花坞之诗句：

环植寒梅处，横斜画阁东。
一轮明月照，满树白云空。
春到孤亭上，香闻大雪中。
要他花掩映，新置石屏风。

沿岁寒厅向南，可至西山最高处，此处有扇面亭一座，因其形同扇面而得名，此处原有铜亭一座。西假山之东便是面积450平方米的北池。西瞻园以青砖瓦铺路，全长395米。

1645年，清朝廷设江南行省，该园成为江南行省左布政使署、安徽布政使署，1760年，安徽布政使署迁安庆，于此新设江宁布政使署。

瞻园开始由封闭的私人宅园，变为半开放型衙署花园。1757年，乾隆帝第二次巡视江南，曾驻跸此园，并御题"瞻园"匾额，且谕内务府仿瞻园造园艺术，在京城长春园内建"如园"。

阅读链接

瞻园的铜亭是瞻园最高的建筑，也是瞻园的一大奇迹。

此亭最神奇之处在于其6根柱子，早期是空心铜柱，山下建有火房，烧起火来，热量便通过铜柱空心上传到铜亭之中，又把烟尘排向天空，一举两得。

铜亭是最早的取暖设备，天冷可生火驱寒，因铜为建筑材料，传热散热效应高，取暖效果更胜一筹。《儒林外史》第五十三回中，有徐达十一世孙徐咏邀其表兄陈木南铜亭赏梅的描述。

典雅精致的古建筑群

后来瞻园毁于兵火，到了1865年，江宁布政使李宗羲重修了瞻园。李宗羲修瞻园后，将当时的绿野堂改名为"静妙堂"，取其"静坐观众妙，得此壮胜迹"之意。

李宗羲重建的静妙堂为三开间附前廊的硬山建筑，檐口高近4米，面积近200平方米，室内以隔扇划厅为南、北两鸳鸯厅。

东西山墙均开小窗，南北皆为落地隔扇门，厅南建月台与坐栏，可观水池游鱼与南假山景色，为瞻园观景绝佳处。静妙堂东北隅有明紫藤一棵，老干虬枝，盘根错节，宛若苍龙，东南一棵女贞，相传为李宗羲栽植。

■ 瞻园亭台建筑

■ 瞻园特色建筑

1903年，江宁布政使黄建莞再次重修瞻园，将重修瞻园的过程刻于石碑之上，并建造了碑亭。碑亭位于瞻园北池的西边，亭两面临水，长2.5米，宽2.5米，面积6.25平方米，呈四方形，顶重檐。一览阁与碑亭有石板桥连接，桥长3.4米，宽0.83米。

碑亭西面墙壁上镶嵌着清江宁布政使黄建莞的《重修瞻园记》石碑，石碑左边为康熙、雍正年间宫廷画家袁江所绘《瞻园图》碑刻。碑亭为叠落廊之西首，廊自西向东，至东长廊止，全长50米，此廊忽升忽降，起伏跌宕，故名"叠落廊"。

清江宁布政使黄建莞还在瞻园西隅山坡上建了一草榭，名"迎翠轩"。迎翠轩位于籁爽风清堂南面的小院东侧，面积53.75平方米。黄建莞所建的迎翠轩早已被毁，存留下来的是后来重建的。

瞻园东部与东北部为原江南行省与江宁布政使署

之建筑，由照壁和五进庭堂组成。第一进有6扇对开的大门和东西耳房，这也是瞻园的大门，位于瞻园东南，面向瞻园路，檐高4.56米，面积216平方米，内外檐枋有斗拱。两耳房外与八字墙相接，此墙高4.18米，宽4.15米。

大门外左右有石狮一对，高2.18米，并有两个直径0.86米之石门档，上雕团龙和回字纹图案。大门正对面有照壁，壁高7米，宽17米，厚0.5米，明黄底色，小黑瓦作檐，照壁内嵌"金田起义"浮雕。

第二进为仪门，面阔5间，宽24米，进深9米，檐口高4.42米，原为新任布政使莅官下轿处，序厅东西两面墙上，有大型浮雕，高3米，宽5米，厚0.13米。

二进前东、西各有金桂一棵，树龄150余年，系天隆寺物。二进与三进之间为长32米、宽7.5米之灰色大理石铺甬道，两旁排列着18个炮台，上置铜铁炮20尊与10余枚雷石。炮台后各为列植之香樟，树后为长

回字纹 因为其形状像汉字中的"回"字，所以称之为"回字纹"。这里指的是装饰柱头的一种花纹。由单体回纹以间断排列的形式组成边饰，有的回纹呈规矩的方形，有的为减笔式回纹，有的回纹以变形手法绘制。

瞻园扇亭

■ 瞻园的园中园景观

青草坪，草坪以黄杨为篱。

第三进正堂，平面为"工"字形硬山建筑，面阔五间，宽24米，总进深29米，檐高5.1米，面积约560平方米，落地长窗裙板上，雕有团龙、双凤等图案，在"工"字建筑两侧，各有一封闭庭院，面积为100平方米，院内湖石堆砌，松竹依墙，十分幽雅。

三进与四进间有回廊相连，两侧有庭院，东为"客次"，面积99平方米，西为"便座"，面积131平方米。第四进为暖阁，面阔五间，宽24米，进深13.5米，檐口高4.74米，面积324平方米。

其西面第一厅前有牡丹台，台由土石砌，面积90平方米，依南墙耸立湖石与石笋，台前有百年牡丹一棵，名"绛纱笼玉"，为牡丹之上品。牡丹旁还植有芍药、山茶、杜鹃、菖蒲、兰、红枫等。每岁花期，群芳拥"花王"，竞相争艳。

凤　凤凰的简称。古代传说中的鸟王，雄的叫凤，雌的叫凰，通称凤。凤凰在远古图腾时代被视为神鸟而加以崇拜，是原始社会人们想象中的保护神，经过形象的逐渐完美演化而来，居百鸟之首，象征美好与和平，也是吉瑞的象征。

西进第二厅前小院面积约125平方米，鹅卵石铺地，有葡萄一架，架下设石桌石凳，小院南有一门与东瞻园相通，小院西南角有一"虎"字碑。小院西有一门与西瞻园相连，门楣碑刻"瞻园"两字，相传为乾隆帝御笔。

瞻园东部还有一个水院，位于北池之东，西与瞻园长廊相连，占地面积800平方米，它的中心为二开间歇山顶二层楼的一览阁，坐北朝南，面积78平方米，居园最高处。

登临可远眺近览，全园尽收眼底。一览阁前以不规则块石铺筑，阁下有清池一泓，湖石叠岸，面积150平方米，呈长条形。

池东北有延晖亭，亭一面临水，长3.5米，宽3.5米，面积12.25平方米，八角形，因太阳最后一抹余晖在此延长而得名。池之南为起伏迭宕的叠落廊，廊中部最高处与延晖亭和一览阁隔水相望。从一览阁的东长廊，自北向南，到籁爽风清堂止，全长175米，沿墙排列19通石碑，为瞻园之碑廊。

瞻园东部有一大片草坪，位于东瞻园中部，面积1 026平方米，

瞻园延晖亭

■ 瞻园倒影

俊秀雄丽的南北园林

地面铺爬根草，周围布置太湖石，配植松、竹、梅、海棠、樱花、枫树、茶花、木槿等花木，并点缀着玫瑰、枸杞、石竹、月季及应时花卉菊花、虞美人、鸡冠花、一串红、金鱼草、龙爪花等。

草坪北为一高出地面1.35米的小亭，其飞檐翘角似鸟翼，名"翼然亭"，袁枚诗道：

山顶翼然亭，登临见杳冥。

炊烟离瓦白，高树出墙青。

海镜明初日，江灯落远景。

台城千万雉，拱列似围屏。

翼然亭为东瞻园最佳观景点。亭下峰石环绕，花木锦簇。

东瞻园东南部中心建筑为籁爽风清堂，它面阔3间，单檐歇山附前后卷棚式。檐高约4米，面积112平方米，悬"籁爽风清堂"匾额。

籁爽风清堂对面墙旁立明遗石"招鹤峰"，峰高3.61米，重数吨，正面凿海水纹，体态古拙，意境高远，镌刻有明代沈周、吴宽、钱福等人的诗词。其周围湖石遍布，并配植松、柏、竹、茶花、芭蕉等花草树木。

籁爽风清堂西侧与花篮厅连接，东部为一览楼，南部为小院。一览楼二层，面积104平方米，楼上北侧有一梁台，与翼然亭相对，楼下南侧为落地长隔扇，一览楼是瞻园最高建筑，登临楼阁，园中湖光山色，一览无余。清末书画家何宾笙叹道：

远笼钟阜近吞江，一览楼中景入窗。

此是秣陵名胜地，许多王气洒能降。

清代诗人袁枚亦赞道：

妙绝瞻园景，平章颇费心。

一楼春雨足，三寸落花深。

■ 瞻园翼然亭建筑

一览楼前有荷花池，清风徐来，荷花摇曳生姿，清代诗人袁枚《瞻园小集诗序》中云：

青山横而帘卷，碧荷动而香生。

一览楼门外为四品海棠院，院内植木瓜海棠、西府海棠、贴梗海棠等，地面铺鹅卵石，院中有石桌石凳。院边散布奇形异态湖石，间植玫瑰、枸杞、书带草及应时花卉一品红、菊花等。瞻园全园坐北朝南，纵深127米，东西宽123米，总面积15 621平方米，其中建筑面积4 260平方米。

瞻园是南京仅存的一组保存完好的明代古典园林建筑群，与上海豫园、无锡寄畅园、苏州拙政园与留园并称为"江南五大名园"。

阅读链接

关于瞻园中的"虎"字石刻，还有一个传说呢！

据说这个"虎"字来自明初，是一个叫劢道人的人写了送给徐达的，劢道人乃明代著名军事家刘伯温的师父。

相传，著名将领徐达年轻时，曾跟劢道人学习用兵布阵之法。学成后，徐达投奔朱元璋。

后来，大明江山已定，论功行赏，朱元璋封徐达为中山王，为其兴建王府，即今天的瞻园。徐达功成名就，欲求其子孙万世富贵，他请求劢道人满足其愿望。

劢道人就草书一个"虎"字，让徐达将此字刻于石上，藏在后宅，即可荣华万代。

徐达得此字后整天面壁沉思，果然悟出了许多人生哲理，造福后代。

寄畅园又名"秦园"，位于江苏省无锡市城西秀美的锡惠山麓，为宋代词人秦观的后裔、明代兵部尚书秦金创建。

初名"凤谷行窝"，后来借王羲之"寄畅山水荫"诗意，改园名为"寄畅园"。它是江南著名的山麓别墅式古典园林。

寄畅园布局得当，妙取自然，体现了山林野趣、清幽古朴的园林风貌，具有浓郁的自然山林景色。

园内登高可眺望惠山、锡山，重峦叠嶂，湖光塔影，现出了"虽由人作，宛自天开"的绝妙境界，是现存的江南古典园林中叠山理水的典范。

山麓别墅

无锡寄畅园

园林中的精巧建筑

　　1506年，宋代词人秦观的后裔、明代兵部尚书秦金来到无锡，购惠山寺僧舍"沤寓房"，并在原僧舍的基址上进行扩建，垒山凿池，移种花木，营建别墅，辟为园，名为"凤谷行窝"。

　　凤谷行窝在存留下来的园中为从惠山寺日月池畔入园的第一座建筑。在凤谷行窝门厅右侧墙壁上，嵌刻着明代石刻《寄畅园记》。

　　穿过门厅，天井里两块刻石，右边是后来康熙题写的"山色溪光"，概括园内景色。左边是后来乾隆题写的"玉戛金枞"，赞美园内八音洞的美妙泉声。

　　第一代主人秦金，号"凤山"，惠山俗称"龙山"，以"凤山"相对，园名取"凤

寄畅园建筑

■ 寄畅园池塘

谷"，也是指此地是"凤藏龙山"的风水宝地。

凤谷行窝大厅前柱子上挂着后来清代文学家翁同龢的篆书楹联：

杂树垂荫，云淡烟轻；
凤泽洁畅，气爽节和。

走廊东门叫侵云门，"侵云"为锡峰塔的别名，出此间可望锡峰塔影。西门为碍月门，可眺望九龙山峰，因峰高阻碍月色，故名"碍月"。

从碍月门出来，是一座苏式小庭院，中间是小水池，用太湖石围砌。周围红柱回廊连接整个庭院，廊的两端各有一个月洞门，分别叫"凝翠"和"含秀"。廊壁上嵌有一部分《寄畅园法帖》石刻。

园中多古木，后依一墩。土墩是1445年时任工部

篆书 是大篆、小篆的统称。大篆指甲骨文、金文、籀文、六国文字，它们保存着古代象形文字的明显特点。小篆也称"秦篆"，是秦国的通用文字，是大篆的简化字体，其特点是形体匀称齐整，字体较籀文容易书写。在汉文字发展史上，它是大篆到隶书、楷书之间的过渡。

■ 寄畅园春色

侍郎的周忱于巡查江苏时，发现惠山寺按"四天之灵"的常规布局，尚缺青龙，因命人聚土堆筑。

这一土墩恰好增加了地形上的起伏。水池处于山麓，汇注了山中泉流，漾漾一鉴，增加了生动情趣，古木使园子显得浓荫广覆，苍郁幽栖。

水池位于全园东侧，名为"锦汇漪"，这片碧波荡漾的水面汇集了全园锦绣景色，整园风景正是围绕着这一流池水为中心而展开的。

锦汇漪南北长，东西狭，面积仅有1 600多平方米，却显得开阔明朗。东面是临水亭廊，西面地势高处造假山，水面上筑有石桥，使水面成为不规则的巨大镜面，把周围的山影、塔影、廊影、亭影、树影、花影和人影汇集在池中。园成之时，秦金作诗道：

名山投老住，卜筑有行窝。
曲涧盘幽石，长松育碧萝。
峰高看鸟渡，径僻少人过。
清梦泉声里，何缘听玉珂。

周忱 明前期大臣。以善理财知名。字恂如，号双崖。1404年进士，补翰林院庶吉士。翌年进学文渊阁，寻擢刑部主事，进员外郎。1425年迁越府长史。1430年授工部右侍郎，奉命巡抚江南，总督税粮。

在锦汇漪上有一座石桥名为"七星桥"，用7条石板直铺而成，因名"七星桥"。七星桥东面临水的是飞檐翘角的涵碧亭。

秦金逝世后，园为其族侄秦瀚及其子江西布政使秦梁继承。秦梁与父亲秦瀚常坐船或乘轿去凤谷行窝栽花种竹，或与友人饮酒赋诗。

1560年，父子俩又将园子做了一次修整，凿池筑山，费了一番心机，园名亦称"凤谷山庄"。

秦梁过世后，园属其侄都察院右副都御史、湖广巡抚秦燿所有。秦燿系东林党人，1591年，秦燿因其师张居正被追责而解职归乡，回到无锡后，秦燿因朝政失意，心情郁闷，所以就寄抑郁之情于山水之间，一门心思地改造凤谷行窝。

秦燿耗用了大量的人力和财力，经过10年辛劳在园内建成卧云堂、锦汇漪、邻梵阁、含贞斋、知鱼槛、八音涧、梅亭和环翠楼等建筑，重修构列20景，并逐景赋诗。又取大书法家王羲之的"寄畅山水荫"

都察院　明清时期官署名，由前代的御史台发展而来，主掌监察、弹劾及建议。作为明清监察制度的主要实施者，都察院在维护朝廷正常秩序和保障国家平稳运转方面起到了重要作用。

■ 寄畅园的卧云堂建筑

■ 寄畅园的三叠泉景物

诗句，改园名为"寄畅园"。

卧云堂为寄畅园的主体建筑，坐西朝东，前后两进，中隔天井。在后来的清代，其前进曾向东扩建，并以康熙御书"山色溪光"命名此堂，故又称"御书碑厅"。史载该堂是后来康熙、乾隆巡幸寄畅园时的接驾处。

卧云堂为具有明代江南建筑风格的三楹五架正贴式圆堂，前卷棚二界，为"一枝香"船棚轩，后带一界廊川。朝东一排落地长窗，后墙正间为长窗，两边次间为半窗。

室内铺方砖，又局部保留原有明代条铺地，以存历史信息。悬于前卷棚正中的堂匾，由后来清代宣统皇帝的四弟书写。卧云堂前月台，围着由莲花望柱、如意纹栏板组成的石栏杆，系当年旧物，沿阶而下，为石板甬道。

从甬道过石桥，前为美人石。美人石为一座3米多高的湖石，它依墙而立，像窈窕淑女，在方池前以水为镜，梳理发妆。所以人们都叫它"美人石"。

石前有个长方形的池塘，叫"镜池"。人们欣赏美人石一定要站在方池的西南角，少女楚楚动人的神态才能惟妙惟肖地展现在面前。

从锦汇漪东岸沿长廊向北，首先看到的是一座六角小亭，亭名"郁盘"，取自唐代诗人王维《辅川园记》中"郁郁盘盘，云水飞动"之句。亭中青石圆台和石鼓凳是明代遗留下来的秦氏旧物。

由郁盘亭向北的长廊叫"郁盘长廊"，为秦燿改造园林时所建。旧廊前后古木成荫，郁郁葱葱，墙上漏窗外竹石花木若隐若现。这里的廊柱特别高，这条长廊也特别高敞。因此，在廊内举目四望，锦汇漪对面的高大树木以及雄伟的惠山也能一览无余。

如意纹 汉族传统寓意吉祥图案的一种。如意作为中国传统工艺品，起源于中国古代的"爪仗"，也就是现在所用搔痒工具，叫"痒痒挠"。如意纹是一种吉祥寓意纹样，在优美的形式之下饱含深刻的意义，代表着吉祥、称心、如意的美好寓意。

■ 寄畅园的天下第二泉

■ 寄畅园内的万卷楼

左思 （约250—305），字太冲，西晋著名文学家，其《三都赋》颇被当时称颂。左思自幼其貌不扬，却才华出众，为文人集团"二十四友"的重要成员。

在锦汇漪中部的东边，顺着长廊向北，就有一方亭伸入水中，此亭名叫"知鱼槛"。它三面环水，是当年秦燿改建寄畅园时建造的，建成以后秦燿常常在此凭槛观鱼，怡然自得。

环翠楼位于水池之北，左列亭廊，右旁山冈，安排得体。更精彩的是登此楼南望，可以见到远处的锡山和山上的龙光塔，景色入画。

在锦汇漪的东边为八音涧，又名"三叠泉""悬淙涧"。此涧是根据晋代文学家左思"非必丝与竹，山水有清音"的名句而命名的。

八音涧用黄石堆砌而成，人行其中如行幽谷中。八音涧边假山群中的这些古树，都是有二三百年树龄的古樟，它们枝繁叶茂，最粗有4米。

八音涧西高东低，涧中石路迂回，上有茂林，下流清泉。涓涓流水，则巧引二泉水伏流入园。

八音洞总长36米，深1.9米至2.6米，宽从0.6米至4.5米。做大幅度收放的八音洞，除了山间谷道所擅的阴阳开合、极尽变化的妙致以外，又将引泉、听泉、掇石、藏景等多种造园手法了无痕迹地融合在一起，显得从容不迫、挥洒自如。

二泉的伏流，从园西墙根引入洞端后，便化为上下三叠，于是无声的泉水就开始变为有声的洞流，创造出"非必丝与竹，山水有清音"的境界。

八音洞之名为清末举人许国凤书题，其名是说它好似用金、石、丝、竹、匏、土、革、木等八种材料制成的乐器，合奏出高山流水的乐章。

八音洞的掇石艺术，堪称中国古典园林中黄石假山的翘楚。其堆叠技法，是根据黄石山崖之横向折褶和竖向节理所构成的天然岩相，取其纹理刚健、体量浑厚、轮廓分明、线卷遒劲的特点。

模拟中国山水画之"大斧劈皴"笔法，选用大块的黄石，把洞壁硬是化作了石脉分明、坡脚停匀、进退自如、曲折有致、悬挑横卧、参差高低、主从相依、顾盼生情的天然图画。

这种师法自然、饶有画理的高超手段，使这里具备了层叠的冈峦、嶙峋的山谷、幽深

许国凤（1876—1963），字弇定，号仁盒，1895年中秀才，1897年中举人，早年设塾授徒，钱基博、基厚兄弟均往授业，后至京官内阁中书，又入法律学堂三年卒业，任学部主事，工书法，尤精汉隶。

251

山麓别墅

无锡寄畅园

■ 寄畅园一角

■ 寄畅园一角

俊秀雄丽的南北园林

的岩壑、清浅的洞流，可说是外呈浑厚苍劲之势，内蕴深邃幽奇之奥，人行其间，尽得江南山水的神韵意趣。

正是这种幽曲的景观，又规范了人们的视线和对景物的感知，待走到稍为空旷处，便透过树梢罅隙间的斑驳光线，联想起"明月松间照，清泉石上流"的诗意。

鹤步滩是园中的主山，用当地山石围叠，并用土夯实。造园者把这里的假山当作惠山余脉来处理，使它们气势相连，假山脚下有弯曲谷道，洞水顺流而下，水石相谐，情趣盎然，好似成群的白鹤栖息漫步，因此取名"鹤步滩"。

在八音涧的南边便是含贞斋。含贞斋是坐西朝东的三门古屋，这里原是园主秦耀读书处，这位官场失意的园主喜欢吟咏"盘桓抚古松，千载怀渊明；岁寒挺高节，吾自含我贞"的诗句，因此斋名也就叫作"含贞斋"。

阅读链接

关于寄畅园的郁盘亭还有一个民间传说。

传说在清朝惠山寺有位老和尚，棋艺高超。乾隆游惠山时，棋兴大发，便和他在青石圆台上对弈。结果，乾隆连连得胜。乾隆心想：我的棋艺远不如老僧，为何反而连连得胜？无非我是皇帝，他不敢取胜罢了。

乾隆回宫后派人去打听，查明果然不出乾隆所料，因此乾隆虽然在棋局中获胜，仍郁郁不欢，于是后人就把此棋台取名"郁盘"，亭就叫"郁盘亭"了。

皇帝临幸的鼎盛时期

　　秦燿过世后，按他的遗嘱，寄畅园被分割成了四份，分属他的四个儿子所有。这种状态一直持续到了清代。

　　在清初，秦燿的曾孙秦德藻合并改筑，结束分裂局面，挽救了一代名园。秦德藻有六子二十四孙，这些后裔中有十人授翰林，是极为繁荣兴盛的一支。

寄畅园的池上亭榭

■ 寄畅园建筑景色

秦德藻延请当时著名的造园名家张涟和张涟的侄儿张轼精心布置，掇山理水，疏泉叠石，园景益胜。

清代康熙和乾隆两帝先后各六次南巡，均必到此园，此时期为寄畅园的鼎盛期。

1746年，秦氏家族商议"惟是园亭究属游观之地，必须建立家祠，始可永垂不朽"，于是将园内嘉树堂改为"双孝祠"，寄畅园为祠堂公产，故寄畅园又名"孝园"。

1751年，乾隆首次南巡，指定寄畅园为巡幸之地，乾隆认为"江南诸名胜，唯惠山秦园最古"，且"爱其幽致"，因此绘图带回北京，在清漪园，也就是颐和园万寿山东麓仿建一园，命名为"惠山园"。

1811年改名为"谐趣园"，并在北京其他地方仿建了他认为最好的五处江南园林。其余四处早已毁弃不存，只有惠山园仍完好地保存在颐和园里。

祠堂 族人祭祀祖先或先贤的场所。祠堂有多种用途，除了"崇宗祀祖"之用外，各房子孙平时有办理婚、丧、寿、喜等事，便利用这些宽广的祠堂作为活动之所。另外，族亲们有时为了商议族内的重要事务，也利用祠堂作为会聚场所。

在寄畅园内的美人石前的御碑亭内，还存留着乾隆的御笔。据说，乾隆来此游览时，认为美人石巍然昂首，有大丈夫气魄，将它改名为"介如峰"。

园主人为此特意把乾隆的题字和题诗刻成石碑，立在镜池前面。在石的南墙角，有一块不显眼的石头，好像一只癞蛤蟆，对着美人石张口垂涎，真像癞蛤蟆想吃天鹅肉。

自1684年至1784年的整整一百年间，两位皇帝十二次巡游江南，每次都必游这里，留下了许多诗章和匾、联。寄畅园中尚保存着康熙"山色溪光"、乾隆"玉戛金枞"御书石匾额各一方。

在清代，《红楼梦》的作者曹雪芹的祖父曹寅也在卧云堂题过诗，所咏《惠山题壁》道：

255

山麓别墅

无锡寄畅园

合抱枫香老桂枝，卧云堂上旧题诗。
兹身久分无丘壑，可慕秦家濯足池。

■ 寄畅园梅亭风光

关羽 字云长，汉末三国时期名将。刘备起兵时，关羽跟随刘备，忠心不二，深受刘备信任。关羽去世后，逐渐被神化，被民间尊为"关公"。历代朝廷多有褒封，清代奉为"忠义神武灵佑仁勇威显关圣大帝"，崇为"武圣"，与"文圣"孔子齐名。

■ 寄畅园长亭一角

后来，秦氏后裔将私园献给国家，又将原贞节祠纳入园中，形成了存留下来的秉礼堂。秉礼堂古朴典雅，装饰扇木格子落地长窗，共有18扇，是执掌礼仪的场所，据说此堂题名是为了纪念关公。

关羽被曹操软禁后，为试探关羽，只给他一间房，关羽把房让给嫂嫂，自己站在门外，借月光读书到天明。曹操为此佩服至极。园主人更是敬佩关公，题名"秉礼"，即"秉烛达旦，遵守礼节"之意。

后来，寄畅园中又陆续重修九狮图石，重建嘉树堂、梅亭、邻梵阁等。

穿过桂花树林，看到的是九狮台。九狮台是座大型假山，整座假山看上去像九只用太湖石叠成的巨大的雄狮。

■ 寄畅园泰伯殿

据说这是根据元代大画家倪瓒的《九狮图》画稿堆砌而成的。登上狮首，是全园最高点，整个园林一览无余。

存留下来的嘉树堂是寄畅园最北面的一座建筑，站在堂前，南面是秀丽的锡山，山顶的龙光塔和园中的知鱼槛、郁金亭等融合在一起，形成了"山地塔影"的奇妙景象。这是寄畅园小中见大建园风格的体现。

梅亭位于八音涧假山之巅，站在梅亭居高临下，俯仰有情。往前行，更奇的是在"山穷水尽疑无路"处，忽折而别开一径，更窄，更曲，更幽，等走出洞窟似的涧口，豁然开朗，嘉树堂前，锦汇漪畔，柳暗花明又一村。远眺更有"闲闲塔影见高标"的锡山龙光塔映入眼帘，使景观更觉宽展。

这又是小中见大之"先抑后扬"造园手法的巧妙运用。行家谓之"藏景"，所谓"景愈藏，境界

倪瓒　元代画家、诗人。初名珽，字泰宇，后字元镇，号云林子、荆蛮民、幻霞子等。擅画山水、墨竹，师法董源，受赵孟頫影响。书法从隶入，有晋人风度，亦擅诗文。与黄公望、王蒙、吴镇合称"元四家"。

寄畅园假山池水

愈大"。

这藏景又与借景相结合，故能造就意外的艺术效果。八音涧出口处，还是寄畅园山水景观的转换枢纽，由此折而右拐，别开生面，游兴跌宕，步入鹤步滩。

邻梵阁位于园子的南边。梵界即为佛界，阁建在假山上，因紧靠惠山寺，故名"邻梵阁"。

原来的建筑已毁，存留下来的是后来根据明代王稚登《寄畅园记》的记载重建的，在邻梵阁眺望，锡山风光尽收眼底。

阅读链接

在寄畅园中，人们还可欣赏到《寄畅园法帖》石刻，一共二百多方，分布在郁盘亭长廊、秉礼堂和含贞斋的墙上以及邻梵阁、嘉树堂中。

这些法帖是清嘉庆年间秦氏家族在乾隆所赐《三希堂法帖》的基础上，搜集宋、元、明、清名家，如秦观、文徵明、董其昌、刘塘等的墨迹，精雕细刻而成。

存留下来的是1981年根据旧拓本重新摹刻的，基本再现了古时的风采。在含贞斋南侧围墙上，还保存着零星残存的原有石刻。

上海豫园

　　豫园位于上海市老城厢东北部，北靠福佑路，东临安仁街，西南与老城隍庙、豫园商城相连，是老城厢仅存的明代园林。豫园内楼阁参差、山石峥嵘、湖光潋滟，素有"奇秀甲江南"之誉。

　　豫园始建于1559年，原是明朝潘氏的一座私人花园，以清幽秀丽、玲珑剔透见长，具有小中见大的特点，体现了明代江南园林建筑艺术的风格。

　　全园布满亭台楼阁，曲径游廊相绕，奇峰异石兀立，池沼溪流与花树古木相掩映，规模恢宏，景色旖旎，是江南古典园林中的一颗明珠。

隐逸情怀的明代建筑

上海豫园

潘允端是明刑部尚书潘恩之子。1559年，潘允端以举人应礼部会考落第，萌动建园之念，在上海城厢内城隍庙西北隅，家宅世春堂西的大片菜畦上"稍稍聚石凿池，构亭艺竹"，动工造园。

1562年，潘允端出仕外地，无暇顾及建园，在潘允端写的《豫园记》中说：

垂二十年，屡作屡止，未有成绩。

■ 上海豫园的玉玲珑

1577年，潘允端自四川布政司解职回乡，便集中精力再度经营扩修此园，并聘请园艺名家张南阳担任设计和叠山。此后，园越辟越大，池也越凿越广。

1620年左右竣工，总面积46 000多平方米。当时正值江南文人造园兴盛时期，上海附近私家园林不下数千，而豫园"陆具岭涧洞壑之胜，水极岛滩梁渡之趣"，其景色、布局、规模足与苏州拙政园、太仓弇山园媲美，公认为"东南名园冠"。

但豫园后来屡遭破坏，潘允端所建的均已被毁，存留下来的豫园东部的主要建筑有玉玲珑、玉华堂、积玉水廊、积玉峰、会景楼和九狮轩等。

玉玲珑为江南三大名石之一，高约3米多，玲珑剔透，周身多孔，具有皱漏瘦透之美，为石中甲品。古人曾谓："以一炉香置石底，孔孔烟出；以一盂

礼部 中国古代官署。从南北朝的北周开始设置，隋唐时期为六部之一，历代相沿。其中的长官为礼部尚书。管理全国学校事务及科举考试及藩属和外国之往来事。礼部下设四司，明清皆为仪制清吏司、祠祭清吏司、主客清吏司和精膳清吏司。

水灌石顶,孔孔泉流。"玉玲珑后有照壁,照壁南面壁上有"寰中大块"几个大字,意为"天下大快"。

正对玉玲珑有一书斋,以玉玲珑石上的"玉华"两字命名,为玉华堂,堂上匾"玉华"两字是明代文徵明的手迹集字,堂前有白玉兰两棵,东侧是积玉峰和积玉水廊。

玉华堂原为潘允端书斋,后来清代重建,改名为"香雪堂"。后来再次被毁,重建后仍名"玉华堂"。堂内按文人书房布置,陈列着明代紫檀木画案等珍贵家具。

积玉水廊依豫园东围墙,临曲池,积玉峰立于廊间,玲珑剔透。池西及玉华堂前后,流水潆洄,山石嵯峨,花木扶疏,植白玉兰、白皮松和翠竹,幽雅恬静。

会景楼位于豫园中央,登楼可观全园景物,故名"会景楼"。九狮轩在会景楼西北,轩前置月台,可凭栏观赏池中荷花。

豫园西部有假山与亭子、元代铁狮、萃秀堂、亦舫、万花楼、鱼

俊秀雄丽的南北园林

■ 豫园会景楼

乐榭、复廊、两宜轩、点春堂，
还有和煦堂等建筑。

大假山为豫园镇园之作，是明
代著名叠山家张南阳唯一的传世作
品。高约12米，用数千吨武康黄
石堆砌。假山峰峦起伏，磴道纡
曲，洞壑深邃，清泉若注。山上
花木葱茏，山下环抱一泓池水。
游人登临，颇有置身山岭之趣。
后来清末名人王韬曾描绘：

■ 豫园玉华堂内景

奇峰攒峙，重峦错叠，
为西园胜观。其上绣以莹
瓦，平坦如砥；左右磴道，
行折盘旋曲赴，或石壁峭空，或石池下注，
偶尔洞口含岈，偶尔坡陀突兀，陟其巅视及
数里之外。

循径而下又转一境，则垂柳千丝，平池
十顷，横通略约，斜露亭台，取景清幽，恍
似别有一天。于此觉城市而有山林之趣，尘
障为之一空。

豫园时废时兴，大多建筑都已被毁，而大假山仍
保持旧观。大假山上有二亭，一在山麓，名"挹秀
亭"，意为登此可挹园内秀丽景色。一在山巅，称
"望江亭"，意为立此亭中"视黄浦吴淞皆在足下。

王韬 原名利宾
，1845年改名瀚，
字仲弢，号懒
今，一号兰卿。
1862年易名韬，
字仲弢，一字子
潜，又字紫诠，
号天南遁叟。著
名的洋务政论
家，中国新闻业
之父，外号"长
毛状元"，他是
中国新闻史上第
一位报刊政论
家，近代报刊思
想的奠基人。

而风帆云树，则远及于数十里之外"。

在仰山堂东游廊口，有一对铁狮，姿态生动，铸工精致。座上各有款识：

章德府安阳县铜山镇匠人赵璋⋯⋯大元国至元廿九年岁次庚寅十月廿八日。

赏狮穿廊绕墙而入即游廊，为入大假山之通道，跨于池上。廊间设方亭，有匾为"渐入佳景"。匾下有一太湖石，状似美女柔腰顾盼，名为"美人腰"。池水山景，近在咫尺，有勾起游人信步之意。

亦舫在萃秀堂东墙外，俗称"船厅"。明代以后，江南园林常在水边建石舫，用以临水赏月，而直接在陆地上筑舫不多见。

万花楼为花神阁遗址，后称"万花深处"，后来重建时添建格思堂，仅存一楼。当时主要用于祭祀活动和同业议事，以人神仅咫尺相隔而名"神尺堂"。

庄子 姓庄，名周，先秦时期伟大的思想家和哲学家、文学家，道家学说的主要创始人之一。老子思想的继承和发展者，后世将他与老子并称为"老庄"。他们的哲学思想体系，被思想学术界尊为"老庄哲学"。代表作品为《庄子》，名篇有《逍遥游》《齐物论》等。

■ 豫园雪景

■ 豫园池塘

后又恢复"万花楼"名。

　　鱼乐榭跨于溪流之上，傍山临水，凭栏可观赏水中游鱼。溪上筑一垛隔水花墙，墙上有漏窗，墙下处有半洞门，水从洞门流去。"鱼乐"蕴含园主人对庄子的仰慕和避世隐逸的心情。

　　在这里还可以欣赏到一处生动的虚隔产生遐想的景观，榭前小溪，一饰有漏窗和半圆洞门的粉墙，不落水面，横临溪上，小溪从拱形墙下淌去，让人产生"小溪不知流向何处"的遐想。

　　鱼乐榭东北是一条曲折别致的复廊，中间用墙分隔。中间构筑方亭一座，匾额曰"会心不远"。此意出自南朝的笔记小说《世说新语》：

　　　　会心处不必在远，翳然林木，便有濠濮间想，觉鸟兽禽鱼自来亲人。

复廊　指在双面空廊的中间隔一道墙，形成两侧单面空廊的形式，又称"里外廊"。因为廊内分成两条走道，所以廊的跨度大些。中间墙上多开有各种式样的漏窗，从廊的一边透过漏窗可以看到廊的另一边景色。

意为并非要到遥远之处才能领悟万物造化要旨。

复廊东段用墙分隔为两条。墙上设窗洞，从窗洞左顾楼台掩映，右望溪流峰石，宛如小品图画。复廊东有小轩，"观山观水两相宜"，为"两宜轩"。两宜轩位于复廊南侧，面山对水，有古人"观山观水两相宜"的情趣。

和煦堂在打唱台南面，面山背水，四面敞开，夏凉冬温，故取名"和煦"。后面水池畔有假山，山下有洞，流水潺潺。山上有方形小轩，名"学圃"。八角亭与学圃隔池相峙，亭中有古井一口，井栏为明代之物，称"古井亭"。

和煦堂东部假山上有座抱云岩，水石缭绕，洞壑深邃。抱云岩上有小楼，上、下二层，上层名"快楼"，下层称"延爽阁"。登快楼可眺西面大假山和豫园全景。延爽阁画栋垂檐，精致错落。

点春堂北有藏宝楼，上、下各五间。东有静宜轩、听鹂亭。据地方志《上海县续志》记载，点春堂初建时附近还有钓鱼矶、水神阁、一笑轩、庄乐亭等建筑，均早已毁弃。

阅读链接

豫园的玉玲珑假山还有一个不平凡的来历呢！

北宋时宋徽宗在开封构筑"艮岳"，把各地搜罗的奇花异石运到京师，水运花石，十船为一"纲"，谓之"花石纲"，其中多有散佚，玉玲珑就是其中之一。

到了明代，玉玲珑辗转到了浦东储家，储家与潘家是亲家，储故世后没有子嗣，玉玲珑随储家之女陪嫁到潘家。过黄浦江时，风大浪高，沉入江底，打捞时又发现另一块石头，即现在玉玲珑的底座，于是一起打捞上来了。

清代的豫园建筑胜景

潘允端在《豫园记》中说："匾曰'豫园'，取愉悦老亲意也。"

"豫"，有安泰、平安之意，由此可见潘允端建园的目的是让父母在园中安度晚年。但因时日久拖，潘允端的父亲潘恩在园子刚建成时便亡故了，豫园实际成了潘允端自己退隐享乐之所。

潘允端常在园中设宴演戏、请仙扶乩、相面算命、祝寿祭祖、写曲本、玩蟋蟀、放风筝、买卖古玩字画

豫园雕刻

■ 豫园内建筑

等，后来，潘氏家业衰落，潘允端死后，园林日渐荒
芜。

明末，潘氏豫园一度归通政司参议张肇林，而张
肇林也就是潘允端的孙婿。

到了清初，豫园也是几度易主，园址也被外姓分
割。康熙初年，上海一些士绅将豫园几个厅堂改建为
清和书院，堂中供奉松江知府张升衢长生禄位。书院
尚未修竣，因故停工。园中亭台倾圮参半，草满池
塘，一些地方成了菜畦，秀丽景色已成一片荒凉。

1709年，上海士绅为公共活动之需，购得豫园东
部部分地区建造庙园，即"灵苑"，又称"东园"。
1760年，一些豪绅富商集资购买庙堂北及西北大片豫
园旧地，恢复当年园林风貌，历时20余年。因已有
"东园"，故谓西边修复的园林为"西园"。

在这一时期建造的有得月楼、绮藻堂、三穗堂和萃秀堂等建筑。

得月楼建于1760年，位于玉华堂、玉玲珑西面，两面临水。取"近水楼台先得月"之意而名。得月楼为二层楼房，建筑精致，画梁彩栋，修廊曲栏，华丽幽静。

得月楼前有"皓月千里"匾额，皓月当空时，俯视湖心亭、九曲桥上的月光，别有情趣。清人一副描写得月楼的联语"本地风光，旧时月色"，耐人寻味。

绮藻堂位于得月楼下，以"水波如绮，藻彩纷披"而名。堂内装潢美观，别具一格。堂檐下有一百个不同字体的木雕"寿"字，称为"百寿图"，富有民族特色。堂前一天井，犹如方茶壶，内有匾额"人境壶天"。左侧围墙上有清代"广寒宫"砖刻。

萃秀堂位于大假山东北峭壁下。1760年始建，1770年竣工。1813年由西园庙产转属饼豆业公所，并经大规模修葺，建筑构造精粹，幽静峻洁。四周拦以围墙，堂前峰峦林立、花木荫翳。

■ 豫园龙墙

斛 中国古代量器名，亦是容量单位，一斛本为10斗，后来改为5斗。常用容量单位由小至大有升、斗、斛、釜、钟，通常学者们认为斛和石相通。自秦汉开始，它们之间都是十进制，南宋末年改为二进制。量器呈直口直壁的圆筒形，平底，腹两侧各有一柄。

修复后的西园、东园性质上已非私家花园，成了供城邑士人乡绅们集会雅玩的寺庙园林，但规模布局还依照潘氏豫园，保留了文人宅园明秀雅洁的风貌。原临荷花池的乐寿堂已颓圮，复建西园时，在原址上建起形制高大、华丽宽敞的三穗堂。

三穗堂位于豫园正门处，原为乐寿堂，清初曾被征为上海县衙办公之地，改建西园时重筑为三穗堂。其意"禾生三穗，乃丰收之征兆"。有五间大厅，屋宇宽敞。三穗堂大厅中间有"城市山林"和"灵台经始"匾额。

匾额下是豫园主人潘允端撰文的《豫园记》，扇上雕刻着稻穗、黍稷、麦苗和瓜果。三穗堂南临大湖，堂前桧柏分植，景观颇广远，湖心有亭，渺然浮水上，东西筑石梁，九曲以达于岸。

三穗堂在清代中叶为豆饼业公所议事、定标准斛之所，又称"较斛厅"。还曾是官府召集乡士绅商

■ 豫园仰山堂的风雨楼

宣讲皇帝谕旨之处，是当时沪上绅士富商的政治、经济活动场所。三穗堂南有荷花池、凫佚亭、绿波廊、濠乐舫、鹤闲亭、清芬堂和凝晖阁等建筑。

点春堂于清道光初年为福建花糖业商人所建，作为公所，共五间。厅堂画栋雕梁，宏丽精致，门窗的扇上雕刻戏曲人物，栩栩如生。堂名取宋代诗人苏轼词"翠点春妍"之意。

点春堂厅堂面对一座小戏台，镂金错彩，式样精巧，名为"凤舞鸾吟"，俗称"打唱台"，是当年花糖业公所宴请演唱和岁时祭供之处。

打唱台东南有小假山，水从假山下石窦中流出，汇成小池，戏台一半架在池中，非常幽雅。点春堂后有临水槛，可凭槛观鱼，有匾额"飞飞跃跃"，字体飘逸洒脱。

后来因兵火，豫园香雪堂、点春堂、桂花厅、得月楼、花神阁、莲厅皆遭损毁。清嘉庆、道光年间，上海商业发展较快，一些商业行会在豫园设同业公所，作为同业间祀神、议事、宴会、游赏之处。1868年西园划分给各同业公所，各自筹款修复。

仰山堂便是此时建造的。仰山堂位于三穗堂之

■ 豫园点春堂内景

鸾 即"青鸾"，又名鸾鸟、青鸟、鸡趣。鸾鸟，在凤凰的诸种异名中，可能是最为人们熟知的一种，是古代传说中凤凰一类的神鸟，赤色多者为凤，青色多者为鸾，多为神仙坐骑。也被引申为吉祥和爱情的象征。

后，与大假山隔池相望，1866年所建。底层称仰山堂，上层为卷雨楼。仰山堂共五楹，后有回廊，曲槛临池，可小憩。望大假山景，池中倒影可鉴。

卷雨楼为曲折楼台，取唐诗"珠帘暮卷西山雨"之意，雨中登楼，烟雾迷蒙，山光隐约，犹如身入雨山水谷之中，为豫园绝景。

此后园内茶楼酒馆相继兴起，商贩丛集，荷花池西南一片空地上，一些江湖艺人，诸如相面测字、卖梨膏糖、拉洋片等在此设摊，逐渐成为固定庙市，后演变为商场。

1894年，布业公所为纪念古代纺织家黄道婆建造了织亭。织亭位于绮藻堂和荷花楼之间的西廊中间，面对湖心亭、九曲桥，背向五老峰、月府砖刻。亭以扇与廊相隔，扇裙板上刻有《耕织图》。

藏书楼也是在这一时期建造的。藏书楼又名"书画楼"，位于得月楼对面，曾是有名的书画市。

20世纪初期，豫园已被一条东西小路分割成南北两爿，古建筑破漏，面目全非，所幸园中重要部分点春堂、三穗堂、大假山和一些亭台楼阁、古树名木，仍得以保存。

阅读链接

1986年，为了保护传统园林文化，开始逐步修复豫园。豫园中的浣云假山就是在此时堆砌的。

浣云假山位于得月楼北，为太湖石堆砌。假山以湖石堆成，背依得月楼，面临清池，水中假山倒影与天上彩云浑然一体，如洗白云于水中，如染假山于云间，故名"浣云"。

山有临流石径，依山脉迂回曲折而上。山洞内有清泉，登得月楼隐约可闻泉水声。

绿竹猗猗

上海古猗园

古猗园位于上海市西北郊南翔镇，园内由逸野堂、戏鹅池、松鹤园、青清园、鸳鸯湖金额和南翔壁六部分组成，是上海最古老的览胜之一，为江南名园之一。

古猗园始建于明代，早先为私家宅院，由擅长竹刻、书画、叠石的朱稚征设计布置。因园内广植绿竹，园名取自《诗经》中"绿竹猗猗"句，故名"猗园"，后更名为"古猗园"。

古猗园以猗猗绿竹、幽静曲水、典雅的明代建筑、韵味隽永的楹联诗词和优美的花石小路五大特色闻名于世，是江南古典园林的奇葩。

明代古韵的猗园建筑

　　明万历年间，历任光禄寺良酝署署正、河南府通判、代理嵩县知县、汝州知州的闵士籍，以宦囊在南翔兴建宅园。

　　该园的规模有"十亩之园，五亩之宅"之说，由擅长竹刻、书

■ 上海古猗园

■ 上海古猗园

画、叠石的朱稚征设计布置，园中有亭、台、楼、阁、水榭、长廊等。因园内广植绿竹，园名取自《诗经》中"绿竹猗猗"句，名为"猗园"。

当时园中有逸野堂、白鹤亭、不系舟、浮筠阁、鹤守轩、绘月廊、五老峰、小云兜、猗园正门与采香廊、幽赏亭和鸢飞鱼跃轩等建筑。

逸野堂为园内主厅，系园主接待宾客的场所。堂名"逸野"表达了园主平静安逸的生活追求及隐逸为高的思想境界。此堂初建时以楠木为柱，且四面道路相通，登堂可览全园之胜，故俗称"楠木厅""四面厅"。

堂外有"逸野堂"三字匾额，拾阶走入堂内，抬头可见明代著名书法家董其昌题额"华岩墨海"，反映了当时文人相聚的盛况。

逸野堂前对植盘槐，北侧一棵已是数百岁高龄，

通判 官名。在知府下掌管粮运、家田、水利和诉讼等事项，以弥补知府管辖不足之处。宋代始设，为加强控制地方而置于各州、府，辅佐知州或知府处理政务，有监察官吏之权，号称"监州"。明、清各府置通判，分掌粮运、水利、屯田、牧马、江海防务等事项。在清朝通判也称为"分府"。

为上海地区历史最悠久的古盘槐。而四周的道路地坪上饰有碧玉如意、无字天书、暗八仙等图案，游人经过，似踏织锦，如入仙境。

不系舟原为园主的书画舫，明代吴中书法家祝枝山特为之手书"不系舟"三字。后遭毁坏，由清代名医和鸿舫重题。舟上有清末进士廖寿丰撰书的一副对联：

十分春水比檐影

百叶莲花七里香

这一船型建筑三面临水，犹如一艘船静静地停泊在岸，给人明快亲切之感。游人凭栏可赏戏鹅池全景，低头可观水中游鱼，悠然惬意。

自不系舟隔戏鹅池南眺，可见一座半浮于水面的水榭"浮筠阁"亭亭孤立。明代建园时此阁与众不

■ 古猗园的不系舟

同，全部以竹为材建成，竹顶竹柱竹廊，竹椅竹栏竹窗，依山浮水，与对面的不系舟遥遥相对。

阁后竹枝山临水而立，周旋环水，水随山转，动静结合，山因水活，意境深邃。

鹤守轩周围树木环抱，具有明代的文脉和古韵，颇具特色。在逸野堂北侧，有五座奇形怪状的假山，形似五位操琴弹唱的老人，名为"五老峰"。

传说他们原是五位大仙。第一位叫龙仙老，已九千岁，只见他弯腰曲背，俯视沉思。第二位是鹤仙老，五百岁，身材颀长，正盯着前面一块石桌。第三位是鹿仙老，六百岁，侧立于五仙之中，引颈前视。第四位叫鸢仙老，最年轻，三百岁，正在凑近鹿仙老耳语。第五位是鹅仙老，七百岁，似在引吭高歌。

这五位大仙原在玉皇大帝御花园中，感到寂寞无聊，就在中秋之夜来到人间赏月，不知不觉来到逸野堂前，见月光下的逸野堂犹如月宫下

古猗园内的青清园

落人间，缕缕桂香，阵阵虫鸣，凉风习习，若隐若现，胜过仙境。

五位大仙想不到人间竟有如此妙境佳处，便操琴弹唱。他们决定脱离寂寞的天宫永留人间，那棵古盘槐便是龙仙老的手杖，五位大仙的坐骑也在古猗园安家落户，神鹿奔入梅花林，鹤栖白鹤亭，龙钻小云兜，鸢翔湖面，鹅游荷花池。这便是"五老弹琴"的传说。

小云兜是缀太湖石而成的小山，据说造成时天空云团攒聚，故取名"小云兜"。其构筑形体不大，尚能中置空谷，壁岩与磴道无率直之弊，使得假山既有丰富变化，又浑然一体，耐人寻味。

幽赏亭位于猗园西北隅，后来清代诗人沈元禄在《猗园》中记载：

莫一园之体势者，莫如堂。堂后植桂，中秋赏月，庭中桂香，疑身在广寒宫中。

中秋之夜登亭远望，如置身仙境，令人心旷神怡。明代时园主常与家人登亭观赏夜景，故称此亭为"幽赏亭"。

鸢飞鱼跃轩三面依水，轩门圆形，如湖面明月初升。立门前向东眺望，青山亭阁，错落有致。入门凭栏，一泓碧水，明洁如镜。

在古代，猗园东南一带，庙宇鳞次栉比，河网纵横，松柏参天。气候温暖潮湿，使鸟类有觅食栖身之处。猗园更是山清水秀，环境优美静谧，是鸟儿最理想的栖身之处。

鸢飞鱼跃轩一带，有湖有岛，有山有树，花鸟鱼虫应有尽有。游人至此，实在其乐无穷。

闵士籍去世后，猗园约在1620年转让给翰林李名芳之子李宜之。到了明末清初，猗园又先后为陆、李两姓所有。到了1746年冬，叶锦购得猗园，于次年春大兴土木重修和改建，1748年秋落成，改名"古猗园"。

重修后的园门位于园北，西向。园南围墙外有河，船可进入园

古猗园的鸢飞鱼跃轩

俊秀雄丽的南北园林

■ 古猗园建筑风光

君子 特指有学问有修养的人。"君子"一词出自《易经》，被全面引用最后上升到士大夫及读书人的道德品质。始自孔子，并被以后的儒家学派不断完善，成为中国人的道德典范。"君子"是孔子的人格理想。君子以行仁、行义为己任。《论语》一书，所论最多的，均是关于君子的论述。

内。园中以逸野堂和戏鹅池为中心置景，增建了不可无竹居、南亭、曲香廊、鹤寿轩、柳荫桥、双鹤斋、翔云阁和君子堂等建筑。

不可无竹居坐北朝南、临水筑台，北揽怡翠亭、南拥隐香亭，并有东西廊道相接。不可无竹居以竹为主题，构成了南北假山叠嶂、竹石相映成趣、中间居室开阔、四面临水成景的园林空间。

此厅造型端庄、结构精巧、红柱黑瓦、四周开窗，其名取意于北宋文学家苏轼《于潜僧绿筠轩》中"可使食无肉，不可居无竹。无肉令人瘦，无竹令人俗"之意境，既点出了以竹为主题的清雅意趣，又纪念了这位大文豪。

厅内陈设仿古竹家具，供人赏玩、休息，是赏竹观景的绝佳之地。

南亭位于南大门以东，是古猗园中最南面的亭子，故谓"南亭"。亭为仿古八攒尖顶，柱间设座栏，便于游人坐憩。

亭下有平台，四周围以护栏，栏外遍植桂花、蜡梅、榔榆、圆柏等，不论季节更替，游人都能置身于浓荫花丛之中。

南亭地处僻静，远离山水，但其中一副"月来满地水，云起一天山"的楹联则使南亭新意迭出，独成佳景。

曲香廊位于鸳鸯湖南侧，因廊道曲径通幽，且周植梅、兰、桂、菊，四季芳香，因此得名。

曲香廊北侧植有重瓣红牡丹，蓬径巨大，枝条苗壮，花径大如碗口，娇艳欲滴，曾有花开六十二朵的记录。南侧植有百岁高龄的重瓣紫牡丹，花瓣叠嶂，形态饱满如绣球，与百年牡丹左右呼应、相映生辉。

圆柏 圆柏称桧，公元前，中国古籍中便有桧的公布、利用、栽培的记载。在柏科植物中，中国特产的圆柏不仅老干枯荣，寿高千古，而且南北皆生，四海为家。无论以其生长特征和顽强的生命力，还是以其"经霜不坠地，岁寒无异心"的高尚吉祥象征，都早已形成了在庭宇、殿堂、祠庙、陵园栽植的传统。

281

绿竹猗猗

上海古猗园

 上海古猗园大门

刘安 （前179—前122），西汉皇族，淮南王。汉高祖刘邦之孙，淮南厉王刘长之子。博学，善文辞，好鼓琴，才思敏捷，奉武帝命作《离骚传》。招宾客方术之士数千人，编写《鸿烈》，亦称《淮南子》，内容以道家的自然天道观为中心，认为宇宙万物都是由"道"所派生。他善用历史传说与神话故事说理。

■ 古猗园一角

鹤寿轩运用两单元方形建筑交叉勾连，形成前后参差之格局，生动活泼，富有变化。轩上部为重檐，十四只翘角上饰以仙鹤，轩内设座栏。

其名取意于淮南王刘安主撰写的《淮南子·说林训》中"鹤寿千岁，以极其游"，表达了人们祈求长寿的美好愿望。

柳荫桥位于园内一角，桥上有一座四角亭，是让人们歇息的场所，在亭内可一览周围的绿色景象。

双鹤斋的飞檐是仙鹤的造型，在斋外能看见一只只鹤在笃悠悠地散步，神态坦然。

古猗园的亭台楼阁多临水而建，与水景配合，体现了"亭台到处皆临水，屋宇虽多不碍山"的意境。

由磴道登龟山之顶，自翔云阁向四周眺望，全园美景尽收眼底。翘檐叠嶂的翔云阁，宛如白鹤展翅，寓意登高望远，吟怀着白鹤南翔的千年历史。翔云阁

古猗园池边建筑

内竖"百寿碑"，以赑屃为座，碑正面凿一"寿"字，碑背凿一百个寿字组成的百寿图，寓意"时代昌明，人寿年丰"。

据说，触摸这位任劳任怨的大力士能给人带来福气。翔云阁为其遮风避雨，让它常驻于此地。

君子堂以"梅、兰、竹、菊"四君子取名，堂内悬挂四君子书画，堂前植四君子代表植物，堂内堂外，自然相映，十分得体。园内除广植竹以外，还专辟了一个竹圃，体现"绿竹猗猗"的意境。

阅读链接

根据志书记载，古猗园中叠石、植物皆为当时有名的竹刻艺术家朱三松设计。朱三松，名稚征，明末嘉定人，以工诗擅画、精竹刻驰名于世。

北京国家博物馆收藏有朱氏《饮中八仙》竹雕笔筒，筒身雕刻贺知章、李白、张旭等八人饮酒的情景。图中山间怪石嶙峋，老松巨干盘根错节，诸人神态各异，刻画入微。

今日所见古猗园中的历史遗迹，也莫不巧为布局，不落陈套，足见朱三松艺术造诣之高超，令人叹为观止。

扩建后的古猗园胜景

在清代，时值园主叶锦家道中落，地方人士开展了募捐集资活动，于1789年将古猗园购买后作为城隍庙的灵苑，后又经历了多次兴建整修，增设了许多厅堂、神殿、酒肆和茶楼等，古猗园成为祀神集议、乘凉休憩的场所。

梅花厅就是在这一时期建造的。梅花厅始建于1789年，梅花厅造型壮观，主厅开阔，长门隔扇、门窗梁檐均精雕梅花图案。

梅花厅四周植有红梅、绿梅、白梅、蜡梅数十棵，道路铺就梅花图案，体现了四季有梅、如入仙境的意趣。厅前两棵柏树姿态奇特，梅花奇石方寸得宜，而两侧的百年老梅，更是杆枝叠

■ 上海古猗园远景

■ 古猗园的梅树

韵，嶙峋苍鲜，与四周梅树争相吐艳，一片香雪。

在同一时期建造的还有花神殿，花乃天地灵秀之化身，赏花在于悦其姿色而知其神骨，如此方能遨游在每一种花的独特韵味中，而深得其中情趣。历代文人墨客玩味和吟咏百花，从而造就出十二花神来，正所谓"日日有花开，月月有花神"。

后来，又新建了南厅、微音阁、白鹤亭，并种植了一批树木花草。

南厅依竹傍水，是园主的书房兼卧室。南厅外墙镶嵌多幅浮雕，院内幽静古朴，内置石笋、睡莲、蜡梅，修竹茂盛，四季有景。厅外南侧有座四面环水、树木繁茂、曲径通幽的小松冈。

微音阁坐石经幢北，与经幢异曲同工，富丽堂皇。关于微音阁，还有一个美丽的传说。据传，逸野堂边的五老峰是五位老仙操琴弹唱，萦绕于廊阁，别

经幢 幢原是中国古代仪仗中的旌幡，是在竿上加丝织物做成，又称幢幡。后来为了保持其经久不毁，才改为刻在石柱上，因为刻的主要是《陀罗尼经》，所以称为经幢。经幢一般由幢顶、幢身和基座三部分组成，主体是幢身，刻有佛教密宗的咒文或经文等，多呈六角或八角形。

有一番余韵，故阁名为"微音阁"。

廊门三开，三向仰视，可以观赏月圆月缺等奇景。建筑师们按月球四季运动轨迹，根据此地形特征，精心运算观月最佳点，设计了绘月廊。

绘月廊廊门三开，可观月圆月缺奇景。绘月廊西临一湾碧水，俯视可得映月，美不胜收。每当中秋佳节，明月当空，月影透过廊窗，粉墙留下斑驳倩影，意蕴悠长。

白鹤亭位于戏鹅池西堤上，顶端白鹤亭立，展翅欲往南飞，亭旁碧池中竖有一块高大的石碑。石碑上刻诗一首：

白鹤南翔去不归，唯有真迹在名基。
可怜后代空王子，不绝薰修享二时。

此亭根据古代"白鹤南翔"传说而建。游览白鹤亭，可了解云翔寺的变迁和古镇南翔的由来，使人浮想联翩，增加探古幽情。

后来，人们在古猗园的四周围起了竹篱，把原城隍庙前的一对石狮移置于改建过的北大门前。在竹枝山南部开挖新河道，其两端与戏鹅池相通，并重建湖畔的浮筠阁，在新河上架九曲桥，桥中建湖心亭。

鸳鸯湖水面约10 000平方米，以九曲桥分隔为东、西两湖，水面开阔，生机盎然。湖的南面是曲香廊，又名"五曲长廊"，因沿湖岸犬牙交错，就曲设廊，廊底有亭，曲径通幽。

走到五曲香廊沿左岸的尽头，便是楼高厅阔的茗轩。湖犹如一块明镜从天而降，镶在古猗园中心地带，使古猗园景色大放光辉。

从缺角亭沿阶而下，向南攀花穿柳，便是别开生面、横越鸳鸯湖的九曲桥。九曲桥长18米，宽4米。此处湖面最为开阔，垂杨拂水，绿柳含烟，梁式石桥逶迤曲折。

■ 古猗园的白鹤亭

■ 古猗园建筑风光

九曲桥拦腰浮于湖面之上，湖心亭犹如一颗宝石嵌在桥中，与东面的柳荫桥遥遥相望，湖南有曲香廊，廊尽头有茗轩，湖面四周，亭、堂、阁、轩高低错落，山水相连，视野开阔，以湖为主，给人以天高湖阔之感。

桥面中部是造型玲珑剔透的湖心亭，又名"镇蛇亭"，它将曲桥一分为二，使质朴的石梁平添了几分风姿。游人凌波而行，更觉云水变幻，无不心旷神怡。

后来，当地原云翔寺的一对唐代石经幢和一座宋代普同塔迁入园中。

普同塔位于鹤寿轩东侧的荷花池中，是宋代旧物，建于1222年。该塔为佛教学弟子甘子荆所建，用以颂扬如来大佛之功德。

塔基以覆莲作须弥座的装饰，塔身高约2米，平面六角形，镌刻如来佛像、各式花纹等。每逢夏日，

须弥座　又名"金刚座""须弥坛"，系安置佛、菩萨像的台座。用须弥山做底，以显示佛的神圣伟大。中国最早的须弥座见于北魏云冈石窟中，是一种上下出涩、中为束腰的形式。后来一些家具，如屏风之类的底座也经常采用这种形式。

288

俊秀雄丽的南北园林

池荷一片翠盖，成众星拱塔之势，翠绿摇曳，送来缕缕清香。

除此之外，还在古猗园内新建了南翔壁。南翔壁又称"照壁""影壁"，是建于门外正对大门以作屏障的建筑。

南翔壁上的浮雕取材于"白鹤南翔"的美妙传说，形象地描绘出昔日南翔寺的壮观景象，述说着南翔这一地名的由来。

还有瘦影碎月轩和翠霭楼。瘦影碎月轩为观山赏月之佳地，湖对岸是一座由黄石垒砌的假山，山上猗猗亭和山峰犹如两座驼峰，造型奇特，山后青竹茂密。

每当月朗星稀之时，皎洁的月光泻在湖面上，将假山、亭台、修竹、曲桥静静地连为一体，整个空间充满了静谧的氛围，给人以宁静致远的遐思。

当一阵清风掠过，修竹摇曳，湖起涟漪，一轮明月在微波荡漾之中，化为道道碎影，体现了"瘦影娉

289

绿竹猗猗

上海古猗园

 古猗园建筑

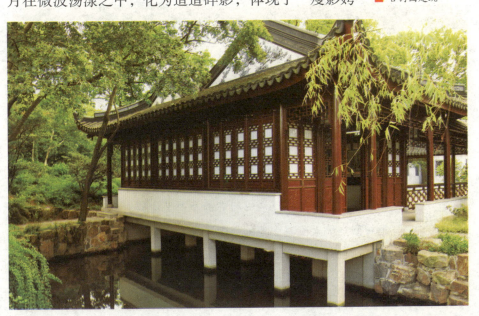

古猗园大门

婷风骨秀，枝枝叶叶竞云高"和"细草披霜寒碎月，一池秋水舞风柔"的意境。

翠霭楼原为上海南火神庙的打唱台，后来迁入园内。楼的正面开阔、雄伟，二楼中央挑出一阁，凸面华丽，飞檐斗拱。打唱台圆形拱顶由近百只鸟头拼嵌组成，中间精雕二龙戏珠，细格斑鳞，精妙绝伦，被赞为"典型的清代宏伟建筑"。

后翠霭楼中辟展室"玩石斋"，陈列着各种奇峰异石。山川精英泄为至宝，乾坤瑞气结就奇珍，自古以来赏石就是文人雅士的心爱之物，为人们创造出一种宁静致远的境况。

阅读链接

古猗园内白鹤亭和亭内石头上的诗句，是根据白鹤南翔的传说而提的。

相传曾经在梁代，有人挖到一块一丈长的石头，常吸引一对白鹤栖息于此。

一位名叫德齐的和尚路过此地，认为白鹤祥舞乃佛地之兆，因此于505年建成一座佛寺，落成当天白鹤便向南飞去，故题寺名为"白鹤南翔寺"，此地也因寺成镇，取名为"南翔镇"。

到了唐代，一位名叫行齐的和尚又看到白鹤飞来，而此时也得到当地人士莫少卿的善款，便再次修复白鹤南翔寺。竣工当日，白鹤向南飞去再也没有回来，但石头上却留下了诗句，耐人寻味。

常熟燕园

燕园又名"燕谷园",位于江苏省常熟市辛峰巷,由首任台湾知府蒋元枢始建于清代,初名"蒋园"。

后来,清代晋陵叠石大师戈裕良在园中筑黄石假山"燕谷"一座。燕谷如真山幽谷一般,巧夺天工,且洞壑中有清澈的池水,园亦因此更名"燕园",又名"燕谷园"。

燕园占地约2500平方米,平面呈狭长形,南北长而东西较狭,布局独运匠心,空间组合划分灵活而富有变化,曲折得宜,别具一格,为江南著名古典园林。

出神入化的燕园假山

1780年，时任福建台澎观察使兼学政的蒋元枢，渡海遇险，回常熟后，即在其从父蒋泂旧宅东侧辟建园林，并供海神天妃于其中，名为"蒋园"。因蒋元枢的父亲蒋溥与祖父蒋廷锡均任过内阁大学士，家世豪富，所以蒋元枢所筑的蒋园极其精良，如窗棂、栏槛等都用名贵的紫檀、楠木雕刻而成。

常熟燕园建筑匾额

蒋园占地约2 500平方米，蒋元枢始建时，有"三婵娟室""童初仙馆""七十二石猴"等名构胜景。

蒋元枢利用园西长廊和东西横廊前庭院中丛丛翠竹，掩隐其后园景色，使人产生空间幽邃、深莫能测之感。在园门北为鸳鸯式四面厅"三婵娟室"，原有蒋因培题匾。

清人张丰玉在《瓶花庐诗词抄》中有有关此园的诗句：

新竹幽而静，新柳娇且妍。
新月一笑来，成此三婵娟。
傲他林处士，独抱梅花眠。

道出此室名由来。室前有荷花池，池水曲折逶迤。池旁假山耸立，状如群猴会集，奔、跳、卧、立、姿态各异，形象生动，别具情趣，因名"七十二石猴"。

■ 燕园长廊

山间植白皮松一棵，高达数丈，苍劲挺拔，虬枝屈曲，气势雄伟，视为珍品。由庭院而至山林池水，极尽空间转换变化之胜。

山南置"童初仙馆"，馆内为书斋四间，布局顺应自然地形，由园东临池短廊与小桥导入，曲折幽静，饶有趣味。

蒋元枢过世后，其长子蒋继煊将园变卖。1829年，蒋园为其族侄、泰安县令蒋因培出资购得，大加修葺增饰，并请戈裕良用本邑虞山黄石在园中部叠成假山一座，取名"燕谷"。

园亦因此更名"燕园"，又名"燕谷园"。燕谷黄石假山位于"五芝堂"前，横贯全园东西，左有山巅"引胜岩"，右有跨山"过云桥"，下以桥洞通向"五芝堂"，布局大胆，别出蹊径。

观察使 古代官名。唐代后期出现的地方军政长官，全称为观察处置使。观察使的权力，一开始并不比节度使小，不过由于边疆战事，节度使的权力开始增加，而观察使还是类似于汉朝的刺史。

俊秀雄丽的南北园林

钱泳 原名钱鹤，字立群，号台仙，一号梅溪。工诗词、篆、隶，精镌碑版，善于书画，画山水小景，疏古澹远。有仿赵大年《柳塘花坞图》，藏故宫博物院。著有《履园丛话》《履园谭诗》《兰林集》《梅溪诗钞》等。

其雄崖绝壁，山林拥翠，气势不凡，不仅充分体现了中国园林"天人合一"，以有限的空间表达无限意境的园林艺术特色，而且展示了不同凡响的叠山技法与高超的艺术构思。

清人钱泳在《履园丛话》中记有：

> 蒋园，台湾知府蒋元枢构。后五十年，其族子蒋伯生得之，倩晋陵戈裕良叠石一堆，称"燕谷"，园名"燕园"，园甚小，而曲折得宜，结构有法，余每入城亦时寓也。

戈氏之前，叠山置洞，洞顶均用"石梁平顶法"构筑，即以条石架于两侧山石之上，以为洞顶承重维系，虽亦有佳妙之构，但终不免为陈套。

至戈氏始创"钩带法"，将石拱桥构筑桥洞的原理，巧妙运用于堆叠假山洞壑上，为一大突破，由

■ 燕园建筑美景

此，将叠山工艺提高到一个新的高度。

钱泳在《履园丛话》中在记述其与戈氏论及堆叠山洞不用条石易于倾颓时写道：

戈曰："只将大小石钩带联络，如造环桥法，可以千年不坏。要如真山洞壑一般，然后方称能事。"
余始服其言。

燕园美景

加之戈裕良堆叠燕谷时，以虞山为蓝本，纯用本山黄石为之，故极逼真，而又运石如笔，变化万端，山以大块石为骨，小石补缀，拼银对缝，不假外力，且山石纹理、色彩，相接自然、和谐，复又于山南置涧水一泓，蜿流入洞，浑然一体，实有巧夺天工之妙，堪称开中国造园史上一代新风。

阅读链接

关于燕园的燕谷假山，钱泳评及"其堆法尤胜于诸家"，而为后世园治家高度赞赏。

值得一提的是，江南私家古典园林于明代时，园中叠山皆以独峰体意而盛行，至清代则出现截取真山一角，浓缩园中的造园艺术。戈裕良所叠燕谷黄石假山堪称其杰出代表，弥足珍贵，在中国造园发展史上占有极其重要的地位。

燕谷假山为国内戈裕良留传至今唯一的黄石假山杰作，为国之瑰宝，殊为珍贵。

古韵犹存的燕园十六景

常熟燕园楼阁建筑

蒋因培增修燕园后，在其《乌目山房诗集》中题有：

钱松壶为余作燕园图十六帧，书此奉酬。

从此，乃有"燕园十六景"之美誉，但该诗集未具体谈及园景内容。

据清人张丰玉《瓶花庐诗词抄》中"题伯生丈燕园图"提到十四景，即燕谷、五芝堂、诗境、赏诗阁、天

■ 燕园假山

际归舟、伫秋、冬荣老屋、引胜岩、三婵娟室、童初仙馆、过云桥、梦青莲花庵、绿转廊、竹里行厨。

又据清人王锦和顾德昌修的《常昭合志稿》记载，燕园有一希瓦阁、十愿楼、诗境和梅屋诸名胜。此说和张丰玉所述对照除重复者外，加一希瓦阁、十愿楼即为十六景。

在燕谷旁边便是五芝堂。五芝堂为昔日园主人迎会亲友之所，在堂前置"燕谷"假山一座，咫尺山林，石景奇特，引人入胜，而假山之东沿院墙又有以高低错落之廊道与修竹构成的"诗境"，引人遐想，兴味无穷。

由此顺廊道可北入赏诗阁，出阁下山，可至名曰"天际归舟"的临水旱舫，人移景换，组合巧妙，使该区以"燕谷"为主体之园景，曲折多变，新意迭出，堪称佳绝。

蒋因培 清代诗人。字伯生，十七岁以国子监生应顺天乡试，为法式善激赏，1797年援投效例授阳谷县丞，1821年因故退出官场，回归故里，闭门不出，寄情诗酒。单学傅称其诗"善攫题情，如海东青之击天鹅，上盘下搏无或失"。著有《乌目山房诗集》。

阮元（1764—1849），扬州仪征人，字伯元，号云台、雷塘庵主，晚号怡性老人，谥号"文达"，清代名臣。他是著作家、刊刻家、思想家，在经史、数学、天算、舆地、编纂、金石、校勘等方面都有着非常高的造诣，被尊为一代文宗。

■ 燕园匾额

燕谷之西长廊透迤，沿园西院墙贯通全园南北，直抵五芝堂，廊中部置半亭名"仁秋"。人在廊中游，园景犹如连续画卷，美不胜收。

五芝堂后至园后门则为第三区，西为"冬荣老屋"，东侧小院，建有"一希瓦阁""十愿楼"，该区为园主人日常生活起居之处。

自北山磴道而上，山巅植树栽竹，宛若天生，就中原有"五针松"一棵，高不寻丈，而虬枝屈曲，倍添情趣。沿山向东攀行即达燕谷峰峦最高处"引胜岩"，宛如置身虞山剑门，是为览胜高潮。

赏诗阁为园主与文人雅集之地，赏诗阁中曾罗列朝野名流诗章，如清代名人阮元、郭麐各、钱泳等吟赏唱和之作，益使园林增色。

园中有清人集蒋因培诗句所撰楹联：

　　　虬桥树合楼对峙
　　　燕谷天开涧半弯

书斋有蒋因培撰联：

　　　熟读离骚，便可称名士；
　　　涉猎传记，不能为醇儒。

梦青莲花庵位于三婵娟室东侧，为两层建筑，登小楼可远眺虞山风光。

常熟为依山之城，燕园地处深僻小巷，临近间有高墙，其借景虞山之法，别具匠心。即在园内建赏诗阁等高阁，使其背东面西，以西借虞山，登高凭栏远眺，收纳虞山无限风光，使有限的空间变成了无限的空间，俯身下瞰，则幽谷深涧，秀木繁荫，池水曲折，清流蜿蜒与虞山相呼应。

外务部　清朝时期朝廷成立的一个机构，设专职大臣五人，班列六部之首。有总理外务部事务大臣一人，会办大臣一人，尚书一人，左右侍郎各一人，负责清廷外交事务。

1847年，燕园为邑人知县归子瑾购得。后来，燕园重归蒋家，蒋元枢玄孙鸿逵重得，其所著《吾好庐诗抄》中"园林逢旧主"之句，指的就是燕园。

时至晚清，燕园于1908年为曾任光绪外务部郎中张鸿购得，故又称"张园"，张鸿且自号"燕谷老人"。张鸿得到燕园后在北山山巅植树栽竹，宛若天生。

燕园花木景观丰富。园中除白皮松、广玉兰外，还有桂树、辛夷、紫藤、修竹、梧桐、柳树等，池中植以荷花。晚清更有牡丹种植极盛，品类繁多。

燕谷老人张鸿在其《蛮巢诗词稿》中，即有《燕园种牡丹》《燕园牡丹藤花盛开和李敬舆韵》等诗记盛。

清代本邑诗人杨无恙，曾有《谢张隐丈摘赠魏紫》诗，着意描绘了燕园内种植的"姚黄""魏紫"等牡丹珍品，可见名花珍木亦为此园之胜。

俊秀雄丽的南北园林

阅读链接

1998年6月开始燕园修复工程，依次按原样落地翻建了五芝堂与门屋。

在原址建了童初仙馆、梦青莲花庵，翻建三婵娟室前临池廊桥，整修"七十二石猴"湖石假山与山间小径，重建假山前环池叠石，并整修恢复新发现的西侧山洞。

还重建了燕谷过云桥东部假山，并整理了西部假山北侧山体，重建了赏诗阁及与之相通的绿转廊与诗境景点，还有天际归舟旱船与船前水池，修葺了东园墙、园内各类铺地与主次园路，落地翻建了南园墙与大门，并在大门上方嵌置拓自燕谷老人张鸿手迹的"燕园"砖刻门额。

扬州个园

个园位于江苏省扬州市东北隅盐阜东路，为清代两淮盐商商总黄至筠在明代"寿芝园"遗址上所建，为中国四大名园之一。

个园三纵三进，园中古树参天，珍卉丛生，随气候变化展现出不同的景色。因园主黄至筠爱竹，园中修竹万竿，且因竹叶形似"个"字，故名"个园"。

个园以竹石取胜，园中最负盛名的为笋石、湖石、黄石和宣石叠成的春夏秋冬四季假山，叠石艺术高超，以石斗奇，融造园法则和山水真理于一体，令人叹为观止，是中国江南私家园林的杰出代表。

著名的个园四季假山

    1818年，两淮盐商商总黄至筠来到古城扬州，看到一处废弃的园子，经过打听得知，这个园子名叫"寿芝园"，为明代所建，相传寿芝园中的叠石是中国画一代宗师石涛和尚的杰作，但荒废已久。

个园假山

■ 个园假山

303

壶天自春
扬州个园

　　黄至筠得知后，经过多方努力，买下了这座废园，开始重新规划，建造园林。黄至筠爱竹，故在园中植修竹万竿，且因竹叶形似"个"字，取名为"个园"。据扬州民间传说，当年园主人为求园名，花了不少银子，才得到了"个园"这个名字。

　　"个"最早的意思是"竹一竿"，想想这并不奇怪，汉字原本就是象形文字，"个"看上去不正是竹叶的形状吗？清代大才子、大诗人袁枚就曾经吟咏出"月映竹成千个字，霜高梅孕一身花"这样美妙绝伦的诗句。

　　并且"个"字是由三笔组成的伞状造型，在中国传统观念里，象征着天时、地利、人和鼎力扶持，面面呵护，路路通达，这也是经商的人所企盼的最高境界。

　　"个"字还代表多而全的意思，体现着福、禄、

黄至筠 又叫黄应泰，字韵芬，又字个园。原籍浙江，因经营两淮盐业，而著籍扬州府甘泉县，清嘉道年间为八大盐商之一。他不仅是个商人，还是个画家，在他的私家园林个园中，就有他的画作石刻存留。

■ 个园假山景观

俊秀雄丽的南北园林

寿三全其美的完满境界，所以黄至筠就挑了这个名字为自己心爱的园林命名。

自然的、历史的、文化的、艺术的竹的美妙，融聚成个园独有的文化积淀和美学趣味，以"个"名园，可谓深得竹景观的神韵。

个园是一处典型的私家住宅园林，内中景物布局紧凑，以叠石立意、气势雄伟而著称，尤以"四季假山"闻名于世。

传说，黄至筠为了防人偷盗个园中的假山，有的假山用白银浇铸，每座重达千斤，无人能拿走，所以在扬州人们也戏称个园的假山为"没奈何"。

从住宅进入园林，首先映入眼帘的是月洞形园门。门上石额书写"个园"二字，"个"者，竹叶之形，主人名"至筠"，"筠"亦借指竹，以为名"个园"，点明主题。园门两侧各种竹子枝叶扶疏，"月映竹成千个字"，与门额相辉映。

白果峰穿插其间，如一根根茁壮的春笋。竹丛中，插植着石绿斑驳的石笋，以"寸石生情"之态，状出"雨后春笋"之意。

这幅别开生面的竹石图，运用惜墨如金的手法，点破"春山"主题，即"一段好春不忍藏，最是含情带雨竹"。还巧妙地传达了传统文化中的"惜春"理念，提醒游园的人们，春景虽好，短暂易逝，需要用心品赏、加倍珍惜，才能获得大自然的妙理真趣。

透过春山后的园门和两旁典雅的一排漏窗，又可窥见园内景色，楼台、花树映现其间，引人入胜。进入园门向西拐，是与春山相接的一大片竹林。竹林茂密、幽深，呈现出生机勃勃的春天景象。

夏山位于园之西北，东与抱山楼相接。夏山叠石以青灰色太湖石为主，叠石似云翻雾卷之态，造园者利用太湖石凹凸不平和瘦、透、漏、皱的特性，叠石多而不乱，远观舒卷流畅，巧如云，奇如峰。近视则玲珑剔透，似峰峦，似洞穴。山上古柏，枝叶葱郁，颇具苍翠之感。山下有池塘，深入山腹，碧绿的池水将整座山体衬映得格外灵秀。

北阴处有一涓细流直落池塘，叮咚作响，池中游鱼嬉戏穿梭于睡莲之间，静中有动，极富情趣。池塘右侧有一曲桥直达夏山的洞穴，洞之

个园假山内奇石

幽深，颇具寒意，即使在炎热的夏天，人们步入洞中，也顿觉清爽。

中空外奇、跌宕多姿的双峰夏山，是玲珑剔透的太湖石与高超叠石技艺完美结合的产物。国画里有"夏去多奇峰"的意境，夏山的主体部分，正是利用太湖石柔美飘逸的曲线和形姿多变的品质，垒出停云之势，模拟夏之气象。

在布景造境方面，夏山更是做足了文章。山上黄馨紫藤，繁花垂条；山下古树名木，蓊郁青葱；山间石室幽邃，石梁凌波；山顶流泉飞瀑，有亭翼然。

盘旋石阶而上，登至山顶，一棵紫藤迎面而立，使人悠游其间忘却了无尽的烦忧。个园夏山，可说真切、唯美地再现了典型环境中的江南山水。

抱山楼是座七楹长楼，巍然亘跨夏、秋两山之间，两山东西依楼而掇，有多条山径直通楼上，抱山楼在空间连接两山，楼前长廊如臂，拥抱两山于胸前，这是抱山楼得名的由来。抱山楼长廊，犹如凌

个园抱山楼

空飞架的天桥，廊上漫步，不经意间就跨越了两个不同的季节。

沿抱山楼看秋山，有宾主，有掩映，有补缀，有补贴，有参差，有烘托，仿佛群山峻岭，山外有山，山势未了，仰视高处，山势绝险，突兀惊人。

在抱山楼上凭栏赏景，但见楼下梧桐蔽日，浓荫满阶，檐前芭蕉几丛，亭亭玉立，夏山青翠欲滴，秋山枫红霜白，无限风光，美不胜收。楼下走廊的南墙上，镶嵌着清人刘凤诰撰写的《竹石记》刻石，专门留给想知晓个园来龙去脉者，作壁上观。

■ 个园假山

抱山楼前有匾上书"壶天自春"。"壶天自春"是取《个园记》中"以其目营心构之所得，不出户而壶天自春，尘马皆息"，其意是个园空间虽不及名山大川，但其景为世外桃源。

"壶天"最早是道教用语，出自历史学家范晔编撰的《后汉书》，不过私家园林多为壶状结构，有狭长的通道进入，里面豁然开阔，美不胜收，也算是人间仙境了。匾额下有对联，联道：

淮左古名都，记十里珠帘二分明月；
园林今胜地，看千竿寒翠四面烟岚。

范晔 字蔚宗，南北朝时期著名史学家。他早年曾任鼓城王刘义康的参军，后官至尚书吏部郎。范晔一生对社会的最大贡献，则是撰写了被后人称为"前四史"之一的《后汉书》。范晔以《东观汉记》为蓝本，对其他各家撰著博采众长，斟酌取舍，并自定体例，订伪考异，删繁补略，写成《后汉书》。

上联连用"十里珠帘"和"二分明月"两个最具代表性的场景，将古扬州的繁华淋漓再现。下联状写当前，不忘紧扣个园竹景观特色，只用"千竿寒翠""四面烟岚"，把扬州的风物尽收囊中。楹联境界阔大，气势磅礴，对仗工稳，与抱山楼的建筑风格及其坐镇全园的统领地位十分吻合。

经过抱山楼的"一"字长廊，园之东部便是气势雄伟的秋山，相传出自清代大画家石涛之手笔。

秋山是全园的制高点，黄石山体拔地而起，峰峦起伏，有摩霄凌云、咫尺千里之势。无论何时登临眺望，都会使人顿生一种秋高气爽之感。

秋山整个山体分中、西、南三座，有"江南园林之最"的美誉。黄山石呈棕黄色，棱角分明，如刀劈斧砍。整座山体峻峭凌云，显得壮丽雄伟。

进入山腹，如入大山之中，险奇之处随时可见。中峰高耸奇险，下有石屋，可容十几人，内设石桌、石凳、石床，通风良好，四季干

个园建筑特色

燥，颇具生活意趣。

秋山之上，有崎岖的磴道上下盘旋，曲折辗转，构成了立体交通，忽壁忽崖，时洞时天。人在洞中，有光隐隐从石隙透入，照见洞顶用黄石倒悬营造出的垂垂钟乳，奇异而壮观。

走秋山磴道，你一定要记住这个口诀，叫作"大不通小通，明不通暗通，直不通弯通"，它提醒人们，如果想抄捷径，很可能就会误入歧途。要是不避凶险，反而能化险为夷。

秋山还藏有飞梁石室，内置石桌、石凳、石床，仿佛曾有人在此饮酒、对弈、躺卧、小憩。石室外则是一处小小院落，当年主人曾植碧桃一棵在院中花坛里，俨然成了一处深山洞府中的世外桃源。

沿腹道攀缘而上，至山顶拂云亭，顿觉心胸开朗，满园佳境，尽收眼底，正所谓秋山宜登者也。尤其是夕阳西照，给整座山体撒上一层黄金，这时你才能领略造园者将此山面西的道理。秋山宜登，游走腾挪于尺幅之间，如历千山万壑，尽得攀登险趣。

住秋阁坐落在秋山南峰之上，山阁一体，朝夕与山光共舞，年年共秋色常住。登临秋山，在经历了奇峰曲径、石室悬崖之后，忽然见此小阁，就像久旱遇雨一般，不能不来此一坐。三五好友，分座坐定，清茗一杯在手，会油然产生"又得浮生半日闲"的愉悦之感。

四季山中的冬山是最富想象空间的假山。造园者将冬山安排在南墙之下，背靠高墙，几乎终年不见阳光，远远望去似积雪未消，地面

用白石铺成，每块石头几乎看不到棱角，给人浑然而有起伏之感。

冬山是以雪石堆砌的山脉，石质晶莹雪白，迎光时荧荧闪亮，背光处则幽幽泛白，皑皑残雪，渲染出一派"北风呼啸雪光寒"的隆冬寒意。

在冬山南面高墙上还有二十四个风音洞，后面的巷风袭来，时而发出呼啸之声。造园者不光利用"雪色"来表现冬天，还巧妙地将"风声"也融合到表现手法中去，令人拍案叫绝。

冬山用雪石堆叠，人们在用雪石造山的同时，还着意堆塑出一群大大小小的雪狮子，或跳或卧，或坐或立，跳跃嬉戏，顾盼生情。这幅似与不似之间的"狮舞瑞雪"图，使孤寂的雪山显得生机勃勃、趣味盎然。

冬山的山石间还点缀着参差蜡梅和南天竺，黄花红果，分外妖娆。右侧西墙之上，设一圆形漏窗，与一墙之隔的春山隐约相望。

正当人们面对端庄、静穆的冬景，感叹一年终了时，蓦然回首，发现西墙上的春山一角，似乎在向人们招手，暗示春天又将来临。

冬山宜居，不过，最好的当然是二三知己，聚在这座面山而筑的透风漏月厅里，围炉赏雪、夜话。

透风漏月是个园中又一赏景花厅，面冬山而筑，位于冬山之北，南、北两边通透，单檐硬山顶环境清冷幽静。

此厅从其构架形式上来说是方厅，抬梁式的构架是方的，椽子是方的，柱子是方的，石鼓是方的，礓石是方的，地面是方砖铺的，连木雕窗子也是方的。从"透风漏月"的名字就可以知道这里曾经的风雅，厅门口有对联，联道：

虚竹幽兰生静气

和风朗月喻天怀

上联写厅外虚竹与厅内幽兰同气相应，营造出一种寂静的氛围。下联写人在这样的氛围中，沐浴着四时微风、晴空明月，感悟着宇宙的真理，享受着自然的关怀。

阅读链接

传说，有一年元宵佳节，黄至筠请来了很多盐商在自己心爱的个园内玩耍，他还精心制作了一则哑谜供大家猜射。

他让用人摆放一只红木圆桌，上置一只玉盘，盘中放一尊纯银的罗汉，让人们打七言宋诗一句，还规定猜的人不能开口，只能用动作表示。谁猜中了就把玉盘和银罗汉送给他。

见两样赠品十分贵重，大家都争着来猜，但又都扫兴离去。过了好一会儿，一个秀才拨开人群，来到桌前。只见他一声不吭，一手抓起罗汉，一手把玉盘在桌上转了一圈，随后抱着银罗汉和玉盘就走。

围观的人喧哗起来，更有人想上前阻拦。这时报中的鼓声连敲三下，大家才知道这个秀才已经猜中。

原来这个哑谜的谜底取材于苏东坡《中秋月》一诗的第二句："银汉无声转玉盘。"

底蕴深厚的精美建筑

　　个园中楼台厅馆各具特色，园的正前方为"宜雨轩"，四面虚窗，可一览园中全景，是园主人接待宾客的场所。宜雨轩，东阔三楹，四面是窗户。

个园晨曦

■ 扬州个园

　　轩的屋顶用扬州常风的黛瓦，四角微微上扬，在清秀之中显出稳重。在宜雨轩门口有一副对联，联道：

<blockquote>
朝宜调琴，暮宜鼓瑟；
旧雨适至，今雨初来。
</blockquote>

　　宜雨轩坐落于个园心腹之地，四面通透，为主人延宾待客之所。这副十六字楹联，勾勒出了一幅风雅无限、宾主尽欢的个园雅集图。

　　"朝宜调琴，暮宜鼓瑟"，典出《诗经》"我有嘉宾，鼓瑟鼓琴"。从字面看是说这里既适合弹琴，又适合吹笙，其实是赞誉主人有风雅待客之道。

　　"旧雨适至，今雨初来"表面写坐在轩里感受自然界的阴晴光景，其实是用了杜甫的典故。雨，指朋

《诗经》 是中国汉族文学史上最早的诗歌总集，收入自西周初年至春秋中叶大约五百多年的诗歌。《诗经》中诗的作者，绝大部分已经无法考证。其所涉及的地域，主要是黄河流域，西起陕西和甘肃东部，北到河北西南，东至山东，南及江汉流域。

■ 个园的清漪亭

友，说的是老朋友刚到，新朋友又来了，络绎不绝。还有赞美主人德行美好，所以交谊广远的意思。

清漪亭是一个六角小亭，秀丽挺拔，姣好端庄。宾主在文宴之后，登山之余，移步到此，环顾四周，全园风光尽在眼中。

清漪亭的周围，似乎漫不经心地布置了许多太湖石，而太湖石的外面又被一弯绿水所环抱，清漪亭在这重重拱卫之下，由一个普通的建筑而平添了无限的美感。觅句廊有曲廊和小阁数间，顾名思义，是主人寻觅诗句的地方，内悬一联：

月映竹成千个字
霜高梅孕一身花

"觅句"乃是古代文人最风雅的事情，尽管这里只是数步短廊和几楹小阁，但由于冠以"觅句廊"之

俊秀雄丽的南北园林

卢延让 字子善，范阳人。天才卓绝，为诗师薛能，词意入僻，不尚织巧，多壮健语，为人所嗤。900 年登进士第，累迁给事中，终刑部侍郎。著有诗集一卷，《唐才子传》传于世。

名，其丰厚的文化内涵绝不能轻视。

想当年，主人在夕阳西下之际，秋虫悲鸣之间，绞尽脑汁，苦思冥想，大有"语不惊人死不休"的意味，此情此景，怎能不叫人想起古人贾岛《题诗后》和卢延让《苦吟》中的名句：

二句三年得，一吟双泪流。（贾岛）
吟安一个字，捻断数茎须。（卢延让）

"觅句廊"所蕴含的正是中国古代文人那种一丝不苟的苦吟精神。个园是清代扬州盐商黄氏的私家园林，是整个黄氏宅第的附属建筑，作为黄氏宅地的具有实在意义的主体建筑，其实并不是个园，而是个园南面的庞大的住宅区。

黄宅南临东大街，北抵广储门安家巷，由五路豪宅组成。五路豪宅分开有福、禄、寿、财、喜五座大门，一字朝东关街排开，尽显一代盐商的气派。不过，这五座大门各有各的用途，平日并不全开，众

个园正门

商户解送盐款到了，这是黄府进账财源滚滚的时候，当然是财门大开喽！

逢家里有人过生日、做寿，亲朋好友不说，少不了存心巴结之人前来祝贺，络绎不绝，这时开寿门。

黄家虽是商人，可生意做大了，财力雄厚了，再加上儿子读书争气，这也就距离官场仕途不远了，哪天家中有人中举及第、加官晋爵，就该开禄门了。

日常生活中的大小红白喜事，家家都有。而富人家的事当然就更要像个喜事来办，少不了热热闹闹一回，就需开喜门了。

看得见的官不能日日升，喜事不会天天有，可福气这种无形的东西，是可以时时刻刻陪伴人们、多多益善的。所以黄家的中路福门是常开的，供平时出入，祈福纳祥。

久而久之，周围百姓只要看黄家开了哪座门，就大致知道黄家今天将会发生什么事了。

后来，个园的美景也成为文人雅士经常来的地方，人们都与黄至筼在个园中谈诗论赋。

　　但是据说个园的主人黄至筼初到扬州时，并不是很受欢迎呢！当时扬州的文人、名流因黄至筼是个商人，大多不屑与他为伍。但黄至筼虽是商人，对文化却有着一种执着的热爱，尤其重视对子女的教育，每年都要花重金聘请安徽的名师来家教子。

　　每天晚上，黄至筼都要亲自检查孩子的学习情况，发现还有不精之处，就会立刻派仆人陪着到书房，重新请老师讲解，必须完全领悟才可以去睡觉。

　　二十年如一日，从未间断。严格的要求，优秀的老师，加上自身的努力，黄至筼的四个儿子都很成器，个个工诗词，善书画。

　　有一天，扬州的一位名士在黄家和孩子的老师谈话，就《汉书》中一些问题请教老师，老师让黄至筼的长子锡庆来回答，锡庆背诵如流，解释详尽。这位名士出来后对人说："黄氏有佳儿，勿轻之也！"

　　黄家二公子黄锡麟就是其中的佼佼者。他喜爱读书学习几乎到了痴迷的状态，向"扬州学派"的著名学者江藩学习。

■ 个园一角

个园景观

江藩死后，黄锡麟十几年足不出户，潜心钻研汉学，和同时代另外一位学问家马国翰齐名，被称为"辑佚两大家"。

黄锡禧是黄家最小的孩子，也是黄家最后一个离开祖屋的人，他就好像大观园里的宝玉一样，历经家业由盛而衰的全过程，晚年寓居泰州。他让儿子自幼习医，医术高明，在上海悬壶济世，有"一指神针"的美誉。

在当时众多盐商子弟崇尚奢华、不学无术的世风下，黄氏佳儿成为一时美谈。而那些文人雅士再也不敢轻视黄至筠了。

俊秀雄丽的南北园林

阅读链接

个园的觅句廊，顾名思义，是苦苦寻觅诗句的地方。觅句廊的对联是清代大诗人袁枚的两句诗。关于这两句诗还有一个故事呢！

有一天，袁枚家侍弄花木的雇工跑来向他报喜说："老爷，梅树已经一身花啦！"

这句话给了袁枚以灵感，于是吟出了"月映竹成千个字，霜高梅孕一身花"的佳句。

上句写月光下的竹林是看不清枝干的，只有伸展出来的一片片竹叶被月光照亮，宛如成千上万的"个"字。下句写梅花喜欢严寒，越是霜重雪浓，越是能够孕育出一树繁花来。最终这两句诗成为个园觅句廊的对联。

何园坐落于江苏省扬州市徐凝门街，始建于清代的1862年。何园前后建筑共历时13年，占地14 000多平方米。

何园原名"寄啸山庄"，园名取自陶渊明"归去来兮……依南窗以寄傲，登东皋以舒啸"之意，后辟为何宅的后花园，故而又称"何园"。

何园是扬州大型私家园林中最后问世的一件压轴之作，被誉为"晚清第一园"，其中，片石山房系石涛大师叠山作品，堪称人间孤本。

扬州何园

精致的何家园林建筑

何园坐落于江苏省扬州市徐凝门街，由何芷舠始建于清代的1862年。何园把廊道建筑的功能和魅力发挥到极致，1 500米复道回廊，是中国园林中绝无仅有的精彩景观。左右分流，高低勾搭，衔山环水，登堂入室，形成全方位立体景观和全天候游览空间，把中国园林艺术的回环变化之美和四通八达之妙发挥得淋漓尽致。

进入何园的东大门，首先就是何园的后花园，整个后花园分东、西两部分。穿过"寄啸山庄"的圆洞门，呈现在我们眼前的是牡丹厅，迎面山墙上嵌有"风吹牡丹"的砖雕，牡丹厅因此而得名。

在东园的所有建筑群中，最为精致的要数船厅了。船厅为单檐歇山

何园片石山房

式，带回廊，面阔约16米，进深将近10米。整座厅似船形，厅周围以鹅卵石、瓦片铺成水波纹状，给人以水居的意境，船厅正厅两旁柱上有对楹联：

月做主人梅做客
花为四壁船为家

船与园主人何芷舰的一生都有非常密切的联系。何芷舰是安徽望江县人，当时的望江三面临水，一面靠山，他从小就与船结下了不解之缘，所以他辞官来到扬州后，在自己的家园中建造这艘旱船，船厅四面为通透的法国玻璃镶嵌的花窗，给人以"人在厅中坐，景自四边来"的意境。

■ 何园亭台

船厅厅北有假山贴墙而筑，参差蜿蜒，妙趣横生。东有一六角小亭，背依粉墙。西有石阶婉转通往楼廊。南边建有5间厅堂，三面有廊。复道廊中的半月台，是中秋赏月的好地方。

贴壁假山是在船厅后侧风火墙上紧贴墙壁堆叠着的一组长达60余米的假山，上有盘山磴道，下有空谷相遇，水绕山谷，山上有月亭，过月亭可登上复道回廊，形成全园上下的立体交通。

如果把封火墙比作一张宣纸，贴壁假山就是一幅刚画好的山水画，拐弯处还给人以悠远的感觉，令人

洞门　为保持洞口上方及两侧路堑边坡的稳定，在隧道洞口修建的墙式构造物。中国园林的园墙常设洞门。洞门仅有门框而没有门扇，常见的是圆洞门，又称月亮门、月洞门。其作用是不仅引导游览、沟通空间，本身又成为园林中的装饰。通过洞门透视景物，可以形成焦点突出的框景。

无限遐想，也是防止主人家"抬头见东墙"，使其更加吉利一些。

翰林公子读书楼是何园文脉的象征。何氏家族从何芷舠父亲这辈起通过科举做了大官，留下了厚学重教、诗礼传家的门风。

如果说东园是后花园的序幕，西园则是后花园的主体。走入西园第一个映入眼帘的就是那贯穿全园的复道回廊。

回廊，扬州人俗称"串楼"，分上、下两层，它将东园、西园、住宅院落都串联在一起，即使在雨天，人们也免遭淋漓之苦，可尽情欣赏全园美景。

回廊是何园建筑艺术的最大特色。回廊复廊逶迤曲折，延伸不断。廊的东南两面墙上开有什锦洞窗和水磨漏窗。

西园空间开阔，中央有一个大水池，楼厅廊房环池而建。池中央便是水心亭了，这座水心亭是中国仅有的水中戏亭，水心亭是为了巧用水面和环园回廊的回声，增强其音响的共鸣效果而建的，以供园主人观赏戏曲和歌舞之用。

水池的北面池东有石桥，与水心亭贯通，亭南曲桥抚波，与平台

俊秀雄丽的南北园林

■ 何园水心亭

相连，是纳凉之所。

池的北楼宽七楹，是主人用于宴请宾客的宴厅，因屋顶高低错落，中楼的三间稍突，两侧的两间稍敛，屋角微翘，形若蝴蝶，故称"蝴蝶厅"。厅内木壁上刻着历代名碑字画。

楼旁与复道廊相连，并与假山贯串分隔，廊壁间有漏窗可互见两面的景色。池西一组假山逶迤向南，峰峦叠嶂，后有桂花厅三楹，有黄石假山夹道，古木掩映，野趣横生。

池的南面有一座湖石假山与水心亭隔水相望，这座假山在建园意境上来观察体味，不由得让人领会到"空山新雨后，天气晚来秋。明月松间照，清泉石上流"的意境。

从复道曲折南行，便到了赏月楼，又称"怡宣楼"，这里是全园赏月的最佳场所，园主人的母亲就在此居住。廊旁的铁栏杆上均刻有"延年益寿"字样。

自赏月楼小院有东门直达玉绣楼所在庭院，顿有开阔疏朗之感。玉绣楼是两栋前后并列的住宅楼的统称，因院中种植广玉兰和绣球而

回廊 建筑物门厅，大厅内设置在二层或二层以上的回形走廊。中国古代的建筑中，回廊将中轴线上的建筑连接起来，构成廊院。抄手游廊也是回廊的一种。

得名。一百多年前，何家的老少主人们，就在这样的一个园居空间里一幕幕演绎着他们的人生故事。

玉绣楼的主题建筑是前后两座砖木结构二层楼，采用中国传统式的串楼理念。此外，在体现住宅建筑功能和人性化需求方面，也有一些值得称道的细节，如地面设通风孔、地下建近两米高的透气层等，可见当时园主人"与时俱进"的思想。

出玉绣楼沿着复道回廊向东入骑马楼，骑马楼是何园的客舍。骑马，意味着异乡和征途。何园客舍取"骑马"为名，别有一番苦心深意。另有一说，骑马楼形似马鞍，分为东、西两幢楼。

■ 何园建筑景色

东楼亦称东一楼，往北整齐排列东二楼、东三楼。此三幢楼，皆为两层，前后相连，上下相通，宛若迷宫。东一楼、东二楼、东三楼之间，有两个庭院，东二楼中间有过道，将前后两个庭院连通。

玉绣楼前面是一座面积为160平方米的"与归堂"，是目前扬州保存最大、最完整的一座楠木厅，此处为主人会客的地方。

何园虽是平地起筑，但是独具特色。通过嶙峋的山石、磅礴连绵的贴壁假

扬州何园玉绣楼

山，把建筑群置于山麓池边，并因地势高低而点缀厅楼、山亭，错落有致，蜿蜒透迤，山水建筑浑然一体，有"城市山林"之誉，是扬州住宅园林的典型。

园中的植物配置也独具匠心。半月台旁的梅花、桂花、白皮松，北山麓的牡丹、芍药，南山的红枫，庭前的梧桐、古槐，建筑旁的芭蕉等，既有一年四季之布局，又有一日之中早晚的变化，极尽人工雕琢之美。

阅读链接

何园的主要特色是把廊道建筑的功能和魅力发挥到了极致。何园中1 500米复道回廊，把中国园林艺术的回环变化之美和四通八达之妙发挥得淋漓尽致，被誉为"立交桥的雏形"。

在园中的回廊窗格和壁板上刻有苏东坡、唐伯虎、郑板桥等人的诗画，回廊墙壁石碑上嵌有古人的诗句。回廊上的"观园镜"，可通观全园景色，给人以"山外青山楼外楼"的景观印象，充分体现了建筑艺术与自然景物融为一体之美。

人间孤本的假山胜景

何园建筑景色

1883年，何芷舠购得片石山房，扩建园林。当时片石山房与何园紧相毗邻。史称："片石山房在花园巷，一名'双槐园'，歙人吴家龙别业，今粤人吴辉谟修葺之。园以湖石胜。"

又据清钱泳《履园丛话》卷二十记载，片石山房内"二厅之间，凿以方池。池上有太湖石山子一座，高五六丈，甚奇峭，相传为石涛和尚手笔"。

石涛是中国明末杰出的

■ 何园片石山房

大画家，原名朱若极，他是清代著名的山水画家，开辟了扬州画派，为"扬州八怪"的先驱。石涛遍访名山大川，"搜尽奇峰打草稿"，晚年侨居扬州，留下叠石的人间孤本"片石山房"。

此园的设计，以石涛画稿为蓝本，顺自然之理，行自然之趣，表现了石涛诗中"四边水色茫无际，别有寻思不在鱼。莫谓池中天地小，卷舒收放卓然庐"的意境。园中假山丘壑中的"人造月亮"是一奇观，盈盈池水，益然成趣。

片石山房是何园的园中园，又名"双槐园"，所以何园又有"大花园""小花园"之说。此次扩建修复了片石山房中的明代楠木厅、水中月等建筑。

楠木厅在石山房东面，是何园保存年代最久的一幢建筑，俗称"明楠木厅"，它结构严谨，典雅端庄。在楠木厅西侧有一"不系舟"。楠木厅东院墙上

石涛　清代画家、中国画一代宗师。法名原济，一作元济。本姓朱，名若极。字石涛，又号苦瓜和尚、大涤子、清湘陈人等。早年画风疏秀明洁，晚年用笔纵肆，墨法淋漓，格法多变，尤精册页小品。工书法，能诗文。存世作品有《搜尽奇峰打草稿图》《山水清音图》《竹石图》等。

■ 何园片石山房题刻

水榭　中国园林建筑中依水架起的观景平台，平台一部分架在岸上，一部分伸入水中，借以成景。榭四面敞开，平面形式比较自由，常与廊、台组合在一起，以供人们游憩、眺望。

嵌有砖刻"片石山房"四字，是后来人们临摹石涛真迹而放大的。

水中月是片石山房中假山丘壑处的一道奇观，是园林大师石涛在片石山房的墙壁和叠石之间匠心独运造就的。

片石山房内的假山，结构别具一格，采用下屋上峰的处理手法。主峰堆叠在两间砖砌的"石屋"之上。有东、西两条道通向石屋，西道跨越溪流，东道穿过山洞进入石屋。

山体环抱水池，主峰峻峭苍劲，配峰在西南转折处，两峰之间连冈断堑，似续不续，有奔腾跳跃的动势，具"山欲动而势长"的画理，符合画山"左急右缓，切莫两翼"的布局原则，显出章法非凡的气度。

进入片石山房，门厅有滴泉，形成"注雨观瀑"之景。南岸三间水榭与假山主峰遥遥相对。

西室建有半壁书屋，石涛曾写过一首诗：

白云迷古洞，流水心澹然。
半壁好书屋，知是隐真仙。

中室涌趵泉伴有琴桌，琴声幽幽，泉水潺潺，给人以美的享受。东室有古槐树根棋台，抬头可见一竹石图，形成了琴、棋、书、画连为一体的建筑风格。

片石山房虽占地不广，但丘壑宛然，特别是水的处理恰到好处，渗透到廊、厅、亭、假山，滴泉、涌趵、瀑布动中有静，静中有动。

片石山房以湖石紧贴墙壁堆叠为假山，山顶高低错落，主峰在西，山上有一棵寒梅，东边山巅还有一棵罗汉松。山腰有石磴道，山脚有石洞屋两间，因整个山体均为小石头叠砌而成，故称"片石山房"。

石块拼镶技法极为精妙，拼接之处有自然之势而无斧凿之痕，其气势、形状、虚实处理等，与石涛画极相符。山房名称、楠木大厅、不系舟接曲廊等处的条联，皆依石涛的诗词遗墨镌刻。

此次扩建，还增设了何家祠堂。何家祠堂是一个单独的

■ 何园古亭

院落，一字排开，这在中国的祠堂建筑中极为少见。在寝堂中掘井一眼，就更为罕见了。

祠堂现分飨堂和寝堂两个部分。在中国古代的礼仪制度中，飨堂是家族或家庭举行祭祀大典的预备场所，兼作聚会厅、议事厅和法庭，讨论处理宗族大事。也是每月朔日子孙学习家规的地方。

寝堂是供奉祖先神主的建筑，其后檐墙前设神橱，供奉历代神主牌位，楼上作为专门摆放历代恩纶、族谱等重要文献的地方。据何家后人回忆，当年祠堂内没有牌位，仅挂容像。

祠堂内陈设的容像是按照一定顺序排列下来的。中间容像为园主人芷舠公的上五代。西间容像居中的为园主人父亲何俊和俊公的大夫人陈氏，右幅为俊公的三夫人任氏，左幅为俊公的五夫人程氏。东间容像为园主人芷舠公和夫人孙氏。

片石山房在重建时，园内新添碑刻，选用石涛等诗文九篇，置于西廊壁上。壁上还嵌置一块硕大的镜面，整个园景可通过不同角度映照其中。片石山房占地不广，却丘壑宛然，典雅别致，在有限的天地中给人以无尽之感。

阅读链接

何园的建筑不但保持着中国古典园林风格，还完整地再现了独特的造园手法。既有江南园林的秀气，又有洋派的开阔，在中国清末园林中独树一帜。

何芷舠不仅是官运亨通的权贵，还是很讲究品位的人。何家与北洋大臣李鸿章、洋务代表人物张之洞、光绪的老师孙家鼐、翁同龢有姻亲关系。

园主出过洋，思想开明，目光并不只是"唯有读书高"。家训中有"将功名富贵四字置之度外"和"何必入仕然后谓之能行"的训条。

俊秀雄丽的
南北园林

园林千姿

岭南园林特色与名园

岭南园林

　　岭南园林萌芽于秦汉，经过长期缓慢的发展逐渐繁荣，至明清时，终于走向成熟，独树一帜，使中国出现了江南园林、北方园林和岭南园林三足鼎立的崭新局面。

　　岭南园林以珠江三角洲为主，逐渐影响到潮汕、福建、海南、广西和台湾等地。一般都建成庭院的形式。建筑物通透开敞，以装饰的细木雕工和套色玻璃画见长。

园林形成的条件及要素

  "岭南"始称于唐代贞观年间的岭南道，也称"岭表""岭外""杨越""百越""南粤"，系指中国南方五岭以南地区的概称。其区域主要包括福建南部、广东全部、广西东部和南部、海南全境、台湾和湖南以及江西等部分地区。

中山詹园

  五岭指分布于湘赣之南、粤桂之北，东西长达1 000多千米的越城、都庞、萌渚、骑田和大庾五岭，也称"南岭"。它们如道道帷帐把塞北之风阻于五岭以北，再加上紧邻南海，因此气候十分炎热。

  为了避暑气，也因为岭南夏季以偏南风为主、冬季以北风为主的季风因素，岭南园林建筑一般建成南北向的两种形式：一是"连房博

■ 中山詹园

厦"，如广东东莞的可园，主要通过大片房屋降温；二是"高墙冷巷"，如广东佛山的梁园，主要通过多进院落不断通风降温。

经常有台风也是岭南的特点。为了防台风，建筑厚墙以抗风，缓顶以减少迎风面，顶上用砖石以固定瓦片。而且岭南多雨，更胜于江南，雨多而植物生长茂盛，成为四季繁花的基础，因而岭南地区一年四季都山清水秀，呈现出一派典型的亚热带和热带自然景观，被誉为"南国风光"而驰名中外。

但也正是因为岭南雨多，冲刷得厉害，因此形成了许多石林、裸岩、悬崖和峭壁，于是存在"有石必有泉"之说。因石峰而生泉落瀑，因落瀑而成潭，进而形成了岭南园林特有的崖瀑潭局景象，如广东清晖园的凤来峰就是如此。

由于岭南气候潮湿，园林多利用干栏、高台和檐

塞北 一般指长城以北地区，也泛指中国的北边地区。塞是指"边塞""要塞"，相当于明代的长城。而以此为界，以北的部分已经出边塞，故名"塞北"。到清代时，塞北大约是漠南蒙古、漠北蒙古、科布多、唐努乌梁海与阿拉善盟等以蒙古人居住为主的地理区域。

■中山詹园

廊来抬高生活面，所以岭南园林中水面距离地面都较高。而各园的高生活面、高柱础、宽檐廊就是防雨祛湿之法。

此外，岭南地区背山面海的环境造就了岭南独特的海岸文化。

岭南的海岸文化通常以"龙"为中心，因此表现在园林建筑的每一部分上，都有龙柱、龙窗、龙雕、龙画、龙池、龙脊、龙王庙、龙舟等。另外，岭南的海岸文化还表现在仿照海边礁石的海礁局，仿照岛上股石生泉的股石泉局之上。

由于自然景观所形成的自然园林和适合岭南人生活习惯的私家园林，不同于北方园林的壮丽和江南园林的纤秀，而具有轻盈、自在与敞开的特色。

自古以来，岭南人民就创造了丰富多彩、风格各异的古代园林，是中国园林艺术重要的组成部分。在岭南园林的构建元素中，山、水、石、建筑和字画以及植物等自然要素是特别关键的。

岭南园林的山，从本质上说，不属于崇山文化，所以造园不以堆山为主，而以理水为主。但岭南园林的堆山主要是指叠石像岩峰或崖壁，这些山与山峰下潭的结合，形成了崖瀑潭景观。

这种园林在广东和广西最多，而在福建园林中，则以岛山、礁石为母本，用花岗岩、鼓浪石与龙潭构成。

尽管有珠江三角洲平原，但岭南还是以山地为主，所谓七分山三分田，很多园林不是水景园，而是山景园，或是山多水少的园林。

这些园林地处偏远地区，园林景观较为朴素，无非是点缀一些亭台楼阁而已。而这些山景很少是堆成的，与江南园林的山景全是堆成的有很大不同。

岭南园林地处高冲刷地区，水体的存在形式不同于江南河与湖的景观，而是泉、河、潭、瀑和海景观，因而理水成多种格局。

沿海地区如珠江三角洲、闽南三角洲和海南岛的园林景观，常是

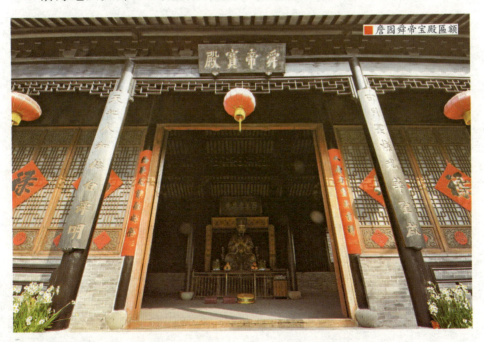
詹园舜帝宝殿匾额

■ 中山詹园正门

以表现平面的海景为多，有时也表现为潭景或溪景。表现海景的以闽南的园林为多，这些景观在大型公园里用得较多。

在小庭院中，园林则以水石庭来表现。水石庭是岭南园林的特色，其表现手法有潭景和海景两种。海景通常作为矶石景观，如广州白云的矶石庭。潭景包括崖潭景，多以广州的酒家为多。

岭南园林的泉景不像江南园林和北方园林做成平地涌泉的形式，而多做成挂泉的形式，结合崖与潭，构成崖潭景观，如广州山庄的三叠泉等。

另外，还有地上井泉形式和喷泉形式。井泉是较为传统的方式，如广州的廉泉和贪泉。至于海景与湖景，许多都是依海、依湖而造园。

岭南园林的用石在材料选择、水石关系、山石关系、叠石技法等方面，都显出与江南园林和北方园林

庭院 中国古代亭、台、楼、榭等建筑物前后左右或被建筑物包围场地的通称，就是一个建筑的所有附属场地和植被等。它既具有遮风避雨、满足人们日常生产和生活的实用功能，又能表达某种崇敬和信仰，以及划分社会尊卑等级的精神功能，因而在中国传统文化中占有较重要的地位。

不同的特色。在石材选择上，有英石、黄蜡石、湖石、珊瑚石等。

在山与石的关系上，一种是上述的人为堆石成山，另一种是不加修饰地利用和展示自然之石的山景观，这是自然风景园的特点。

在水与石的关系上，古典的庭院多表现为海景、潭景和泉景，此三景的创造是用石来构筑的，多用峰石夹瀑和壁石挂瀑，或用鼓石吐泉和矶石浮水。

岭南理石不向上堆叠，而向水平展开，分为置石法、堆石法、挂壁法、塑石法。置石法分为黄蜡石、太湖石和花岗石，分平置、抛置和埋石三法。

石身置于土上，如随意抛置而成，所以叫"抛置"。石根入土半截以下，称为"平置"。石根超过一半没入土中，称为"埋石"。堆石法多是用于太湖石或珊瑚石。叠石法主要用于英石的壁山做法，称"挂壁法"，最富岭南风韵，可用于室内室外。塑石法就是用灰泥和水泥仿石，节省石材，后来的公园里的古洞探险几乎都用塑石。

岭南园林的建筑类型很多，有碉楼、舫、船厅、亭、廊桥以及其

■岭南园林景观

他相应设施等，但都以生活性为主。

在庭院园林中，较少江南园林的小品建筑，如亭台楼阁之类。而是把生活性建筑放在首位，如对客厅、居室、屋顶、廊道和天井进行点石，及配植盆栽、插花等。

碉楼为岭南园林中最有特色的一种楼式，源于碉堡，但采用了民间雕楼的形式，与江南园林的山楼目的一样，都是为了借景。如东莞可园的邀山阁和佛山清晖园的留芬阁等。

作为海岸文化缩影的舫也很有特色。江南和北方园林舫都是做成真实的船形，岭南园林也有，如梁园石舫、宝墨园的紫洞艇和可园的可舟等。

船厅则不仅仅有舫，更是把厅和船结合，多取船名船意，少取船形船态。在古代，因船厅内设画舫，且多为千金小姐居住，所以俗称"小姐楼"，如清晖园和余荫山房等。

在岭南园林中，亭的做法很不规范，千奇百怪，或用回廊、围墙围合的，或用角梁与枋穿插的，或为少数民族式的。亭子有单檐和重

340
俊秀雄丽的南北园林

开平立园

■ 岭南园林的长廊
特色

檐，屋面形式变化多端，也有在柱子中求变化的。

桥在岭南园林中也很多，有拱桥和平桥，也有石桥和木桥，多与廊结合成为廊顶石拱桥。廊桥以广东为多，如广州番禺余荫山房的廊桥在全国范围内都特别有名。另外，在岭南园林中，还有少数民族兴建的风雨楼以及山区的索桥等。

在廊的用法上，岭南园林多用开阔的单体建筑的前檐廊，主要突出其实用性。景观廊也有，但不是岭南园林的主要特色，曲廊最好的是清晖园，桥廊最好的是余荫山房。

在古典园林和现代园林中，园路、广场的地面较为规则，铺地较为平整，直而不曲的道路，几何图案的广场，有时整个庭院也是满铺，原因是利于排水，减轻冲刷，减少蚊蝇。

"高墙冷巷"的做法是岭南古典园林中的特色。

廊桥 也称"虹桥""蜈蚣桥"等，为有顶的桥，可遮阳避雨，供人休憩、交流和聚会等。廊桥主要有木拱廊桥、石拱廊桥、木平廊桥、风雨桥和亭桥等。中国的廊桥已有两千多年的历史，汉朝已有记载。虹桥盛行于北宋时中原地区，以汴水虹桥为代表。

大部分古典园林都采用南北朝向，多进式院落，大进深，小面宽，前庭大，后庭小，前为园，后为院。这几种做法都是为了利用最小的面积获得最大的通风效果。

景墙在岭南园林中的最大特色就是大漏窗，而且在墙体装饰上用烁石嵌出图案。从材料上看，岭南园林传统多用青砖墙。

岭南园林的厕所、灯、桌凳、垃圾桶、指示牌、说明牌、花坛和柱等都做得很有艺术性。

岭南园林的小品，以石头小品为多，有石狮、石鬼、石蛇、石鹤、石灯笼、石桌、石凳、石指示牌和石雕塑等。

岭南园林的植物配植组成具有多层次，应用量最大的为花大、色艳、有香味及彩叶的木本植物种类。常用植物有棕榈类的大王椰、假槟榔、大王棕和酒瓶椰；有藤本的炮仗花、夜来香、紫藤、杜鹃和绿萝；有耐阴的兰花、蕉类、芋类、蕨类和葵类；另有榕树和荔枝等。

阅读链接

相传中国私家园林最早见于汉代，属于民间的贵族、官僚和缙绅所私有，又称为"园厅山庄""别业"等，是私人住宅和花园的结合。

按照地域和特征，私家园林分为北方私家园林、江南私家园林、岭南私家园林和皖南私家园林四类。其中，江南私家园林的艺术成就最高，尤以苏州园林最为著名。

岭南私家园林因所处地理环境与人文习俗而形成了独具特色的宅第庭院形式的造园方式，尺度虽小，但布局紧凑，内涵丰富，温馨恬适的家庭生活氛围浓厚，实用性很强。

开放兼容多彩的园林文化

岭南园林立意是务实入世，建筑量较多，连房博厦，体量偏大，造型舒朗清透，装饰丰富多彩，乡土味、西洋风味兼具。

山石以英石、蜡石为主，小型壁山或孤石，立意通俗生动；池水多为小型水局，砌石池岸，多规整几何形；植物品种繁多，全年绿荫苍翠、花团锦簇。

开平立园牌坊

岭南园林文化有因自然而上升的文化，有因人工而积淀的文化，前者为海岸文化和热带文化，后者则是远儒文化和世俗文化、开放文化和兼容文化、贬谪文

■ 开平立园牌坊

化和务实文化。

　　由自然而上升为文化的方面，如建筑的高活动面和高柱础与水涝和湿气的关系，缓屋面和台风的关系，宽檐廊与多雨的关系，高墙冷巷与高温的关系，龙形、鱼形、水草、龟、蛇、芭蕉主题与装饰的关系，塑鼓石与海蕉的关系，崖瀑潭局与自然山水的关系等，都能利用自然之物之景，通过设计回避或化害为利，如古榕遮阴、椰林通风、敞厅纳凉等。

　　远儒文化是岭南学者对岭南园林文化最精辟的阐释，如果说江南园林和北方园林的儒意较浓的话，岭南园林的儒家意味则很淡。

　　岭南人远离政治中心，因而表现于古典园林建筑梁架的不规范等。另外，长期处于南疆的"蛮夷之族"的传统造就了武家文化，表现于清代园林的碉楼形式和后来园林的"肥胖"立面和简朴粗柱。

　　远儒性从品位上看，是较为俗气的世俗文化，它是岭南文化的主流，特别是晚清以后，北方的政客官僚、江南的文人骚客、岭南的商家富豪成为三大地域园林的创作主体，岭南园林中的空间实用性及园宅一体的设计就是它的表现。

　　岭南园林的开放性、兼容性和多元性最早表现于南越国皇家园林对中原园林文化的全盘吸收上。到了

英石　又称"英德石"，产于广东英德。它具有悠久的开采和玩赏历史，早在宋代，英石就已被列为皇家的贡品。不仅具有"皱、瘦、漏、透"等特点，还极具观赏和收藏价值。此外，它与太湖石、灵璧石和昆石被列为"中国园林四大名石"。

清代，古典园林中大量用花色玻璃，形成与江南和北方两地迥然之别。

贬谪文化和务实文化源于历代受贬于此的正直官员爱民如子、与民同乐思想与行动的统一。古代的岭南开发较晚，从秦开始，统治者多为北来的贬谪之官，三国的虞翻建虞国，唐代韩愈在潮州游北城山水时说"所乐非吾独，人人共此情"，都表达了开拓务实、勤政爱民和与民同乐的思想。

在岭南域内，有水资源极其丰富的珠江和韩江两大水系。这两大水系分别形成了以珠江下游广州为中心的广府文化、以韩江下游汕头为中心的潮汕文化和以韩江上游梅州为中心的客家文化。

后来，这三个文化圈又形成了两处主要的园林中心：广府园林和潮汕园林。前者有顺德清晖园、佛山梁园、番禺余荫山房和东莞可园四大古典名园，后者有耐轩磊园和潮阳西塘等。岭南园林还包括闽台园林与港澳园林。

潮汕 是地理和文化上的概念，指的是广东东部的潮汕文化影响区域，历史上随着行政区划的更迭先后有义安、潮州、潮州三阳、潮州八邑、汕头地区、粤东四市之称，后来主要指广东东部的城镇群。

■ 佛山梁园景色

壁画 是一种在墙壁上绘制图画的艺术。古时，人们直接绘画于墙面上，作为建筑物的附属部分，它的装饰和美化功能使它成为环境艺术的一个重要方面。壁画为人类历史上最早的绘画形式之一。中国壁画兴盛于唐代，宋代以后，壁画逐渐衰落。直到新中国成立后，壁画才得到恢复与发展。

岭南园林的类型，根据地域大致分为广东园林、广西园林、海南园林、福建园林、台湾园林和港澳园林等。

广东园林是岭南园林的主流，它主要以平地苑庭和雕塑取胜。广东园林的建筑，普遍柱础较高，屋面无坡或少坡，龙纹和海波脊饰明显，最大的特色还在于装饰的"三雕三塑"和壁画。

另外，大量使用花色玻璃也是广东古典园林的特色。广东四大名园都以山水的英石堆山和崖潭格局、建筑的缓顶宽檐和碉楼冷巷、装饰的三雕三塑、色彩的蓝绿黄对比色、桥的廊桥、植物四季繁花为特征。

广西园林以自然山水与历史文化的积淀为特征，以平地峰林和名人墨迹为胜，主要表现在石林、石峰、石崖和石潭以及壁刻之中，其最大的长处是有自然之景可以借，无须人工开凿湖河景观。

■ 开平立园凉亭

在建筑风格方面，广西园林比较朴素，淡雅的格调用以点缀主景的山形水色。在广西园林中，历代名人墨迹很多，这是广东、海南和福建园林无法比的，几乎所有的岩石壁上都有名人的字画。

海南园林以热带风光和海岛风光为胜。热带风光以植物来表现，许多热带植物

顺德清晖园

虽然在广东、广西、福建都有，但是长势并不如海南好。海岛风光还利用石和沙来表现，大多数名胜地在海边，可以直接利用海边的海水、海滩和海石。

由于自然山水中的海景、岛景、礁景和滩景为岭南园林的山水特征，海南园林的建筑风格尤为朴素，多为草顶、鱼饰等建筑，并配以椰林和槟榔以及三角梅等植物。海南园林的建造材料中也有塑石，但并不是特色，它最大的特色就是利用珊瑚石。

在海南的各个园林中，堆山都用珊瑚石。珊瑚石在广东并不多见，在广西和桂林就更少见，但在海南，几乎所有的园林都用了珊瑚石，有的用它来堆山，有的用它来筑墙。如大东海以它砌坡，五公祠以它堆山，还有用其砌园内的门。

福建园林以建筑的地方性和海塑石为胜。它以礁石、塑鼓石为山水特征，以正脊起翘、海波脊尾为建筑特征，正脊龙雕、鱼草山花和石刻石雕为闽台园林的装饰特征。

正脊 又叫"大脊""平脊"，位于屋顶前后两坡相交处，是屋顶最高处的水平屋脊，正脊两端有吻兽或望兽，中间可以有宝瓶等装饰物。庑殿顶、歇山顶、悬山顶、硬山顶均有正脊，卷棚顶、攒尖顶、盔顶没有正脊，十字脊顶则为两条正脊垂直相交，盝顶则由四条正脊围成一个平面。

其中，福建园林最具特征性的建筑式样正脊起翘，是其他岭南园林所没有的。最能代表福建建筑风格的园林有鳌园、归来园和龙舟池以及台湾名园。

台湾园林以灰塑石山、咕咾石山和模仿福建名山为山水特征，以闽南建筑为建筑特征，以平顶拱桥为桥特征，以灰塑或砖雕瓜果器具漏窗为装饰特征。

港澳园林因香港、澳门两地以岛屿为主，属热带海洋性气候区。由于历史因素和中西文化的冲突，香港因自然海洋景观如岛屿、海湾众多，所以风景区和公园很多。

香港园林有中、西两种风格，它的兼容性很强。如九寨沟城仿江南园林景观，北区公园仿扬州园林景观，岭南园林之风则直接仿岭南四大园林的景观。澳门的人工景观与香港园林一样，中西文化交融，中国的儒、道、佛三大文化支柱在澳门园林中皆有表现。

在岭南园林中，字画相对较少，但也不乏佳作，如可园邀山阁联"大江前横；明月直入"，可园雏月池馆联"大可浮家泛宅；岂肯随波逐流"，正门联"十万买邻多占水；一分起屋半栽花"，等等。

阅读链接

古代岭南建筑风格简练、通透、淡雅，其空间布局自由、流畅、开敞，装饰艺术却十分精美华丽。此外，木雕、砖雕、陶瓷、灰塑、门窗隔扇、花罩漏窗等都精雕细刻，再加上套色玻璃做成的纹样图案，在色彩光影的作用下，犹如一幅幅玲珑剔透的织锦。

岭南园林最典型的装饰艺术莫过于三雕三塑：木雕、砖雕和石雕，称"三雕"；陶塑、泥塑和灰塑，称"三塑"。园林中，三雕三塑遍布全园，在门头、门联、窗楣、基座、台案、檐口、檐柱、月梁、瓜柱、雀替、坐靠、栏杆和屋脊等处，其中以灰塑和砖雕最具岭南味。

园林的不断演变与发展

　　岭南园林历史比中原园林晚得多。岭南园林发端于南越，兴盛于南汉，至清代而形成中国园林三大流派之一。而自南汉至清之前的这段时间，岭南园林不断演变发展，并在宋、明时代各逞其盛。

　　相传，秦始皇派赵佗等将领统一岭南。后赵佗在汉初称帝，为南越武帝，效仿秦代宫室苑囿，在越都番禺（就是后来的广州）大举兴宫筑苑，建造了岭南最早的皇家园林，包括越王台、白鹿台、长乐台和朝汉台等。

　　在唐代初，岭南园

顺德清晖园

五代十国 唐朝灭亡之后，在中原地区相继出现了定都于开封和洛阳的后梁、后唐、后晋、后汉和后周五个朝代以及割据于西蜀、江南、岭南和河东等地的十几个政权，合称为"五代十国"，是介于唐宋之间的一个特殊历史时期。

林有广州荔园和福州芙蓉园。唐末，南汉和闽都是五代十国之一，刘岩建立南汉后，掀起了第二次皇家园林兴建高潮，在广州留下了西御苑、河南宫苑、明月峡、越秀山、甘泉苑和芳林苑等。闽王王延钧辟福州西湖为御苑，建水晶宫。

随着岭南一带割据政权的衰亡，岭南皇家园林也就销声匿迹了。但随着后来岭南社会经济的逐步增长、文化艺术的发展和海内外频繁的交流，岭南园林又逐渐呈现出越来越浓厚的地方民间色彩。

在宋代，造园艺术在岭南迅速推广，设在官员衙署中的园林和归隐士人宅园，对于花石取胜的传统有所发展。在端州，就是后来的广东肇庆，北宋丞相包拯任知州时，曾在郡厅建菊圃，"前有轩，累土为山，抵石为基，榜曰'烂柯天洞'"。

在广东惠州归善县有琼州安抚使李纯思修建的李

■佛山梁园

中山詹园

氏山园，此园临江建了一座"潜珍阁"。

后来，谪贬惠州的北宋文学家、政治家苏轼曾为之撰《惠州李氏潜珍阁铭》。铭中描述了山园主人"择胜而栖神"的造园意境：

蔚鹅城之南麓，擢仙李之芳根，因石阜以庭宇，跨饮江之鳌鼋，发飞檐与铁柱，插清江之渊沦。

由此可见，潜珍阁以花石为胜，依山临江，巧用地形构筑楼阁之匠心。

在广东潮州，揭阳榕城石马山下的浦口村，北宋熙宁年间由北宋文学家欧阳修的表弟彭延年以钦赐钱帛兴工营造了"彭园"，此为北宋年间粤东第一座私家园林。

据《彭园图》记载，彭园的布局负山面水，左松右竹，建有四望楼、碧涟亭、赏月水阁、药圃、东堂、书斋、武馆、水榭、假山等建筑。此园占地万余平方米，彭延年特地从家乡江西庐陵请来名匠负责施工，是为粤地吸收岭北造园文化的实例。

相传，当时朝廷有位姓邓的特使参观彭园后大为赞赏，竟说"洛

阳富园、东园、独乐园，皆乏彭园之特色"，可见彭园筑园技艺品位甚高。

在北宋，岭南园林有惠州白鹤居、海南载酒堂、登州十二石斋、广州西园、高要菊圃、阳光西园、新兴十仙园、泉州金池园等。在潮阳麻田山，有著名逸士吴子野经营的宅院岁寒堂、游子庵。

据说，吴子野与太守李天章到山东登州游玩时，向致仕官绅解二卿索得来自登州沙门诸岛的十二美石，由海路运回家乡，置于岁寒堂。与吴子野交好的北宋文学家苏轼为之撰《北海十二石记》谓：

近世好事能致石者多矣，未有取北海置南海者也。

由此说明，南汉造园以花石为重的传统，为后代所传衍。在广州，由于宋代对外贸易繁盛，中外文化

352

俊秀雄丽的南北园林

■顺德清晖园

南国风光

岭南园林

交流扩大，这种以花石取胜的造园特色，又有独特的反映。

北宋名臣余靖在广州任尚书左丞知时，曾作有《题寄田侍制广州西园诗》，有"石有群星象，花多外国名"之句。余靖在家乡粤北曲江也建有西园，他曾在此接待来访的祖无择，"林间载酒"，与之酬唱。祖无择在粤西阳江也建有一座西园，"在旧洲治西二里，乔木怪石，萧然出生，亦名盘玉壑"。

至南宋时，岭南各地又陆续建了和理堂、温玉堂、静明庵，因而粤之东、西、中、北各处皆有名园。后来的清代粤中名园佛山梁园，也称"二十四石斋"，就是以石为特色。

到了明代，由于岭南在经济上繁荣，促进对外文化交流，岭南造园文化始学扬州，后学苏州，有不少仿效江南园林的痕迹。同时，其自身特色则仍发扬了花石取胜的传统，利用气候条件之优势，渐而突出明显的热带风光特色，并营造了一大批享有盛誉的私家宅园。

明代后期见于古籍的私家宅园很多，广州城的四郊就有不少引人入胜的园子。如：

朱氏园，在会城东北，倚山为之……盖幽居之最胜者
也。

陈子履在城东有"东皋别业"，是一座颇有诗意的园林，《广东
新语》曾详细地描述了东皋别业的迷人景色：

湖中有楼，环以芙蓉、杨柳。三白石峰矗其前，高可数
丈。湖上榕堤竹坞，步步萦回，小汊穿桥，若连若断。
……林中亭榭以其花为名，器皿几案窗棂，各肖其花形
象为之。花有专司，灌溉不摄。
……夹岸桃树有一坊书曰"桃花源里人家"。桂丛藤
蔓，缭绕不穷，行者辄回环迷路。

如此气派和富有韵味，毫不逊色于江南园林。那时候，在城西有
南汉旧迹上所建的花坞、华林园、西园。在城南有望春园、芳华苑、
南园。

■ 顺德清晖园

■ 顺德清晖园

在白云山南麓濂泉坑一带还有陈子壮依山建筑的云棕别墅。环绕面积百余亩的宝象湖，布楼馆十余所，园内大量种植梅、柳和荔枝。

在越秀山南麓，有李时行的小云林，又在此基础上改建成继园。在城北有芳春园，桃花夹水二三里，可以通舟。

在城西有吴光禄所筑的西畴，梅花最盛。在小北门内有寄园，在河南有郭家园（清代改建为海幢寺）、天山书院。

整个明代的岭南园林，不仅于志籍有可稽之史实，于地方也有可考之古迹，足以说明其未必"远不如中原盛"。而到了清初岭南地区经济比较发达，文化水准提高，私家造园活动开始兴盛，逐渐影响到潮汕、福建和台湾等地。

到清中叶以后而日趋兴旺，在园林的布局、空间组织、水石运用和花木配景方面逐渐形成自己的特点，终于异军突起而成为与江南、北方鼎峙的三大地方风格之一。

顺德的清晖园，东莞的可园，番禺的余荫山房，佛山的梁园，号称"粤中四大名园"，其中以余荫山房最为有名。

它们的风格都具有鲜明的特点：水池、湖呈几何图形，这是由于受西方的影响；沿湖建筑也都呈对称布局，园林小品都是精细雕刻，而且花木丛荣繁茂，不足之处便是建筑体量过大。

岭南园林发展至清朝已日趋成熟，其传统建筑畅朗轻盈，与北方园林的稳重大方及江南园林的秀丽典雅形成三足鼎立的局面。当时，除私家园林之外，还有公共园林。

清代岭南园林主要围绕山水和寺园展开，表现于广西的山和广东的湖之中，如桂林的七星岩、象鼻山、伏波山、叠彩山、独秀峰都是隋唐时就受到文人墨客的垂青。

岭南园林有庭院式、自然山水式和综合式等。庭院式是岭南园林的特色，其小巧堪与国外古典园林相媲美，几乎所有的私宅、酒家和茶楼都建筑了庭院园林，如广东东莞的可园、广东番禺的余荫山房等。

在明清时代，仅广东就有私园五十多处，如东皋、小云林及广州小画舫斋、普宁春桂园、梅州人境庐等；广西有雁山园；福建私园有四十多处，如福州伊园、泉州春夏秋冬四园、厦门菽庄花园等。

阅读链接

彭园为北宋年间闻名粤东的第一座私家园林，位于广东揭阳梅云镇浦口村，为大理寺卿彭延年设计，建于1084年。相传，彭氏后人为纪念这位功绩卓著的先人，在彭园旧址建有彭氏宗祠。

彭延年生于1009年，原籍江西庐陵。历任福州推官、大理寺评事及大理寺少卿。后因其对潮州深有感情，遂致仕，隐居于揭阳浦口村，建祠堂，筑园林，之后子孙繁衍，成为彭氏入粤之开基祖。

彭园原有四望楼和药圃，"轩有东堂，左竹右松，负面泽，有书在架，有鹤在庭，命车载酒，社友聚应于德星，牧唱渔歌，忘返适情于伏腊"。

靖江王城

靖江王城坐落于广西桂林中心，是明太祖朱元璋侄孙朱守谦被封为靖江王时修造的王城，别称"皇城"，也叫"桂林王城"，占地面积近20万平方米，为一组金碧辉煌、规模宏大的建筑群。

靖江王城由明代靖江王城和独秀峰组成。著名的独秀峰屹立在王城的正中位置。靖江王城是典型的明代藩王府规制，以独秀峰为坐标的南北中轴线上的主体建筑，依次排列为端礼门、承运门、承运殿、寝宫、御苑、广智门、左宗庙、右社坛等主体建筑。

南天一柱与王府的修建

　　从秦始皇北筑长城、南修灵渠开始，便有了桂林。此后，广西桂林就以其秀丽山水闻名于世，而位于广西桂林中心的享有"桂林众山之王"之称的独秀峰则是桂林山水中最秀丽的风光，素有"桂林山水

■ 广西桂林独秀峰

甲天下"的美誉。

■ 广西桂林园林景观

独秀峰与桂林著名的叠彩山、伏波山三足鼎立，是桂林主要山峰之一，相对高度66米，由3.5亿年的石灰岩组成，主要有三组几乎垂直的裂隙切割，从山顶直劈山脚，通过水流作用，形成旁无坡阜的孤峰。

独秀峰山体扁圆，东西宽，端庄雄伟，南北窄，峭拔隽秀，有"南天一柱"之誉。晨曦夕照，独秀峰披上太阳的光辉，俨然一位穿着紫袍玉带的王者，所以它又被称为"紫金山"。

古时，广西的文化中心在桂林，而桂林的文化中心则在独秀峰。历代有许多文人墨客在独秀峰的读书岩下面读书，在独秀峰的山体上刻着文人墨客的诗词，因而独秀峰的文化氛围浓郁，人文底蕴丰厚。

早在南朝宋武帝刘裕时期，著名文学家颜延元任始安郡（就是后来的桂林）太守时，常在独秀峰东麓岩洞内读书写诗，此岩洞因而名为"读书岩"。岩有两口，既利采光，又通风透气，冬暖夏凉，内有天然

长城 指秦始皇所筑"秦长城"。它西起临洮，就是后来的甘肃省岷县，东至辽宁省辽东，筑长城万余里，以防匈奴南进。它像一条蜿蜒的巨龙盘亘静卧于崇山峻岭之间。远远望去，雄伟壮观，气势非凡。

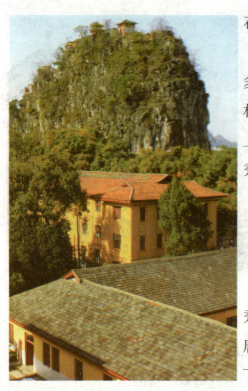
■ 广西靖江王城

钟乳石 又称"石钟乳"，是指碳酸盐岩地区洞穴内在漫长地质历史中和特定地质条件下形成的石钟乳、石笋、石柱等不同形态碳酸钙沉淀物的总称。钟乳石的形成往往需要上万年或几十万年时间。广西、云南是中国钟乳石资源最丰富的省区，所产的钟乳石光泽别透、形状奇特，具有很高的欣赏和收藏价值。

石床和石凳。

读岩洞依山傍水，摩崖石刻甚多，是岭南文教的发源地，也是桂林历史文化名城的奠基。在读书岩上，颜延元写下了最早赞美桂林独秀峰的佳句：

未若独秀者，峨峨郭邑间。

到了唐代，唐初名将李靖在独秀峰下构筑子城，并兴办了学宫。唐代著名诗人张固也在读书岩上写下了赞美桂林独秀峰的著名诗句，尤为突出赞美了独秀峰傲然兀立的气势：

孤峰不与众山俦，直上青云势未休。

独秀峰有历代石刻百余件，其中，唐代著名诗人、书法家郑叔齐的《独秀山新开石室记》以及后来的"南天一柱""紫袍金带""介然独秀峰独立"等，都是桂林不可多得的石刻巨作。

历史上，广西桂林被称为"西南会府"。在宋代，独秀峰下建有铁牛寺，南宋开国皇帝宋高宗赵构在登基之前，曾在铁牛寺修行。

当时，在独秀峰钟乳石下的一通诗碑上，有南宋提点刑狱权知府事王正功所作，后来一直作为点评桂林山水景色的不朽名句：

桂林山水甲天下，玉碧罗青意可参。

　　王正功的诗句极好地凸现出桂林的山清、水秀、洞奇、石美。自古以来，独秀峰就是桂林的著名风景区，被誉为"独秀奇峰"。

　　独秀亭有石阶共306级，在独秀峰峰顶，建有高二层、红柱、六角、重檐、瓦顶的独秀亭，通高7米，长、宽各4.8米，面积23平方米。

　　凭栏极目，全城秀色尽收眼底。柱间有通透花窗，东西向双开门。亭侧另有方亭，高6米，长、宽各4.7米，面积22平方米。

　　此外，在独秀亭亭前，有10平方米的平台，周围设有护栏，高踞悬崖之巅。登临四望，云生足下，星列胸前，桂林奇山秀水一览无余。

　　到了元代，铁牛寺改为"大国寺"，元顺帝孛儿只斤·妥懽帖睦尔继位前，就曾在独秀峰前的大国寺修行。元顺帝继位后，在独秀峰下修了一座潜邸，名为"万寿殿"。因此，桂林独秀峰一带素来又被认为是潜龙之地。

■ 广西桂林园林景观

362

俊秀雄丽的南北园林

在明代，明太祖朱元璋为了巩固明王朝的一统天下，实行"列土封王"，把桂林作为首选的十个藩封重镇之一。1370年，朱元璋将长兄南昌王朱兴隆之孙、侄子大都督朱文正之子朱守谦分封于桂林，称"靖江王"。

相传，朱守谦幼年被封为王，与他的父亲、曾被朱元璋誉为"天下第五名将"的朱文正关系极大。朱文正曾因誓死坚守洪都，取得了洪都保卫战的最终胜利，改变了元末的整个局势，并决定了朱元璋的霸王事业。

1372年，还在南京的靖江王府派出长史赵垧带一千人来到桂林，踏勘风水，寻找吉壤。他们发现，元顺帝的潜邸万寿殿内的独秀峰，平地拔起，众山环绕，孤峰独秀，唯我独尊，颇有天然的王者气势。他们很快商议选定了在独秀峰南麓的万寿殿遗址基础上建造靖江王府府邸。

当年11月，十五岁的靖江王朱守谦手捧明太祖朱

■广西桂林独秀峰

■ 广西桂林园林景观

元璋的诏令和祖父的主神位牌，来到桂林就藩，成为桂林靖江王府的第一位藩王。

靖江王府在1372年破土动工，至1376年竣工，是最早建成的明朝王府。靖江王府之所以最早建成，部分原因是其规模小于其他正支亲王府，少了承运殿后面的圆殿和存心殿及其附属建筑，城垣也相对矮小一些，但是其余的宫殿建筑和宗庙、社稷与正支亲王府是一样的，这正体现了靖江王的旁支亲王地位。

1393年，明太祖朱元璋又命重修靖江王府，重修的原因并不是宫殿破旧了，而是要改变其规格。这次重修，是靖江王府建设历史中规模最大的一次。除城垣、四门城楼和宗庙社稷未改建外，其余宫殿、诸衙门俱重新起造。

当时，在独秀峰西麓，有著名的天然洞穴，原名"西岩"，是靖江王拜仙修炼处，供奉着玄武帝及六十甲子保护神像，其六十甲子保护神像摩崖石刻是国内

风水　本为相地之术。相传风水的创始人是九天玄女，比较完善的风水学问起源于战国时代。风水的核心思想是人与大自然的和谐，早期的风水主要关乎宫殿、住宅、村落、墓地的选址、坐向、建设等，是选择合适的地方的一门学问。

■ 独秀峰玄武阁

玄武 即玄武大帝，又称真武大帝、玄天上帝，全称真武荡魔大帝，为道教神仙中赫赫有名的玉京尊神。相传，他为龙身，降世为伏羲，为盘古之子，曾任第三任天帝，生有炎黄二帝，是中华的祖先。民间尊称他为"荡魔天尊"。明代以后，民间玄武信仰尤为普遍。

唯一的一处。相传，后因靖江王在岩中发现"太平通宝"铜钱一枚，以为祥瑞之兆，更名为"太平岩"。

六十甲子保护神，就是通常人们所说的六十个"太岁"。据说，每个人都有自己的"太岁"，而本命年通常容易"犯太岁"。因此，民间流传有本命年拜自己太岁的习俗，而且有手势和程序上的讲究。

据明代宣德年间版本《桂林郡志》所绘的王府图来看，重修后的靖江王府宫殿建筑均为单檐，而未重修的四门城楼均为重檐。显而易见，重修的靖江王府的规格比初建时有所降低。

明太祖虽然降低了靖江王府的规格，但是又特许其小院宫室任从起盖，不算犯分，而这种特许其他王府是没有的。

后来，靖江王府经历了建文、永乐二朝削藩的沉沦，但在永乐时代，靖江王仍然享受"禄视郡王、官属亲王之半"的待遇，但册、印均"制如郡王"。到宣德时期，靖江王的境遇有所好转。

到正统时恢复了旁支亲王的名分，朝廷按亲王府例为靖江王设置官属、护卫，按亲王礼仪册封袭爵者，在例行赏赐亲王时也算上了靖江王。于是靖江王开始援用明太祖的特许在府中兴建小院宫室。

到明代万历年间，靖江王府在独秀峰上修建了一座镇守龙脉的圣庙，名为"玄武阁"。因左侧露天供奉极其罕见的天然龟蛇合形玄武像，加上右侧石壁上天然生成一个"寿"字，玄武阁理所当然成为方圆千里诸法场之首。

此后，玄武阁因历代靖江王在此祈求风调雨顺，王位永固，长命百岁，而被靖江王府列为皇家禁地，就是后来的清朝时期也只有极少数政界名流、文坛泰斗有幸登临此处。

作为一个藩王的王府，其地位低于皇帝，但又高于一般的大臣，所以明代靖江王府发展到万历年间，经数代修缮与扩建，其规模已经非常宏大，四周以巨石砌城垣，方正庄严，在桂林城中自成一城，所以又称"靖江王城"。

阅读链接

据考古发现，靖江王城内宫殿遗址自南而北依次为：承运门台基，一层，高1.2米，东西宽37米，南北深11米；承运殿台基，三层，高3.7米，其中月台二层，高3米，平面呈向南的凸字形，宽60米，最深亦约60米；王宫门台基，一层，高1米；王宫台基与王宫门台基等高。

其中，承运殿台基比亲王府规制高出约1.5米，为直接使用元顺帝潜邸万寿殿的台基。但其前后云阶中央的巨型石雕都只有云纹而无龙纹，由此可见在1393年明太祖朱元璋下令重建以后靖江王地位下降，已无资格使用龙纹图案。

明清时王城的兴盛与变迁

　　明代的靖江王城平面布局呈南北长、东西窄的长方形，占地面积约为20万平方米，城池南北长556.6米，东西宽335.5米，通高约6米，墙底厚6米，顶厚5.5米，四城门的墙体比其余城墙高出约1.9米，向内凸出约16米。

广西桂林园林风光

■ 广西桂林园林风光

　　整个王城建筑遵循中国传统宫殿建筑"坐北朝南""中轴对称"和"左祖右社、前朝后寝"的原则，以独秀峰为王城的南北中轴线。王城中央为承运殿，殿之南为承运门，采用"六门金钉朱户"之制。

　　王城布局严谨，在中轴线东西侧，宫院楼宇均呈对称布局，有四堂、四亭和台、阁、室、所等四十多处。

　　所有建筑系大式歇山顶，殿堂巍峨，亭阁轩昂，红墙碧瓦，坚城深门，规模宏大，气势森严，水光山色，恍如仙宫。经多次重修和扩建，靖江王府便成了与独秀峰名胜不可分割的部分。

　　靖江王城的城垣全部采用巨型方整的料石砌成，城墙厚5.5米，通高近8米，城墙上基本没有什么装饰。王城周围是1.5千米长的城垣，内外以方形青石修砌，内充片石浇灰浆，十分坚固。

　　靖江王城当时辟有四门：东为体仁门，后改名为"东华门"；南为端礼门，后改名为"正阳门"；西为遵义门，后改名为"西华门"；北魏广智门，后改

中轴对称　宫殿建筑都采取南北中轴线对称布局，总体上显得均衡、方正、严肃、有序。所有的主要建筑都严格对称地布置在中轴线上，且高大华丽、气宇轩昂。轴线上及其两侧的建筑都是坐北朝南，主要为陪衬中轴线上的主体建筑，突出"南面称王"的思想，表现皇权至上和彰显皇家尊严。

台基 又称基座，指台的基础。在建筑物中，系高出地面的建筑物底座，用以承托建筑物，并使其防潮，同时可弥补中国古建筑单体建筑不甚高大雄伟的欠缺。中国古代建筑台基有普通、较高级、更高级和最高级之分，主要有土质台基和石质台基两种类型。其中，土质台基最为普遍。

名为"后贡门"。

在古时，只有王宫贵族的居室才能叫宫殿。承运殿为靖江王府主殿，明朝时期为靖江王处理军政要务的地方。承运门是靖江王府正门，取"奉天承运"之意。

承运门内为高大的台基雕栏、云阶玉陛，为进入承运殿的必经之道，用桂林独有的灰白石雕刻而成，雕的是"如意祥云"，意喻"吉祥如意"。左右两个石阶为不同的官员行走，"左文右武"。

为了体现不同的等级，古时一般都从基座上考虑。据《礼记》记载：

> 天子之堂九尺，诸侯七尺，大夫五尺，士三尺。

"堂"，指的就是"台基"。记载说明，台基的高度很早就列入了封建礼制的等级限定。台基中衍生

■ 广西桂林靖江王城古建筑

■ 广西桂林靖江王府

出一种高等级的须弥座台基，用于宫殿、坛庙、陵墓和寺庙的高等级建筑。

须弥座台基本身又有一重、二重、三重的区别，用以在高等级建筑之间作进一步的区分，而平民百姓的房子就没有什么基座了。靖江王城的承运殿基座是二重的，北京故宫的基座都是三重的。三重是最高的等级，只有皇帝才可以使用。

须弥座上的装饰物也很讲究，靖江王城的须弥座雕刻了一些龙。装饰色彩等级制对内外檐装修、屋顶瓦兽、梁枋彩绘、庭院摆设、室内陈设都有严格的限定。按等级采用，对建筑物的装饰色彩也有等级划分，总体来说以黄色为尊，其下依次为赤、绿、青、蓝、黑和灰。

宫殿墙面用金、黄、赤色调，民居却只能用黑、灰、白色为墙面及屋顶色调。靖江王城的宫殿墙面是黄色的，瓦顶是黑色的。

宫殿的墙面是红色的，可用黄色琉璃瓦顶、斗拱、重檐、藻井以及各式彩绘图案，瓦顶是黄色的，

藻井　中国传统建筑中室内顶棚的独特装饰部分。一般做成向上隆起的井状，有方形、多边形或圆形凹面，周围饰以各种花藻井纹、雕刻和彩绘。多用在宫殿、寺庙中的宝座、佛坛上方最重要的部位。古人穴居时，常在穴洞顶部开洞以纳光、通风、上下出入。出现房屋后，仍保留这一形式。其外形像个凹进的井，"井"加上藻文饰样，所以称为"藻井"。

靖藩府城

靖江王城

整个建筑群金碧辉煌，宏伟而华丽，体现着最高等级的威严。

中国古代等级制度森严，在房屋的建筑中体现得淋漓尽致，屋顶的等级限制十分严格，从最高等级的重檐庑殿、庑殿、歇山、攒尖、悬山，到最低等级的硬山顶，形成了完整的等级系列，对于不同建筑的等级面貌，起到了十分醒目的标志作用。

在封建时代，不同等级的道路的宽度和长度都是不同的。王宫贵族们的宫殿有许多道路，而且宽大，通常都有道路间隔。从靖江王城的承运门到承运殿之间的石头路，就是进入靖江王城的主路，俗称"王道"。

王道有一米多宽，几十米长，是靖江王府铺设的青石板路，旁边花团锦簇，十分怡人。王道为身份、权力、地位的象征，只有尊贵的王爷、王妃可走。王道是整个王城的中轴线，也是桂林的中轴线，桂林城以此为中心，向四周辐射开来。

在承运殿后面，有一棵"夫妻树"，龙马潜形，阴阳相生；槐榕合抱，奇趣盎然。但靖江王城里的"藤缠树"与别处不同的是，树干伸出的藤条居然像蛇头，酷似一条"小龙"。

王府的寝宫及月牙池位于独秀峰东北麓。寝宫为王爷、王妃住

■ 广西桂林靖江王城月牙池

■ 广西桂林靖江王城拱门及通道

所。其中，月牙池被辟作亭台桥榭相连的御花园。

月牙池原为独秀泉，可泛舟其上。明代初年因泉凿池，形如"月牙"而得名。月牙池与圣母、春涛和白龙并称为"桂林四大名池"。月牙池中曲栏水榭，池畔垂柳依依，为王府御园一景。池水冬夏不涸，峰影倒浸其中，山翠尽落。

1649年，清将孔有德率军南下，占领桂林，靖江王府成了孔有德的定南王府。

靖江王城从明太祖朱元璋侄孙朱守谦受封靖江王起至被占，前后共有12代14位靖江王在此居住，历时270余年，是自明代封藩以来最长的一支。

1652年，靖江王府因新主人孔有德兵败而被焚。王府被毁后，原来的靖江王府只剩下承运殿前的明代石道以及府第的门、殿、宫须弥座台基及石雕栏柱、陛阶和城垣等。

1841年，在靖江王城东华门上，清廷为新科状元龙启瑞建造了一座状元及第坊。在王城西华门上，1865年又为于建章立了"榜眼及第"牌坊。于建章是永福人，同治四年（1865年）殿试第二名，任过翰林院编修、贵州乡试典试、山东学政等职。

靖江王城状元及第坊

俊秀雄丽的南北园林

后来，靖江王府又出了张建勋、刘福姚，二人分别于1889年、1892年登上殿试第一榜首。在此后4年的两科中，桂林继唐赵观文和陈继昌、龙启瑞之后，一连出了两名状元，震惊了全国。

1900年之前，状元及第坊已被毁，但后来就是由于连出两名状元的缘故，状元及第坊得到了重建，4人的名字被并列在坊前。

当时，为了表彰连中"三元"的临桂人陈继昌，清代两广总督在方城南面的正阳门附近建造了三元及第坊。

阅读链接

相传，在清代广西贡院内，有一口水井叫"福泉井"，考生敬若神明，临考必饮之吉祥水。

据说，清代在此贡院考试的考生，都会在考前饮用，称为"吉祥水"，似乎喝了就能考中。

据史料记载，广西贡院曾是中国西南地区最大的乡试考场，出进士585位、举人1 685位，其中有状元4位。因此，广西贡院堪称读书人的福地。其中，仅一年之内的科考，桂林一县八进士，三科两状元，震惊了全国，被传为佳话。

顺德清晖园

清晖园位于广东佛山顺德大良镇华盖里，为中国南方古典园林艺术的杰作。它与广东东莞可园、广东番禺余荫山房和广东佛山梁园一起，被称为"岭南四大名园"，它们代表了中国古典园林的重要一支。

清晖园原为明末状元黄士俊府第，后为清朝进士龙应时购得。其后，经过龙氏数代精心营建，格局始臻定型。清晖园的布局既吸取了苏州园林的艺术精华，又因地制宜，环境以清幽自然、秀丽典雅著称。

明清时黄龙两家相继建园

1570年，黄士俊出生于顺德杏坛甘竹右滩的一个书香之家。

相传，1601年，黄士俊参加殿试时，万历皇帝朱翊钧出上联"扫叶烹茶，宝鼎烟中浮蟹眼"，而素来勤学机敏的黄士俊则对以"倚松酹酒，金杯影里动龙鳞"，于是"龙颜大悦"，点为状元。

顺德清晖园

就这样，广东顺德建县以来的第一位状元诞生了，这在当时可是一件惊天动地的大事。不仅当地官员前去顺德杏坛甘竹右滩朝贺31岁的状元黄仕俊，十里八村的乡邻们更是争先恐后地前去拜贺，有的甚至带着孩子一起去，希望能沾沾这位状元的喜气。

1621年，黄仕俊在辞官避世期

■ 广东佛山清晖园

间，遵其父光宗耀祖的意愿，在顺德城南门外凤山脚下，就是后来的大良南郊的清晖路，修建了黄家祠和天章阁以及灵阿之阁，以供其父颐养天年。那时候，这些祠、阁周围都有花园，这便是后来清晖园的前身。

1630年，已是礼部尚书的黄士俊为侍奉病中老父，辞官回家。1636年，崇祯皇帝朱由检召黄士俊再度入朝，出任礼部尚书。后来，他先后担任太子太保，还一度入阁担任宰辅，领太子少傅，兼文渊阁大学士，入阁参与机务。

黄士俊入仕30年，没有革故鼎新的伟绩，也无遭人唾骂的劣行，倒是由于他学识渊博、工作勤奋、处事公正，因而获得"清正"的美誉。

据传，黄士俊在明朝灭亡之际，将平时的所有奏章、著作投之一炬，尽数烧毁，且在宅园中筑高楼以居之，足不下楼，至死不踏清朝土地，以示尽忠明

礼部尚书 是主管朝廷中的礼仪、祭祀、宴餐、学校、科举和外事活动的大臣，始置于南北朝北周时期，隋唐为六部之一，历代相沿。长官为礼部尚书，管理全国学校事务及科举考试及藩属和外国之往来事。

苏州园林 指中国苏州城内的私家园林建筑，起始于公元前514年吴国建都姑苏时，形成于五代，成熟于宋代，兴旺鼎盛于明清。到清末苏州已有各色园林170多处，各园林占地面积不大，但以意境见长，移步换景，变化无穷。古代苏州园林主要有沧浪亭、狮子林、拙政园、留园、网师园和怡园等。

室。过了几年，他便在阁中去世，享年85岁。

时光荏苒，到了清代乾隆年间，彼时的黄家已经衰落，而当时顺德的另一位文人、当地龙氏碧鉴海支系21世龙应时，于1751年考中进士后，从状元郎的后人手中买下了已经荒废的天章阁和灵阿之阁。黄氏仅留黄士俊祖上黄兰圃公祠前座。

该院归龙家后，龙应时将购得的黄家祠等物业传给其儿子龙廷槐和龙廷梓，后来龙廷槐和龙廷梓兄弟分家时，庭院的中间部分归龙廷槐，而左、右两侧则为龙廷梓所得。

龙廷梓获得左、右两部庭院后自成一格，将其改建成以居室为主的庭园，分别称为"龙太常花园"和"楚芗园"。

后来，龙太常花园的继承人家道中落，将龙太常花园卖给了当地的一个经营蚕种生意的大丝商曾秋樵，其子曾栋后来在此经营蚕种生意，挂上"广大"的招牌，所以又称"广大园"。

龙应时的长子龙廷槐，于1788年考中进士，曾任翰林编修，历官左春坊赞善、监察御史等职。

龙廷槐获得黄氏故园的中心部分，并在无意复出官场后，于1800年回乡将继承部分予以拓建，侍奉年迈的母亲入住，旦夕读书其间。

1806年，庭院扩建完成后，龙廷槐并请同榜进士、江苏书法家李兆洛题写"清晖"的园名，意取"谁言寸草心，报得三春晖"，以示筑园奉母是为了报答父母如日光和煦普照之恩。这也是清晖园园名的由来。

后来，龙廷槐的儿子龙元任，在父亲的言传身教之下，年纪轻轻便考中了进士。

于是，书香门第的龙家不但成为此后百余年间顺德大良的望族，而且"一门三进士"也成为百年来这里的人们津津乐道的佳话。

为了建好清晖园，龙元任及其龙氏最后一代清晖园主人龙渚惠曾带领设计师和工匠远赴苏州园林，吸取江南的造园精华。园中花亭曾被大风吹倒，也是龙渚惠于1888年重建。

至清代末年，清晖园在龙家几代人的精心营建下，已形成了格局完整的岭南园林风貌。

在清代，清晖园集明清文化、岭南古园林建筑、江南园林艺术和

■ 广东佛山清晖园

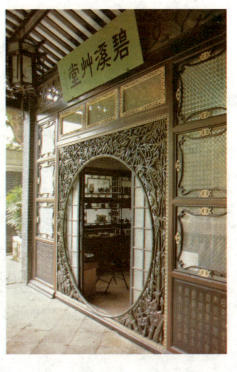

翰林编修　翰林是皇帝的文学侍从官，翰林院从唐朝起开始设立，始为供职具有艺能人士的机构，但自唐玄宗李隆基后演变成专门起草机密诏制的重要机构，院里任职的人称为翰林学士。明清时代改从进士中选拔。

■ 广东佛山清晖园

珠江三角水乡特色于一体，是一个如诗如画、如梦幻似仙境的迷人胜地。

它与广东佛山梁园、广东番禺余荫山房和广东东莞可园并称为"广东四大名园"，也称"岭南四大名园"，它们是岭南园林的代表作。

清晖园构筑精巧、布局紧凑，建筑艺术颇高，蔚为壮观。建筑物形式轻巧灵活，雅致朴素，庭园空间主次分明、结构清晰。整个园林以尽显岭南庭院雅致古朴的风格而著称，园中有园，景外有景，步移景换，并且兼备岭南建筑与江南园林的特色。

清晖园内有大量装饰性和欣赏性的陶瓷、灰塑、木雕、玻璃。园内妙联佳句俯仰可拾，名人雅士音韵尚存，艺术精品比比皆是，令人流连忘返。园林艺术处理颇具匠心。园内叠石假山，曲水流觞，曲径回廊，景趣盎然。

清晖园的造园特色首先在于园林的实用性。为适合南方炎热气候，形成前疏后密、前低后高的独特布局，但疏而不空、密而不塞，建筑造型轻巧灵活、开敞通透。其园林的空间组合是通过各种小空间来衬托突出庭院中的水庭大空间的，从而使得造园的重点围绕着水庭做文章。

理水 是中国园林中的一个主题，有时又称"做水体"。水在中国艺术、文学、风水中代表相当多的含义，因此如何让水在园中常保流动，随四季有不同的景观，乃至假山小瀑的意境和音乐效果，都是理水方式所重视的。

其次，清晖园内水木清华，幽深清空，景致清雅优美，龙家故宅与扩建新景融为一体，利用碧水、绿树、古墙、漏窗、石山、小桥和曲廊等与亭台楼阁交互融合，造型构筑别具匠心，花卉果木葱茏满目，艺术精品俯仰即是，集中国古代建筑、园林、雕刻、诗画和灰雕等艺术于一体，凸显中国古园林庭院建筑中"雄、奇、险、幽、秀、旷"的特点。

在花木的配置方面，园内的花卉果木逾百种，除了岭南园林常用的果树，还栽种了苏杭园林特有的紫竹、枸骨、紫藤、五针松、金钱松、七瓜枫和羽毛枫等，并且从山东等地刻意搜集了龙顺枣、龙爪槐等树种。品种丰富，多姿多彩。其中银杏、沙柳、紫藤、龙眼、水松等古木树龄已百年有余，一年四季，葱茏满目，与古色古香之楼阁亭榭交相掩映，徜徉其间，步移景换，令人流连忘返。

清晖园一鉴方塘的做法在江南园林中是罕见的，园林中叫作"理水"。理水同样出自画理，讲究有曲有源，所以水岸曲折，作石矶滩头，设港汊水口，使小水面有浩渺之感，确实有空间拓展之效。

广东佛山清晖园的竹苑

而清晖园荷塘却能不囿常理，深池四壁，周以高树廊房，拒华南炎暑，自得一派清凉，对全园气温都能起到适当调节的作用。

除此功能之外，水面开阔无目障，这就使得澄漪亭、碧溪草堂、六角亭、池廊、船厅、惜阴书屋、真砚斋和花亭等景点好似国画长卷一一展开。对景相成、步移景异的全景式空间，把荷塘与周边建筑全都和谐地构建到一起。

清晖园主要景点有惜阴书屋、真砚斋、船厅、六角亭、碧溪草堂、澄漪亭、读云轩、凤来峰、沐英涧、竹苑、斗洞、笔生花馆、小蓬瀛、狮山、八角池、归寄庐、红蕖书屋和留芬阁等。

造型构筑各具情态，灵巧雅致，建筑物之雕镂绘饰，多以岭南佳木花鸟为题材，大部分门窗玻璃为清代从欧洲进口经蚀刻加工的套色玻璃制品，古朴精美，品味无穷。

清晖园占地约3 000多平方米，它之所以能在数亩之地造万千气象，让人目不暇接，是因为构园者运用了小中见大，如片山寸石状奇峰险崖、虚实相济，再如荷塘的平远与园后两院落楼屋鳞毗、园中设

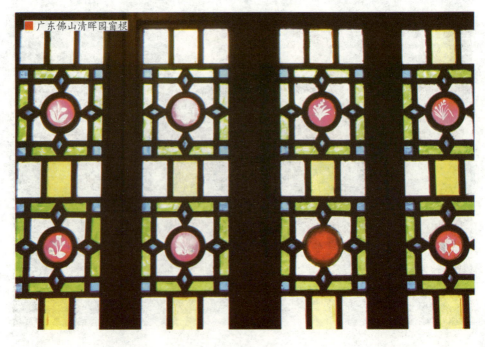
广东佛山清晖园窗棂

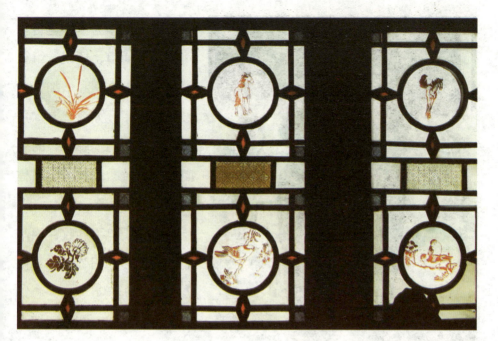

园、延长游园路线等构园手段。

广东佛山清晖园窗棂

　　清晖园内，澄漪亭挑廊之上，六角亭凌波依卧，两水松为哼哈耸立；澄漪亭不但与船厅互为对景，还可平视高低错落而又有花树掩映的房舍亭院以及东岸拱石凌空、枝叶疏遮密掩的花亭。更有花大如碗的玉堂春、堪称千年活化石的银杏树衬入眼帘，确实是待客品茗、赏荷寻景的好地方。

　　清晖园在组织景面序列关系方面也是很成功的。澄漪亭、碧溪草堂、六角亭、池廊、船厅、惜阴书屋、真砚斋和花亭虽然都是单体建筑，但是运用池廊衔接、古树穿插、曲直途径相连，已经取得了实质性的空间联系，加上前面谈到的对景相成、步移景异的运用，又有了起承转合的景象组群。

　　在中国古建筑中，廊分为直廊、曲廊、回廊、抄手廊、爬山廊、叠落廊、水廊和桥廊等形式。

挑廊　即悬挑的走廊，古时指二层以上挑出房屋外墙体，有围栏结构，无支柱有顶盖的水平交通空间。后来，多用于称呼较长而通向多个房间的阳台，作用同阳台、眺台。一般活动度比较大的公用建筑使用，如学校。

广东佛山清晖园对联和窗花

它不仅作为个体建筑之间的联系通道，还起着组织景观、分隔空间和增加风景层次的作用。如清晖园六角亭一组空间的池廊，廊的一面完全依墙被墙封闭，被称为"单面空廊"。

清晖园美不胜收，因其能以少胜多、因陈设色，使人大有"所至得其妙，心知口难言"之感。清晖园情真意趣，就在于师法自然，状物于似与不似之间，推人至物我交融的境界。

阅读链接

据传，清代翰林龙廷槐辞官南归后，就在故里筑园奉母。其中，碧溪草堂是他最先建筑的用作供养其母和待客的地方，是清晖园中最早的建筑。但"碧溪草堂"之名，却是他在母亲西去之后才确定下来的。

在这之前，他与文朋诗友常相聚于此，吟诗作唱。在此期间，就有诗友提议他命名该聚所为"草堂"，一来堂是园林中的主要停留点，二来可表达文人士大夫隐逸归真、自然无为的心志。但"孝字为先"的龙廷槐鉴于母亲在世，于是就婉拒了。

底蕴深厚的清晖园建筑

在清晖园的荷塘南角，为清晖园正门，门厅上悬挂着一块由清代书法大家何绍基题写的"清晖园"匾额，匾额古朴，"清晖园"三字笔力遒劲，实为大家风范，仰慕之情不禁油然而生。

■ 广东佛山清晖园古建筑

清晖园内，郁郁葱葱的古树名木遍布全园。其中，位于大门处的一棵高大的老白果树，已有160多年树龄，有"活化石"之称。一般要大面积雌雄间种才能结果，但这棵老树，却能在多年内持续单棵结果，是一棵"双性树"，可谓奇特。

在清晖园中，有一口长方形荷塘。全园的建筑，大多以荷塘为中心，绕荷塘一圈，沿岸而建。离门厅不远处，有一座凸出水池的"澄漪亭"，临水一面刻有一副对联：

临江缘山池沿钟天地之美
揽英接秀苑令有公卿之才

此联原为龙渚惠岳父、顺德咸丰探花、礼部兼工部右侍郎、大书法家李文田所书，因日久损毁，后来被重写过。

澄漪亭名为亭，实际上采用的却是典型的水榭做法：临水架起平台，平台部分架在岸上，部分伸入水中，平台上建有长方形的单体建

■ 广东佛山清晖园古建筑

筑，临水一面是常用落地门窗，开敞通透。观者既可在室内观景，又可到平台上游憩眺望。

碧溪草堂是当年园主人的主要起居室，其正门为一座镂空疏竹木雕"圆光罩"，门框镂成两束交叠翠竹状，工艺精湛且古色生香。两扇玻璃屏门的裙板上，用隶书、篆书和鸟虫书体镌刻了48个形态各异的"寿"字，称为"百寿图"。

在碧溪草堂槛窗下，嵌着一幅题为"轻烟挹露"的百年阴纹砖雕，刻有幽篁丛竹，刀法圆熟。砖雕题跋，以表筑园者志向心迹：

■ 广东佛山清晖园古建筑

　　未出土时先引节
　　凌云到处也无心

六角亭与碧溪草堂之间以池廊相接，此亭多半是当年龙氏老母、小姐及女眷活动之处。亭边设有美人靠，既可"常倚曲阑贪看水"，又宜凭栏玉立，体味荷塘听雨任东风的情愫。

池廊上的每道横梁都雕有精美的菠萝、阳桃和香蕉等岭南佳果，散发出浓郁的南粤风土气息。其亭柱

鸟虫书　亦称"虫书""鸟虫篆"，属于金文里的一种特殊美术字体。它是春秋中后期至战国时代盛行于吴、越、楚、蔡、徐、宋等南方诸国的一种特殊文字。鸟书是笔画作鸟形，即文字与鸟形融为一体，或在字旁与字的上下附加鸟形作装饰，多见于兵器上。

佛山清晖园池塘亭阁

俊秀雄丽的南北园林

楹联书的是：

跨水架楹黄篱院落
拾香开镜燕子池塘

　　沿池廊直出即抵达船厅，是清晖园古建筑中的精华所在。船厅也叫旱船、旱舫、不系舟，是中国园林模仿画舫的特有建筑，船厅的前半部多三面临水，船首常设有平桥与岸相连，类似跳板，令人处身其中宛如置身舟楫。

　　清晖园的船厅纯为旱船，相传是模仿清代珠江河上的画舫紫洞艇建成的两层楼舫，称为"船厅"，分船头、船舱和船尾，这在中国建筑设计上是唯一的特例。

　　它与惜阴书屋和真砚斋南楼组群，借一带廊与旱桥连通，以百年紫藤相系，曲折通道两侧饰以水波纹，船舫神形已是具毕。

　　船厅原是小姐绣阁，传说当年园主人有一位千金小姐，貌美如花，举止贤淑，精通诗书，善弄琴画，父母视若掌上明珠，特建此楼作为小姐闺阁，别称"小姐楼"。

　　小姐绣阁与南楼形成船的前舱后舱。在船厅门的正面，雕有绿竹数竿，厅内花罩镂空成两排芭蕉图案。蕉下石头上雕刻了栩栩如生的蜗牛。

　　在船厅前，有两口池塘，似将楼船浮在水中，船尾有丫鬟楼，船头栽有一棵沙柳，柳边有一紫藤，犹如一条缆绳。船厅后边，还有一棵白木棉树，以其花淡黄近白而称奇，因为木棉树一般开红花。

此外，清代著名书法家、乾隆帝之子、成亲王爱新觉罗·永瑆当时亲手所书船厅下面的匾额"绿云深处"，形象地描绘了四周绿树掩映之清幽景致。

与船厅跱足而建的是惜阴书屋和真砚斋相连的一组园林小筑，此组庭院式书斋为昔日园主供族中子弟读书及接待到访文人墨客之所。园主家历代不乏学业有成之人，惜阴书屋寓劝勉子弟珍惜光阴、发愤读书之意。

其中，真砚斋的匾额原来由清代湖南书法家何绍基所题，因日久损毁，后来被重写。

在荷塘东边，曲径逶迤，欲左先右，石引飞虹，欲上先下，园林中每一亭轩同其他景点成对景。其中，有一花亭，景象非同一般。近处苔侵石岸，绿水

成亲王（1752—1823），全名爱新觉罗·永瑆，是乾隆的第十一个儿子，嘉庆皇帝的哥哥，他在嘉庆年间担任军机处行走。他初学赵孟頫的书法，后来学习欧阳询的书法，并临摹晋、唐、宋、明各家书法，以楷书、行书著称于世，是清代著名的书法家，与翁方纲、刘墉、铁保并称"乾隆四家"。

387

黄龙宅第

顺德清晖园

■ 广东佛山清晖园的荷塘

■ 广东佛山清晖园

漾落花红，远处曲廊连堂榭，修墙衬垂柳。

花亭在结构上非常有特点，它是为了使亭内仰视平面与四角攒尖灰塑瓦顶风格一致，达到归隐脱俗的意境，免却常见的彩绘天花藻井，从而采用"不露望砖木椽者，覆以板纸"，被称为"仰尘""顶格"的做法。

由荷塘旁一扇最古老的小门可进入清晖园的读云轩，门额上面"清晖园"三字是按李兆洛的真迹拓本的。

读云轩主体建筑是清代岭南豪宅的客厅，体现了当时龙家豪宅的气派。瓦面构造层层叠叠，融合了中国亭台楼阁"明标暗拱"的特点。

读云轩客厅外，经其左边的回廊，可以欣赏品味到读云轩的石趣，正所谓"读者品也，石乃云根"。

读云轩中满布形状各异的石头，或凸起于跨塘花

灰塑　俗称"灰批"，材料以石灰为主，作品依附于建筑墙壁上沿和屋脊上或其他建筑工艺上，是岭南传统建筑装饰工艺，以明、清两代最为盛行，尤以祠堂、寺庙和豪门大宅用得最多。灰塑工艺精细，立体感强，色彩丰富，题材广泛，通俗易懂，多为人们喜闻乐见的人物、花鸟、虫鱼、瑞兽、山水及书法等。

墙的洞窗脚旁，或吻嵌于围池砖基中间，或兀现于砖砌花台之上，处处是石，各呈其趣。其中有产自安徽灵璧县的灵璧石，这种石坚硬如钢，色泽丰富，形态怪异。

此外，还有产自山东沂蒙的龟纹石、广东英德的英石和广西的钟乳石，每块石头均有相当丰富的欣赏价值。古语说，石头是云的根，意思是山间云霭都是从山石上袅袅升起的，这大概就是"读云轩"名字的由来吧。

距读云轩不远处，有一座高耸的石山叫"凤来峰"。它是以古代经典的"风云际会"石山构图，并且以宋代被列为贡品的山东花石岗石砌成，一共用去了近3 000吨，全高12.8米，是广东最大、最高的花石岗石山。

在凤来峰石山上，辟有小径，一棵古榕穿山破石而长，还有瀑布，凌空飞泻而下，全景达到了静中有动、动中有静，气势不凡，遂有人造宛如天开的境界。

凤来峰下的水池处有几块"汀步"踏石，由此可进入山洞，它是考究细水长流的古井。瀑布下的长形大湖被石桥和波形花墙隔开。

读云轩的一边水平如镜，凤来峰的一边水花四溅，流波不倦，一湖之上竟有动、静两种景观。

在这里，可以登上凤来峰，俯览清晖园的全景，也可以在水边的走廊上休息，品味周围的灰塑。

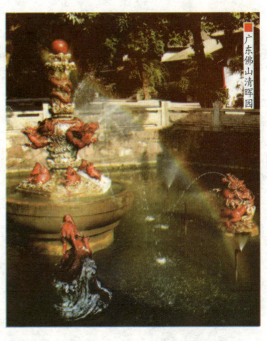

广东佛山清晖园

俊秀雄丽的南北园林

■ 广东佛山清晖园假山

屏风　古时建筑物内部挡风用的一种家具，所谓"屏其风也"。屏风作为传统家具的重要组成部分，历史由来已久。屏风一般陈设于室内的显著位置，起到分隔、美化、挡风、协调等作用。它与古典家具相互辉映、相得益彰、浑然一体，成为家居装饰不可分割的整体，呈现出一种和谐之美、宁静之美。

从凤来峰下来，经一段曲折清幽的小径，即可转达沐英涧。沐英涧主要由游廊、小桥、花径、假山、荷塘和水榭相结合。由沐英涧小门出来，有一面扇形花墙游廊，可去石拱桥上。花墙上的几扇大窗，每扇都用铁花、金箔、陶瓷巧妙地装饰，每个扇窗从不同方位望进去都有一番景色，好似一幅幅扇画，达到步移景换的设计效果。在其左首有座半月亭。

中央的玲珑榭是整个园林中最具特色的建筑之一。它置于八角环流的池水中央，室外混种各种名花异木。如果置身于玲珑榭中欣赏周围的景色，无论是何时节，都可以闻到四面八方吹来的花香，所以这里题有"八表来香"的牌匾。

玲珑榭室内八面全是木制装饰的玻璃窗格，窗门上有8块红片玻璃，是清晖园留下的清代玻璃制品。玲珑榭的周围有4座按坐落方位分别以"春、夏、秋、冬"命名的石山。

坐落在西面的是"秋石"，用黄石所造，旁边种有枫树、乌桕、桂花、紫藤等植物，渲染秋天气息；坐落在北面背阴之地的是"冬石"，石料取自江苏太湖石，石面泛白，有雪景之意，构图选用元代袁江的"富贵玲珑石"，呈一屏风状；东南面置于晨光可照之处的是"春石"，以英德石所造，配以松皮石造成的石笋，周围再种上竹树和灌木，突出纤弱和清秀的感觉；"春石"后面是"夏石"，也是本园的主峰凤来峰。

清晖园内多处都有"岁寒三友"之一的形象，处处表现着园主对高节虚心的竹有着独特的崇敬，或是借物咏志，对比园主还嫌不够，于是在庭园深处南楼后又另辟一处院落，名为"竹苑"。

竹苑紧靠沐英涧，是清晖园里的又一个园中园。竹苑地幅狭长，却广植修篁。竹影婆娑应风入，蝉鸣短长景更幽；巷院尽处，玲珑壁山回峰卷云，袖珍眼泉甘洌清甜；竹苑内建筑小巧而精美，有许多清代的

391

黄龙宅第

顺德清晖园

■ 佛山清晖园景物

俊秀雄丽的南北园林

■ 广东佛山清晖园
小洞门

典故 原指旧制、旧例，也是汉代掌管礼乐制度等史实者的官名。后来一种常见的意义是指关于历史人物、典章制度等的故事或传说。"典故"这个名称，由来已久。最早可追溯到汉朝，《后汉书·东平宪王苍传》中记载："亲屈至尊，降礼下臣，每赐宴见，辄兴席改容，中宫亲拜，事过典故。"

艺术品及题词。在竹苑小径的一道小洞门门额上方塑有"紫苑"二字，小洞门的两侧塑有对联一副：

风过有声皆竹韵

月明无处不花香

在小洞门背面，两旁装饰着灰塑绿色芭蕉叶，叶上刻有一副对联：

时泛花香溢

日高叶影重

竹苑遍种花竹，清静幽雅。竹苑通道的尽头左面是"笔生花馆"，馆的命名出自李白"梦笔生花"的典故，寓"学业有成，文才出众"之意。

龙家重视后代的教育，龙家子弟也参透了"真砚斋"求实之意，谨守惜阴书屋的勤奋之旨，于是达到了笔生花馆才华高超之境。

在竹苑通道的尽头右面，筑有狭长的大型壁山，山中有一小洞，只容一人通过，故名"斗洞"，古人亦曾以"既有狮山，有斗洞"来解释"斗洞"的由来。

这一石景设置得非常巧妙，既分隔了空间，又能遮阳避光，实在是不可或缺。斗洞旁边的"归习寄庐"是清代岭南一代书法名家、咸丰年间进士李文田辞官归故里时所题。

由竹苑潜斗洞出，是由归寄庐和小蓬瀛与木楼组成的另一院落。右厢是归寄庐，龙氏卸任赋闲聊寄旧寄庐。"归寄庐"牌匾是咸丰年间进士李文田所书。

■ 广东佛山清晖园的走廊

归寄庐与小蓬瀛直廊相接。在两座建筑中，小蓬瀛位居其左。蓬瀛为蓬莱和瀛洲的合称，是传说中海上的仙岛名，寄寓园主人清高脱俗的心迹。

小蓬瀛厅堂装饰着一幅大型彩绘木雕作品《百寿桃》，上刻仙桃一棵，枝繁叶茂，硕大的"仙桃"透出熟透的红晕，衬出满堂喜气，是一幅民间色彩很浓的艺术珍品。它与"大金鱼"和"白木棉"号称当时的清晖园"三宝"。

在这座木雕《百寿桃》上，实雕桃子九十九个。据说，民间讲究"寿"不能满，而"百"是个满数，所谓"人生不满百"，寿满便是寿尽，又因"藏"与"长"谐音，桃子又是寿命的象征，"藏寿"也就暗示了"长寿"，再加上九十九又切合了长长久久之意。因此，"蟠桃树上有九十九只仙桃"的说法深得人心，并且长久地流传下来。

小蓬瀛旁边有一木楼，是两层的砖木结构楼房，装修精致华丽，古色古香，镶嵌着图案华美的木格彩色玻璃的窗户。

394
俊秀雄丽的南北园林

阅读链接

通常，《百寿图》由一百个字构成，而清晖园中龙家子弟所作《百寿图》在碧溪草堂木雕圆门两侧的玻璃屏门下的池板上，各刻有四十八个形象各异的"寿"字，两边加起来也才只有九十六个"寿"字。

为啥会这样？据说，这《百寿图》没验完，园主就勃然大怒了。但听工匠解释："图中的'九'就是'久'，'六'就是'禄'，福禄长久，大吉大利。还有四个寿则藏起来了，而'藏寿'就是为了"长寿"。左、右两扇墙各藏一个大寿，一个藏在你身上，一个藏在我身上。"园主听了大喜，于是给工匠付了双倍的工钱。

佛山梁园

佛山梁园位于佛山松风路先锋古道，是古代佛山梁氏私家园林的总称，素以湖水潆洄、奇石巧布著称岭南。秀水、奇石和名帖堪称梁园"三宝"。

它与顺德清晖园、番禺余荫山房及东莞可园并称清代"岭南四大名园"，是清代岭南人文园林的典型代表之一。

佛山梁园始建于1796年，由当地诗书画名家梁蔼如及其叔侄两代人，历时50余年精心营造而成。主要由无怠懈斋、十二石斋、寒香馆和群星草堂及汾江草庐5组特色各异的多个园林群体组成，规模宏大。

梁蔼如与梁九章初建梁园

1769年，梁蔼如出生于广东顺德杏坛麦村。其父梁国雄生有三子，梁蔼如排行老二，家中还有哥哥梁玉成和弟弟梁可成。

少时的梁蔼如是一个品学兼优的孩子，先生对他常常赞誉有加。他的哥哥梁玉成则很早就弃文从商了，而且生意日益兴隆。此后，梁玉成从精神上和经济上对梁蔼如完成学业给予了很大支持。

■ 佛山梁园的小桥流水

■ 佛山梁园古建筑

课余时间，梁蔼如喜爱练书法、画国画。他觉得字写好了人家不会小看，自己脸上也有几分光彩。经过前辈指点，他开始系统地认真临摹古帖，其楷书学颜鲁公，行书学苏东坡，草书学王右军，篆书学《峄山碑》，隶书学《夏承碑》。

清乾隆年间，广东佛山的手工业、铸造业、陶瓷业、中成药和纺织业等都很发达，是岭南的商业中心，许多商人纷纷奔向岭南。

梁国雄也不例外，他觉得当时的佛山特别有益于梁家发展。于是，梁国雄带着全家从顺德杏坛麦村迁居至佛山松桂里。

当时，佛山百姓为了祈求生意兴隆、财源广进、合家平安，拜神上香的习俗非常普遍。梁国雄寻到商机，马上与家人开始制作香烛，挑着担子走街串巷叫卖，后在佛山汾宁路开设"兰宝"店铺，专营香烛、

梁氏宅园 佛山梁园

临摹　按照原作仿制书法和绘画作品的过程。"临"是照着原作写或画；"摹"是用薄纸或绢蒙在原作上面写或画。广义的"临摹"，所仿制的不一定是原作，也可能是碑、帖等。

■ 佛山梁园古建筑

趟栊门 是古老的"防盗门"，左右开启，既通风，又保证了基本的安全。在潮州的传统民居中，小户人家有两道门，第一道便是屏风门和趟栊门两道门的结合。通常就是在屏风门上边相隔十几厘米穿插着竖的圆木，好像是栏杆门。白天家里有人时，通常只关这道门。

金粉。此后，家族逐渐兴旺，发展成为闻名佛山的梁氏大家族。

梁蔼如生性淡泊好施，对生活困难的族人、乡亲常常送粮、送钱，使他们度过生活难关。

1796年，梁蔼如购得沙洛铺陈大塘的陈氏地产200余亩，在此修建了一座大宅，偕同父母、兄弟居住，以娱晚年。

与此同时，梁蔼如还在宅内始建了梁氏首家私家花园"无怠懈斋"，供聚友娱乐之用，以诗书画为乐，著有《无怠懈斋诗集》。这就是梁蔼如创建的早期佛山梁园。

梁园的正门并不大，门前水磨青砖皆以手工磨制，做得细的即使刀片也难插入，足见工艺精湛。门檐下砖雕，一为"花开富贵"，一为"四季平安"，是佛山富家门前常用的豪华饰品。

进正门转左有两条小巷，沿巷有三排三进大屋，均为三间二廊带朝厅布局，是佛山富裕人家民居常见的建筑风格。坐北朝南，有客厅、卧室、书斋、朝厅、客房和佛堂等。

梁园宅第为三路四进式平面布局，占地1 500余平方米。整体建筑纵横排列整齐、格式统一。各进单体建筑室内布局基本一致，入门处是典型的岭南特色建筑趟栊门，内设正厅和朝厅各三间，以天井相隔，左右为两廊，形成"回"字形的小院落，故称"三间两廊"。

据说，梁蔼如熟通地理风水，因此他在建筑的构造设置上特别考究。朝厅是读书写字的地方，他采用了玻璃屏风门和花架的装置，既有外观的装饰，又起到通风采光的作用。

另外，朝厅也是招待客人的地方，相熟的客人来了也会被请入朝厅与主人畅谈。房子冬暖夏凉，用花岗岩做墙角，既能防虫，又能起到防盗的作用。同时，厅堂居室的内外空间和门窗的设置也非常合理，使整个住宅区冬暖夏凉。

客堂是梁氏家族会客的地方。梁氏为佛山望族，与南海、顺德等地的文人墨客来往密切，故设客堂以招待客人。里面陈设的八仙台、茶几、官座椅等皆为清代广式家具，以酸木精制。

佛堂是以前达官贵人家族礼佛的地方，一般有钱人家都会设私家佛堂拜佛。梁园佛堂的坐姿观音，为楠木雕刻，座下为莲花须弥座，两边各有形态各异的观音化身九座。

■佛山梁园

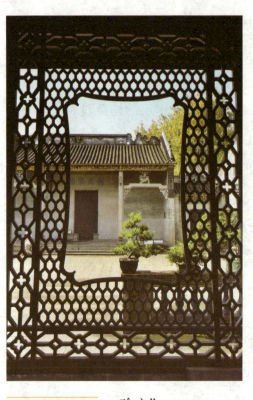

梁蔼如工作勤奋，办事能力强，待人宽容大度。本来，他可例行获得一次朝廷晋级机会，然而当他听说一位姓梁的同僚家庭困难后，便主动把升级的机会让给了这位同僚，自己则返回佛山，归隐园林。

此后，梁蔼如的归隐生活丰富多彩，他练习书法，画国画，十分勤奋，尤其喜爱画山水，灵感来了再配上一首诗，这样一幅优美的作品便告完成。一些亲朋好友"得其书画者，寸缣尺素皆珍之"。

经过艰苦磨砺，梁蔼如后来成为楷、行、草、隶、篆皆精的行家，名扬后世，其精湛的书画艺术，深为行家、后辈推崇。梁蔼如不仅善画，也爱作诗和吟咏，其出色的才华享誉岭南地区。

梁蔼如的作品流传广泛，成为当时享誉岭南地区的书画名家。后来，他有近40幅山水轴及行草轴珍藏于广州、佛山和顺德等地的博物馆，其中他创作的《溪水深秀图》，线条明朗，笔墨厚重雄健，上有陈澧等19位名家题跋，是他的传世佳作。

1816年，梁蔼如的侄子梁九章参加乡试，被选入国史馆，踏上从文生涯，参与了《大清一统志》的编修工作。他写作勤奋，不耻下问，编写能力提高很

《大清一统志》是清朝官修内容最丰富、最完善的地理总志。从1686年至1842年，清廷前后编辑有康熙《大清一统志》、乾隆《大清一统志》和《嘉庆重修一统志》，在世界历史地理著作中具有重要地位。

快，上司交给他的任务，他均能很好地完成，因而深受上司的器重。

修志工作结束后，梁九章被调往四川布政司任职。在任期间，他虚心学习，努力工作，待人友善、真诚，因此与上司及同僚相处得十分融洽，不久就被提升为知州。他的事业如日中天，仕途一片光明。

正当梁九章事业发展顺利之时，年迈的双亲日日思念家乡广东，逢年过节，更是向他念叨家乡的风土人情、宜人的气候和丰富的物产。梁九章明白父母的意图，决定不让父母失望，于是向上司提出辞职，带领年迈的双亲回到了老家广东佛山。

梁九章回到佛山后，读书作画，以文会友，成为他消磨时光的好方法。时日渐久，梁九章就变成了一个名副其实的"花痴"，他爱梅花，种花、赏花和画花成为他归隐后的一大生活乐趣，以至于有朋友称他为"花神"。

401

梁氏宅园

佛山梁园

梁九章平时辛勤创作，不仅提高了书画技法，而且带来一笔不小的收入。他用这些钱救济生活困难的族人达几十家。梁九章练技与助贫双管齐下，可谓妙哉。他晚年精修医术，著有《医法精蕴》四卷。

■佛山梁园院落

■ 佛山梁园

402

俊秀雄丽的南北园林

在梁九章存留下来的数幅作品中，有一幅梅花轴附吕隐岚题诗一首：

> 与君同往梅花园，日写梅花数百枝。
> 不及会稽童二树，三千三百十三诗。

可见梁九章喜爱梅花、寄情于梅花，非同一般。梁九章回顾朝廷任职岁月，他觉得有幸学会了很多东西，结交了许多朋友，然而他不留恋官场。梁九章熟记"积善成德，而神明自得"，相信做好事会得到善报。

梁九章特别喜欢收藏。据说他在京城和四川做官时，曾收集了大量的碑帖，每天勤于练习。1836年，眼看珍藏多年的书帖受虫害，唯恐古人的遗迹湮没，于是梁九章选择珍藏的碑帖中尤为欣赏的唐至清代22家摹刻在端州石砚上，取名《寒香馆法帖》，以求垂久永固和方便族人子弟学习。

碑帖 过去俗称"黑老虎"，它是一种既有文化历史内涵，又有艺术品位的艺术品。它是碑和帖的合称，实际"碑"指的是石刻的拓本，"帖"指的是将古人著名的墨迹刻在木板上汇集而成的拓本。在印刷术发展的前期，碑的拓本和帖的拓本都是传播文化的重要手段。

最值得一提的是法帖汇集了当时许多名士如王尔扬、翁又龙、程可则、刘墉、翁方纲、吴荣光、成亲王等人的题跋。该法帖拓本六卷与南海的《叶氏风满楼帖》《吴氏筠清馆帖》并称清代岭南三大名帖。

就在当年，梁九章为了珍藏《寒香馆法帖》摹刻和更多的名家书帖，在佛山观音堂铺西贤里修筑园林，取名"寒香馆"。

在寒香馆中，除《寒香馆法帖》六卷外，梁九章还珍藏汉、晋、唐、明历代名书法家王羲之等人法帖真迹百余件。寒香馆"树石幽雅，遍植梅花"。

其弟梁九图为此写下了《雪夜寒香馆观梅》一诗：

冷逼梅魂夜气严，万花斗雪出重檐。
高枝时与月窥阁，落瓣偶随风入帘。

寒香馆的高雅气派和主人浪漫的生活情趣一一跃然纸上。此后，梁九章通过佛山汾江、省城水道与许

法帖　始称于宋代，是中国古代书法艺术载体之一，一般指将历代名家书法墨迹镌刻在石或木板上，然后拓成墨本并装裱成卷或册的刻帖。这种刻帖既能使古人的书法得以流传，又能扩大其影响，也是学习书法的范本，所以又称之为"法帖"。除指书法的临帖外，法帖还指写有佛法等的具有魔力的字符咒语。

梁氏宅园

佛山梁园

■佛山梁园

宗祠 习惯上称之为"祠堂"，是供奉祖先神主、进行祭祀的场所，被视为宗族的象征。宗庙制度产生于周代。上古时期，士大夫不敢建宗庙，宗庙为天子专有。后来宋代朱熹提倡建立家族祠堂。到清代，祠堂已遍及全国城乡各个家族。祠堂是族权与神权交织的中心。

多朋友频繁往来，寒香馆便成为他接待文友墨客的理想场所。

在此期间，梁九章创作了不少诗词文章和字画。他画的梅花清秀飘逸，技法娴熟，不少作品朴实清丽，佳句连篇，意境深邃，深受人们的喜爱，许多市民也争相购买，遗憾的是这些诗文多已流失。

1840年，梁蔼如去世后，被清廷祀赠"奉政大夫"，作为侄子，梁九章与兄弟们一起在佛山沙洛铺陈大塘修建了一座"梁青崖先生祠"，以拜祭这位心地善良、多才多艺的长辈。后来，梁九章在部曹地大宅大屋的二道门内，为他的父亲梁玉成创建了宗祠，俗称"梁家祠堂"。

据说，那时候只有有功名的达官贵人才能有祠堂。梁玉成是梁九章的父亲，当时梁九章任四川知州，而他父亲去世以后，皇帝为了表彰梁九章有功，于是赐梁玉成谥号"刺史"，所以又称"刺史家庙"。

刺史家庙是梁氏家族用来供奉祖宗的地方，又是

■佛山梁园月洞门

家族聚会议事的场所。在中国的私宅庭园中，将祠堂、住宅和园林三者融为一体的非常少见。

刺史家庙建筑分为前、后两进，正厅的设置较为高大，为九架前后廊梁架，步架以"瓜形"柱饰抬梁，也称"四柱大厅"。正厅以两廊与门厅相连，形成四合院式的平面布局。

门厅前廊是建筑装饰的主要部分，其上下抬梁、斗拱、雀替、驼墩等均遍饰精巧细腻的花卉及人物故事雕刻或高浮雕。它与前后檐板图饰相互协调，衬托着正大门的庄严美观。

祠堂的屋面脊饰等构件更是反映出当地的传统工艺三雕两塑，就是指木雕、石雕和砖雕以及陶塑与灰塑，建筑为硬山顶山墙，也称为"封火山墙"，它主要起防止火灾蔓延的作用。

阅读链接

据说，梁九章之所以喜欢梅花，将所建场馆取名为"寒香馆"，与他曾经久居京城有关。

梁九章入国史馆任职多年，与编修郭尚先、鸿胪寺太守李威等结成好友。平时文友相聚，既叙友情，又议国事，交流写作心得和泼墨挥毫自然也少不了。

梅花高洁淡雅，凌寒自开，暗香袭来。自古以来，一些文人骚客常把它比喻成漠视权贵、不与世俗同流合污和孤芳自赏的君子。

梁九章和一班朋友认为梅花的品性和疏影横斜的芳姿格外动人，因此以其自喻，并择其"寒香"，起名"寒香馆"。

梁九华建庭院群星草堂

　　梁九华是梁玉成的第三子，是梁蔼如的侄子。他从小聪明伶俐，深得父母及长辈的喜爱，尤其是二叔梁蔼如对他更是赞誉有加。梁九华不负长辈众望，在学习上认真刻苦，并虚心地向前辈们学习请教。

　　梁九华的努力，使他20多岁就成为诗文皆精的好手。后因母亲生

佛山梁园的窗棂

病，他就一边照顾母亲，一边坚持学习。由于时间精力所限，梁九华一直未能考取功名。后来，他奉母亲之命，不得不走上仕途。

　　按照清廷惯例，梁九华由贡生身份就任清朝大理寺评事，因其勤勉，后晋升为大理寺主事之职。

■ 佛山梁园的池塘

可就在这时，梁九华的母亲不幸病故了，他悲痛万分，毅然放弃了赴京任职的机会，留在佛山为母亲料理丧事和守孝。

在这以后，梁九华富贵不忘乡亲和乐善好施的善举，深得民心。他因此成为佛山镇远近闻名的"善长仁翁"。

梁九华平生喜欢书画。当他得到一本《宋拓十三行》后，非常高兴，别人想用高价收购，他却婉言谢绝了。

梁九华的住宅位于先锋古道，因其做过大理寺主事，当地人称"部曹第"，共计三排三进，均为三间两廊带朝厅布局，是佛山富裕人家民居常见的民居建筑风格。其规格布局，跟其二叔梁蔼如的大宅布局大体一致。

九华居室为清代珠三角地区典型的三间两廊带朝厅式的住宅建筑。室内装修素雅大方，注重采光和间

大理寺 掌刑狱案件审理的最高官署，秦汉为廷尉，北齐为大理寺，历代因之，清为大理院。大理寺的机构设置在不同朝代各有差异。宋分左右寺，左寺复审各地方的奏劾和疑狱大罪，右寺审理京师百官的刑狱。其主官称卿，下设少卿、丞及其他员役。在明清时代，大理寺主要负责案件复核。

■ 佛山梁园的门洞

挂落 中国传统建筑中额枋下的一种构件，常用镂空的木格或雕花板做成，也可由细小的木条搭接而成。在建筑外廊中，挂落与栏杆从外立面上看位于同一层面，并且纹样相近，有上下呼应的装饰作用。自建筑中向外观望，则在屋檐、地面和廊柱组成的景物图框中。挂落有如装饰花边，使图画空阔的上部产生变化，出现了层次，具有较强的装饰效果。

隔变化，家具陈设讲求雅致精巧，体现了主人的追求和品味。

到晚年时，梁九华又爱上了弄石、赏石，有"石癖"之称。后来，他还因此在先锋古道构筑了由石庭、山庭、水庭和廊式建筑群组成的园林式庭院群星草堂。其中，以石庭最为精彩，被誉为"岭南庭园的佳构"。

群星草堂的园林建筑物由群星草堂、秋爽轩船厅、小榭楼、荷香小榭、书斋、客房、后花园和回廊组成，占地1 600多平方米，摆放许多嶙峋怪石，园匾为四川总督骆秉章所题写。整座园林的布局比较紧凑，步移景换，绿树参天的古木，千姿百态的奇石，是发思古之幽情的好去处。

群星草堂位于刺史家庙和荷香小榭之间，是梁园的精华部分，虽体量不大，却精巧别致，引人入胜。群星草堂的入口，有三个朝东的圆如满月的"月亮门"，使人感觉典雅别致。

大门朝东开，古人称为"紫气东来"。所谓"紫气"，即堪舆学所谓的"南离九紫之气"，因离卦之象为太阳，所以太阳也代表"九紫之气"。古人认为，早上"紫气"进门，是吉祥的迹象，象征家景蒸蒸日上，充满生气。

群星草堂为何要开"月亮门"？这也是按堪舆学的规则设计的。因为三门成一线会造成空气流动直来直去，形成"冲煞"，破坏"藏风聚气"的格局。把门设计成圆形，可减缓空气流动的速度，不会破坏园内幽静的气氛。

群星草堂园林主题建筑为群星草堂大厅，分前厅、后厅和中间三部分，以棚廊连接，为典型的三进三开间布局，各进均采用彩色玻璃屏风相隔，上面装有不同式样的花架、雀替和挂落等艺术构件。

雀替 是中国古建筑的特色构件之一。宋代称"角替"，清代称为"雀替"，又称为"插角"或"托木"。通常被置于建筑的横材与竖材相交处，作用是缩短梁枋的净跨度，从而增强梁枋的荷载力，减少梁与柱相接处的向下剪力，防止横竖构材间的角度之倾斜。

■ 佛山梁园内的古典家具

■ 梁园传统建筑

群星草堂大厅的建筑及装饰的设置极富新意，前厅、后厅和堂间采用过亭和屏风门，宽敞通透。两侧天井以饰墙与外花园相隔，这一做法在岭南园林建筑中尤其少见，为梁氏家族园林建筑的独特风格。

在瓦面的艺术构建装饰上，采用了"卷云纹"式垂脊，与山墙灰塑图式相互协调，显得淡雅自然。这些均形成了一种建筑的个性，也成为梁氏家族园林建筑的独特风格。

群星草堂大厅，为当年园主人与文人雅士吟咏畅谈之所，是具有岭南民族风格特色的厢房，圆月形门两侧有联：

群贤发语尽雄谈，斗室敢论天下势；
草舍研文成伟略，襟怀广纳古今谟。

群星草堂大厅边的石庭是梁园标志。石庭静幽，它是由群星草堂群体各建筑物及花基分隔组成的石庭，为梁园一大美景。庭内巧布的太湖、灵璧、英德等巨石，有"苏武牧羊""童子拜观音""倚云"等各组造型的奇石，或耸立或平卧，或俯或仰，嶙峋突

垂脊 中国古代屋顶的一种屋脊。在歇山顶、悬山顶、硬山顶的建筑上自正脊两端沿着前后坡向下，在攒尖顶中自宝顶至屋檐转角处。垂脊上有垂兽作为饰物。其中歇山顶垂兽在垂脊下端，其余则在垂脊中间偏下的地方。卷棚歇山、悬山、硬山等级较低，不一定安置垂兽和蹲兽。

兀，极尽丘壑之胜，有步移景换之效。`

石庭的松果、洋蒲桃、茶花等均为当年群星草堂的创始人梁九华亲手栽种，已有近二百年的历史。

在群星草堂园林内，有一小湖。每到夏日，湖中荷香四溢，是梁园夏景之所在。

湖旁建有半边亭，结构奇特。半边亭一楼为六角，呈半边；二楼为四方卷棚歇山顶，飞檐斗拱，是主人"求缺"之作。古语道"金无足赤，人无完人"，梁氏以此亭警诫后世子孙，以防家败。

秋爽轩船厅就坐落在小湖岸边，为二层楼高的船形建筑，里面设有客厅，主要用于园主人接待客人以及园主人休息和品茗，是岭南园林颇具特色的建筑。船厅二楼称为"小榭楼"，为梁氏读书之处。"船厅"三面为大型满洲窗，四周景物尽收眼底。

更为突出的是位于小湖岸边、临水台上的开敞式建筑"荷香小榭"，精美纤巧，四周通透，里外交

斗拱　又称"斗科""樽栌"，中国建筑特有的一种结构。在立柱和横梁交接处，从柱顶上的一层层探出成弓形的承重结构叫拱，拱与拱之间垫的方形木块叫斗。两者合称斗拱。斗拱又有一定的装饰作用，是中国古典建筑显著特征之一。

■ 佛山梁园古建筑大厅的屏门

汇，把天、地、人完全融为一体。

荷香小榭高4米余，木结构，门楣及窗都饰以木雕，门窗镂空，图案则是荷叶、荷花，既优雅，又与湖中的荷叶、荷香真假互相呼应，令人对设计者的良苦用心赞叹不已。

梁九华的书斋，其后人重修名为"日盛书屋"，属于群星草堂群体的一部分，书屋的韵致让人回味无穷。夏天，雨打芭蕉；冬日，寒梅幽香。四周鸟语花香，是写诗作画的好去处。

在群星草堂庭院内，还建有后花园，上亭之路，以错落石片砌成，两旁间以嶙峋怪石，极具山矶之胜。山脚下遍植岭南佳果阳桃、凤眼果等。四周之桂花，秋来香气袭人，茶花如火如荼，是梁园的秋景所在。

所有群星草堂庭院内的建筑物，均以石庭、山庭、水庭为基调，建筑宽敞通透，四周回廊穿引，采用移步换景之法引人入胜。如荷香小榭位于湖岸边，站立于小榭屋檐下，面对铺满荷叶和荷花的湖水，一片碧绿中的点点粉红，令人心醉。

阅读链接

据说，佛山梁园的创始人之一梁九华在建造群星草堂时，曾在草堂的石庭内亲手栽种了一些松果树，已有近200年的历史。相传松果初熟时，梁九华邀请朋友到家中品尝。大家只觉得甜润心头，唇齿留香，十几个松果入肚，仍垂涎不止。

这事很快传到京城，道光皇帝特意传话，要九华明年为他略备数枚一尝。

次年，梁九华精挑细选数十个大小均匀、色泽圆润的松果，快马加鞭，千里迢迢送至京城。

道光皇帝尝后，龙颜大悦，欣然赐送一棵玉堂春，植于后花园，与百年松果树两相守望。

筑十二石斋和汾江草庐

　　梁九图也是梁蔼如的侄子，他是梁玉成最小的儿子，到他长大时，梁玉成已是驰誉远近的医家，著有《良方类钞》20多卷。梁九图从小生活在富裕和有着浓厚文化氛围的家庭里，可谓耳濡目染。

■ 传统园林建筑走廊

■ 佛山梁园池塘

在梁氏叔侄中，以梁九图名气最大，他小时候就是佛山远近闻名的神童了。梁九图自幼聪明过人，喜爱读书，10岁就能作诗，曾因著有《粤台饯别图》和《祁相国隽藻韵》等诗词而声誉鹊起。

梁九图博学多才，曾任刑部司狱，后因腿有疾病而辞官。他性情高旷，淡于功名，而醉心于读书作诗、绘画写字和游山玩水。

回乡后，他在松桂里一带，购得清初诗人程可则的戴山草堂故址，兴建了他在松桂里最早的私家园林"紫藤馆"。他与清代著名诗人张维屏、黄培芳、吴炳南和岑徵交情深厚，经常聚会于此唱酬。

在道光年间，梁九图在游览衡山湘水，南归之时，船过广东清远，他发现了12块奇石：

其色纯黄，巨者高二尺许，小者也为径尺，其状有若峰峦者、有若陂塘者、有若溪涧瀑布者、有若峻坂峭壁者、有若岩壑磴道者……

司狱 为中国明、清两朝提拿控管狱囚的职官。在两朝期间，司狱官品迭有变更，在中央京城负责留守节镇的司狱，如刑部司狱、按察使司狱等为正八品职。而地方行政单位之知府司狱、同知司狱等则为正九品职。

黄蜡石原本产于真腊国，就是后来的柬埔寨，清代极其罕见。当梁九图确认了这12块色泽蜡黄、纹络嶙峋、晶莹剔透、润滑如脂的石头为纯黄蜡石后，他惊喜若狂，赶紧将石头转船运返佛山，并用七星岩石盘贮水盛之，将其罗列在紫藤馆前，而声名远扬。

其中，最大一块名叫"千多窿"，高1米多，最窄也有近1米宽，梁九图视若性命，他不仅因此将自己的书房命名为"十二石山斋"，自己也取名为"十二石山人"，而这12块黄蜡石，也成为梁园众多奇石中的珍品。

他自题七绝诗《自题十二石斋》一首以记其盛：

衡岳归来兴未阑，壶中蓄石当烟鬟。
登高腰脚输人健，不看真山看假山。

自此，人们就称他这个私家园林为"十二石斋"。后来，梁九图收藏的奇石越来越多，于是就专门建造了秋爽轩、皱云斋，以陈列从各地搜集而来的奇石，如黄蜡石、灵璧石、彩陶石、木化石和太湖石等。其中以"瘦、皱、漏、透"著称的太湖石最为出名。

佛山梁园的池塘

黄蜡石由于其质、色、形颇佳，为奇石收藏者所爱。梁九图与梁九华及梁九华之子梁思溥尤爱黄蜡石，相互唱酬，留下了"垂老兄弟同癖石，忘形叔侄互裁诗"的佳话。

此外，在道光年间，梁九图还在松桂里建有另一处私家园林"汾江草庐"，为词人雅集觞咏之地。骚人墨客一起"诗酒唱酬，提倡风雅"，称梁九图为"汾江先生"。

汾江草庐位于群星草堂旁，园林内的群体建筑有韵桥、个轩、畅意湖、湖心石、石舫、笠亭等，都绕湖池而建，布局分散。但其构思布局与群星草堂不同，气势恢宏，表现出另一种格调的造园手法。

在汾江草庐园林群体前，建有一座设计精巧的小石拱桥，是连接群星草堂和汾江草庐的一条通道。此桥集中了桥四周景物的韵味：远处的书韵，堂中的琴韵，鼎中的茶韵，檐下的铎韵和流水的泉韵等，因此称"韵桥"。

相传，在韵桥不远处曾经建有一个私塾，上课的时候远远传来孩子们的读书声，在桥上弹琴有绕梁三日的琴音，琴旁放着正在沸腾的茶水，茶韵萦绕，下雨天有雨打屋檐的点点雨声，桥下流水潺潺。种种韵

■ 佛山梁园一角

味集中在此桥上。

个轩就是竹轩，是汾江草庐群体的入口。"个"字取"竹"之意，轩旁植竹丛，表现出主人追求清雅的意境。主人为啥起名为"个轩"，而不起名为"竹轩"呢？

据说，梁九图是受了清代著名诗人袁枚诗句"月映竹成千个字"的影响，袁枚说月光映照下竹子的影子很像一个个"个"字。

此外，他还受到江苏"扬州八怪"之一的清代著名画家郑板桥"宁可食无肉，不可居无竹。无肉使人瘦，无竹使人俗"的金句的感染。

由竹节、松木扎成的柴扉，两旁竹篱笆上生满爬山虎，显出一派乡土气息，体现主人追求远离尘嚣、贴近自然的心态。个轩翠竹成荫，环境静幽，让人心旷神怡。梁九图自己也因此颇为得意地赋诗一首：

缚柴作门，列柳成岸。
两溪夹路，一水画堤。

由此可见，在院内，行水松堤上，可以赏竹、观荷、看柳，体现了主人刻意营造的水乡田园风韵。以竹为架的松竹寮，松皮覆顶，极有自然之趣。

汾江草庐园内的水石运用可谓

袁枚（1716—1797），清代著名诗人、散文家，乾隆年间的进士，历任溧水、江宁等县知县，政绩突出。他在40岁时辞官还乡，便在江宁小仓山下构筑了随园，广收弟子。袁枚是乾、嘉时期代表诗人之一，他与当时的诗人赵翼、蒋士铨合称"乾隆三大家"。

417

梁氏宅园
佛山梁园

■ 佛山梁园的池塘

■ 佛山梁园湖心石

别出心裁：既有一般的叠石置景，又有独石成景；既有潺潺流水，又有一泓湖水，碧水中，成群的金鱼、锦鲤时浮时沉，湖面涟漪连绵，这静中有动的景观，令人赞叹。

在畅意湖上，一块形态奇特，高约近7米，重逾14吨的石块屹立于湖中，此石名叫"湖心石"，又名"湖心英石"。湖心石周围，白鹅、鸳鸯戏水其中，"白毛浮绿水，红掌拨清波"之意境毕现。

湖心石极具山峰之势，石质清秀，褶皱相连，循岸而望，则每个角度所视都会有所变化，每面皆似一幅立体的画，如衡山九面，面面不同，人们形容其"形同云立，纹比波摇"，因而有"春峰"之称。

传说，这块湖心石是梁九图当年游历到江西九江扶庐峰时发现的。当时，这块石头没在土中数尺，梁九图雇了30多人，凿了6天，巨石才露出全貌。后来，他募集50人才抬到山下，最后用船运到佛山。

衡山 又名"南岳"，是中国五岳之一，位于湖南衡阳。由于气候条件较其他四岳为好，处处是茂林修竹，终年翠绿，奇花异草，四时飘香，自然景色十分秀丽，又有"南岳独秀"的美称。

在畅意湖的岸边，距离石旁不远处，建有一座造型优美的小轩，称之为"石舫"，长七八米，为观赏湖心石而设。船前龟蛇两石，合称"玄武"，寓意长寿吉祥。

石舫有如紫洞艇，浪接花津，路逼蓊坞。亭西有韵桥，若彩虹高悬明镜之上。桥北有芭蕉数丛，设有石几案，若在芭蕉下谈诗论画，怡情养性，犹如进入世外桃源，宠辱皆忘。

在清代道光、咸丰年间，梁九图是社会名士、慈善家和诗人。梁九图的诗作瑰丽中别见清奇之气，很能体现个性。他的作品《十二石斋诗集》《岭表诗作》《紫藤馆文存》《汾江随笔》《佛山志馀》《岭南琐记》等刊刻传世。

除了诗文，梁九图擅丹青和书法，是画兰花的高手。他画的《墨兰》两幅和《墨兰立轴》及其他书画作品均被后来各大博物馆珍藏。

他的作品在民间一直深受欢迎，当时人们哪怕只

几案　长桌子，也泛指桌子。人们常把几和案并称，是因为二者在形式和用途上难以分出截然不同的界限，"几"是古代人们坐时依凭的家具，"案"是人们进食、读书、写字时使用的家具，其形式早已具备，而几案的名称则是后来才有的。

■ 佛山梁园的院落

得到他一小幅字画，都视作璧玉珍藏起来。

梁九图一人独创梁氏两组名园，被誉为"石痴"。也因他是位创作颇丰的文苑才子，而且建有大型园林"汾江草庐"，人们都尊他为"汾江先生"。

自1796年始建，至1850年前后，佛山梁园通过梁蔼如、梁九章、梁九华和梁九图叔侄两代人，历时50余年的屡次建造而臻于完善。

建成后的佛山梁园，由十二石斋、汾江草庐、群星草堂和寒香馆等不同地点的多个群体组成。其主体位于佛山松风路先锋古道，其他的则位于松风路西贤里及升平路松桂里，人们总称其为"佛山梁园"。

在清代，佛山梁园与顺德的清晖园、东莞的可园和番禺的余荫山房合称"广东四大名园"，为岭南园林的代表作，其名气远播北京和江南。在岭南四大名园中，梁园的石景因千姿百态、独树一帜而最为人称道。

梁园的造园特色以水、石、庭、花木与各色建筑巧妙组合而成，追求淡雅自然的诗画意境，在岭南园林中独树一帜。

梁园的石文化，一石成景，是其他园林没有的。梁九图因"登山输人健"，故购得12块黄蜡石，"壶中蓄石当烟鬟，不看真山看假山"。十二书斋、群星草堂和寒香馆的主人，尤爱以天然的奇峰异石用于庭园造景。利用不同的组合，在岭南特有的各种庭园，如平庭、山庭、石庭和水石庭中不断加以变化，体现出主人高超的造园艺术。

广东气候多雨潮湿，为了达到经久耐用的目的，住宅建筑的前厅、梁、柱、门楣以及窗框上都会使用石材，它既可以在雨季起到防水的作用，也可以防火。特别是可以防止白蚁的蛀蚀。大量石材被使用到建筑上，甚至园林中的铺地材料，构成了岭南园林的特色。

中国古人对奇石的喜爱体现了崇尚自然的审美观念。古人认为，奇石是天人合一的产物，它千姿百态、栩栩如生，妙在自然天成。奇石如同无言的诗

门楣 指古代社会正门上方门框上部的横梁、一般都是粗重实木制就。中国古代按照建制，只有朝廷官吏所居府邸才能在正门之上标示门楣，一般平民百姓是不准有门楣的，哪怕你是大户人家，富甲一方，没有官面上的身份，也一样不能在宅门上标示门楣，所以门楣是身份地位的象征。

■佛山梁园观音堂

词、立体的图画、无声的乐曲。

相传，古人很早以前就开始将石头应用于园林的装饰艺术之中，以石来点缀环境，并且根据产地把奇石分成了不同种类，如江苏太湖石、安徽灵璧石、广东英德石等，都是叠石造景的上等材料。

梁园奇石达400多块，有"积石比书多"的美誉。其中，群星草堂中最吸引人的莫过于"石庭"。它讲究一石成形、独石成景，在岭南私园中独树一帜。梁园的主人通过对独石、孤石的整理，凸显个体特性，在壶中天地中表达了对人的个性和自由人格的追求。

梁园比较注重意境，在布局方面，整个梁园是三位一体的。梁园多个群体均由住宅、祠堂、园林有机结合，形成不同时空的多个园林、住宅、祠堂组合体，如松桂里的十二石斋、寒香馆、群星草堂。

梁园的园林建筑品种齐全，富于地方特色，亭、台、轩、阁、庐、堂、馆等在梁园样样具备。各色建筑博采众长，注重表现岭南水乡民间工艺的特点，灰塑、砖雕、木雕、石雕一应俱全。

此外，梁园还珍藏了许多历代书家法名帖，秀水、奇石、名帖堪称梁园"三宝"。

阅读链接

据史料记载，佛山十二石斋仿《西厢记》的园林风格，集宅第、祠堂、园林于一体，以秀水、奇石、名帖为梁园"三宝"，文化底蕴深厚。其中，有副名联说："豪兴当年，梁园不见前朝客；风骚此日，书屋犹存盛世诗。"

相传清代岭南著名画家苏六朋、苏云山和清代著名小说家吴趼人等均是梁园常客。民族英雄林则徐在虎门抗英期间，曾委托梁园主人在佛山铸大炮抗英，梁园更是名噪一时，使该园也更具深厚的地方历史文化积淀。

东莞可园位于广东东莞西博厦村，为莞城人张敬修所建，始建于1850年，至1864年才基本建成。

东莞可园是岭南园林的代表作之一，它与顺德清晖园、佛山梁园和番禺余荫山房合称清代"广东四大名园"。

东莞可园面积2 204平方米，外缘呈三角形，绕以青砖围墙。园内有一楼、六阁、五亭、六台、五池、十九厅、十五间房，其名多以"可"字命名，建筑主要是水磨青砖结构。园内最高建筑为可楼，高17.5米，在其顶楼邀山阁上，凭窗可眺莞城景色。

东莞可园

张敬修隐退期间陆续建园

  1824年，张敬修出生于广东东莞博厦。在清道光时期，他按清朝惯例，用钱捐了个同知，后因在东莞修炮台有功，被派往广西做官。1847年，他因弟弟病逝、母亲需要奉养而辞官退隐。

  1850年，张敬修从冒氏家族购得冒氏宅院，始建园林。据说，为

树木繁茂的可园

■ 东莞可园的庭院

了修建园林，张敬修不惜四处借贷。关于张敬修初建园林时的情形，他的朋友、岭南画派的祖师居巢曾写有小诗一首：

水流云自还，适意偶成筑。
拼偿百万钱，买邻依水竹。

1856年，张敬修进军浔江，在船上督战时右腿被炮弹击中，败退至平南，因而以伤病为由，再度辞职回乡，对园林进行了扩建。

随着张敬修1847年、1856年的两次返乡，园林终在1858年全部建成。1856年的这次扩建，大约花了三年时间。就在当年，张敬修再次官复原职，不久就署理江西按察使。

1861年，张敬修兼署江西布政使司，后因病回到东莞。此后，他便苦心经营这座园林，取名"可园"，他亲自参与可园的筹划，聘请当地名师巧匠，

布政使司 为明、清两朝的地方行政机关。明朝时为国家一级行政区，简称布政使司、布政司、藩司，俗称"省"，负责一级行政区的民事事务。清朝沿袭明制，保留各承宣布政使司，但布政使司辖区直接通称为"行省"，并在各省布政使之上设置固定制的总督、巡抚，掌管全省军民事务。

人间福地
东莞可园

模仿各地名园，形成独具一格的岭南园林。1864年他病逝于可园。

虽然可园占地面积不大，但是园中建筑、山池、花木等景物十分丰富。可园外缘呈三角形，虽是木石、青砖结构，但建筑十分讲究，窗雕、栏杆、美人靠甚至地板亦各具风格。楼宇之间高低错落、起伏有致。

庭园空间处处相通，曲折回环，扑朔迷离。空处有景，疏处不虚，小中见大，密而不逼，静中有趣，幽而有芳，鸟语花香。加上摆设清新文雅，占水栽花，极富南方特色，是广东园林的珍品。

可园设计精巧，把住宅、客厅、别墅、庭院、花圃和书斋等，艺术地糅合在一起。造园时，运用了"咫尺山林"的手法，故能在有限的空间里再现大自然的景色。在2 200平方米，就是人们通常所说的"三亩三分"土地上，可园建筑面积1 234平方米，亭台楼阁，山水桥榭，厅堂轩院，一应俱全。

可园占地虽小，但整体空间布局合理，小巧玲珑，园中建筑、水池、登台、假山比比皆是。考虑到岭南特有的气候，其中绿化、蔓藤十分丰富繁盛，相得益彰，既美化建筑环境，也使得在闷热的夏季能享得幽幽凉意。

可园的造园意旨在于"幽"和"览"。建筑空间曲折丰富，游览起来颇有趣味。

可园的第一大特点是四通八达。把《孙子兵法》融汇在可园建筑之中，成为整座园林的一大特色。

全园亭台楼阁，堂馆轩榭，桥廊堤栏，共有130多处门口，108条柱栋，整个布局有如三国孔明的八阵图，人在园中，稍不留神，就像进入八卦阵一般，极可能会迷失路径。

可园的第二大特点是雅意文风。张敬修虽然身任武职，但对琴棋书画造诣颇深，所以整个庭园虽偏于武略，但局部都显得文风雅意极浓。

427

■ 东莞可园的亭阁

■ 东莞可园的析楼阁

空门　佛教以观察诸法"空性"为入道的法门，故称"空门"。一切事物从因缘相待而产生，没有固定不变的自性，虚幻不实，谓之"空"。佛经说，进入"涅槃城"，内有空门、无相门和无作门三个门。"空门"的内容很多，有我空、法空、有为空和无为空等。

全园共有一楼、六阁、五亭、六台、五池、三桥、十九厅、十五房，其名多以"可"字命名，如可楼、可轩、可堂、可洲等。

所有建筑均沿外围边线成群成组布置，"连房广厦"围成一个外封闭内开放的大庭园空间，集居住、休闲于一体，住宅与园林有机结合。

根据功能和景观需要，建筑大致分三个组群：东南门厅建筑组群，为入口所在，是接待客人和人流出入的枢纽。以门厅为中心还建有草草草堂、擘红小榭、葡萄林堂、听秋居等建筑。

西部楼阁组群，为款宴、眺望和消暑的场所，有桂花厅，又称"可轩"，还有双清室、厨房和侍人室。

北部厅堂组群，是游览、居住、读书、琴乐、绘画、吟诗的地方。临湖设游廊，题为博溪渔隐，另有可堂、问花小院、雏月池馆、绿绮楼、息窠、诗窝、钓鱼台、可亭等建筑。

由四周建筑所围成的中心大院被划分为西南、东北两个园区。西南园区主要景物有岭南果木、曲池、湛明桥；东北园区平面较方整，有假山涵月、兰花台、滋树台、花之径等景点。环绕庭院布置有半边廊与环碧廊，将三大建筑组群紧密地连接在一起。

园门前有一片莲塘，塘边有侍人石和当年系马停轿的处所。在可园的正门口，门额上有张敬修的亲笔书法"可园"两个大字，每字都是一笔写成，写得苍劲有力，足见他的艺术功底之深厚。在正门两旁，原来镌刻着一副对联：

未荒黄菊径

权作赤松乡

上联用东晋文学家陶潜"采菊东篱下，悠然见南山"的典故；下联用汉高祖刘邦的重要谋臣张良帮助刘邦建立汉朝后急流勇退，遁入空门，自称"赤松子"的故事，表达了张敬修这位可园主人名为隐退，实欲复出的心思。

入正门穿客厅向右，就是著名的草草草堂，是张敬修为纪念自己的戎马生涯所建。他回忆自己领兵打仗时，吃、住、睡、行等都草草了事，所以建了这间草草草堂。

当然，张敬修用"草草草堂"之名，也是想作为他的做人格言，时时提醒自己：衣食住并不一定要讲究，但做人的品行和办事，决不能草草。

草草草堂的建造相当精细，由此可见草草草堂并非草

东莞可园的古楼

东莞可园古建筑

草所建。在草草草堂的一面墙上，有用阶板砌成的壁橱，墙根上还有岭南画派祖师张居巢、张居廉客居于此作画留下的痕迹。

据史料记载，后来，可园声誉远扬，其中就与客居草草草堂的张居巢和张居廉两位先生有很大的关系。张居巢和张居廉俗称"二居"，他们当年都是张敬修为官时的幕僚。

晚清岭南画家张居巢跟随张敬修17年之久，如影随形，晚年客居可园，对景写生，创造了"撞水撞粉法"，以"撞水法"写枝叶，表现出叶子和枝干的阴阳凹凸的变化；以"撞粉法"画花朵，使得花朵枝叶潮湿润泽，表现出花卉的轻盈滋润、鲜活欲滴，形成了"居派"的典型风格。

自小师从堂兄张居巢习画的岭南画家张居廉，应张敬修、张嘉谟叔侄之邀，客居东莞多年，在可园对花写生，画艺大进，创作了许多精品，奠定了他在画坛的地位。

后张居廉回乡筑十香园，养花蓄石，专心作画，并设馆授徒，声名彰显，桃李众多，为岭南画派开创先河，使可园成为岭南画派的策源地之一。后来的岭南画派宗师均出自他的门下。

在清代，佛山梁园、顺德清晖园、番禺余荫山房和东莞可园合称"广东四大名园"。其中，只有可园是张敬修独自所创，其余几园则是一个当官的家族累代所建成的私家园林，而可园的意义又远远不只是私家园林那么简单，因为它孕育了著名的岭南画派，是岭南文化的策源地。

擘红小榭，是一座依屋而设的六角形半月亭，在可园正门门厅之后，与门厅呈一中轴线。

从擘红小榭左行，便是一长廊，名叫"环碧廊"。环碧廊的开端就设在擘红小榭之中，这是一条环贯全园的走廊。

环碧廊虽然不起眼儿，但是将园内建筑组群有机地连通在一起，成为全园的纽带。沿着环碧廊，无论何时都可以畅游全园。循环碧廊徐徐观赏，可看到拜月亭、瑶仙洞、兰亭、拱桥以及藏书阁、钓鱼台、曲桥、小榭等，可说是处处有景、景景不同。

阅读链接

传说，张敬修建可园之前，本想取园名为"意园"，即"满意，合心意"的意思。

可园竣工后，张敬修邀请文人雅士前去聚会、庆贺。在引领众人游览全园后，张敬修便在筵席上征集客人们的意见。或许可园建得太美了，客人们竟一时找不到合适的词语来赞美，又不好先表态，于是都答道："可以！可以！"

言者无意，听者有心。张敬修见大家一致认为"可以"，而且"以"与"意"近音，"可"在"意"前，比"意"的意义更胜一筹，于是他就把"意园"改成"可园"，寓意可园是"可以的园子"，以表自谦。

独具匠心风格独特的园林

在可园内，经碧环廊前行，可达双清室，其名取"入镜双清"之意，说是人和环境之间的和谐。双清室四周的彩色玻璃，有四种颜色，分别代表着春、夏、秋、冬四季。

当阳光照射在彩色玻璃上，是非常漂亮的，也降低了阳光的强

■ 东莞可园建筑

■ 东莞可园

度。在清代，玻璃还是比较昂贵的物品，而这些彩色玻璃是张敬修当时从西欧、法国和意大利进口而来。

双清室进深6.4米，面阔6.15米，为歇山顶式建筑，结构精巧，四角设门，便于设宴活动。整个双清室的平面布局、地面砖、窗户的结构，皆用一个繁体的"亞"字，呈"亞"字图形，相传"亞"字是吉祥之字，所以双清室又叫"亚字厅"。

双清室是可园的一大胜景，是园主用来吟风弄月的地方。据说，其名来源也是园主人根据堂前湛明桥翠、曲池映月之景而命名"双清室"。双清室有联：

竹荷并茂

入境双清

双清室之后，是问花小院，是主人的后花园，为主人的赏花之处。问花小院内有两副对联，其中一副对联为：

■ 东莞可园的双清室

击筑为声，应教才调成高调；

问花不语，似是无情却有情。

另一副对联为：

可赏柳塘一碧

园藏入境双清

顺环碧廊步出问花小院，来到一处广阔空间，园中花丛果坛，满目青翠，被称为"壶中天"。壶中天无任何建筑，它是依着四面的楼房而形成的一方独立的空间，是园主下棋喝茶的小天地。

从壶中天出后庭，是曲尺形状的广阔可湖，临湖设有游廊，题"博溪渔隐"。沿游廊可至雏月池馆船厅、湖心可亭等处，饱览可湖的湖光秀色，让人身心

游廊 指连接两个或几个独立建筑物的走廊。游廊在北京四合院中分为四种：中门东西两侧转弯通向东西厢房的是抄手游廊；东西厢房向北拐弯通向正房的是窝角廊；东西厢房和正房前有檐廊，与抄手游廊和窝角廊相连而形成一个"合"字；还有一种走廊是纵深或横向的，用来连接两个以上的院落。

大畅。岭南派画家张居巢对此处的意境咏为：

沙堤花砖路，高柳一行疏。

红窗钩车响，真似钓人居。

可堂是可园的主体建筑，也是可园最庄严的建筑，为园主起居之处。可堂紧邻可湖，楼高15米多，面宽9.9米，进深9.1米，歇山顶，三开间，六角形支摘窗，梅花纹落地罩，横披、裙板浅刻花卉寿石纹、通雕莲蓬鸳鸯纹图。四条红石柱并列堂前，显得气派不凡。

可堂的底层大厅名为"可轩"，是张敬修当年款待宾客的高级厅堂，轩内设有餐厅。此房全以木雕为饰，不仅门罩透雕成桂花形，地面地板与落地罩装饰也是桂花图案，因此，可轩又称"桂花厅"。

可轩的地板用板砖与青砖加工，打磨光滑，拼凑针插不入。据说，在兴建可轩地板时，张敬修要求每个工匠每天加工不得超过两块，多了不但不赏，反而要罚，因此保证了地板做工的质量，所以后

东莞可园的可堂

■ 东莞可园的可轩

来一直完整无缺。

在可轩的地板中间，曾留有一个小孔，是主人为客人送风送香的通道。小孔下面装着一根钢管，连通着隔壁小房。

当年，主人在隔壁小房放一个鼓风机，有仆人在隔壁的小房里用鼓风机鼓风，鼓风的时候再加上些桂花的香料，风由地下的铜管慢慢冒出，凉风阵阵，香气四溢。

在可堂外，左、右两廊设长花基，秀丽中蕴藏着庄严肃穆。可堂右前方设一小台，名为"滋树台"，为专门摆设盆景之用。

可堂外正中筑一大石山，状似狮子，威武雄壮，其间建一楼台，人称"狮子上楼台"。每逢中秋佳节，月圆之夜，人们登台赏月，可尽览秋色。再往前行，环碧廊便到尽头。

可堂与可轩相依为邻，其中设有一口小金鱼池。可轩的侧旁还设有石梯级，盘曲可上绿绮楼，还能通达可楼。

绿绮楼位于可楼下面，是主人弹琴之所，也是女眷居住之地，人称"小姐楼"。

相传清咸丰年间，园主得了一台出自唐代的绿绮琴，名为"绿绮台琴"，此琴在明代曾是明武宗朱厚照的御琴。为了收藏此琴，张敬修专门建修了此楼，命名为"绿绮楼"。

可楼是可园的最高建筑，也是清代时东莞县城及广东四大名园中最高的建筑，木质结构，四层，高17.5米，是可园的标志。

整个可园无论在建筑还是意境上，都包含了可以、可人、无可无不可这三层意思，因为园主张敬修在仕途上三起三落，所以他教育子孙在仕途上可行则行、应止则止。整个园区除了可轩，还有可亭、可舟、可堂等一系列以"可"字命名的建筑。

可楼的两侧，设有石级可上下通达。沿楼侧石阶可登临顶楼第四层的邀山阁，此处是主人观览远近景物的最佳处，其名取"邀山入阁"的意思。

邀山阁为碉楼式，雕梁画栋，造型秀丽。楼阁为

木雕　雕塑的一种，是用木头雕刻而成的人或物，在中国常常被称为"民间工艺"。木雕可以分为立体圆雕、根雕、浮雕三大类。有圆雕、浮雕、镂雕或几种技法并用。一般选用质地细密坚韧、不易变形的树种，如楠木、紫檀、樟木、柏木、沉香、红木、龙眼等。

■ 东莞可园的可湖

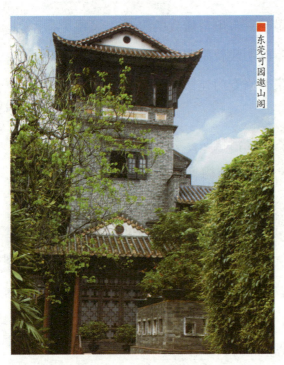
东莞可园邀山阁

水磨青砖结构，地铺褐红砖阶，缀以花台、假山，由环碧廊贯穿起来，构成整体。

邀山阁，又被当地百姓称为"定风楼"，因为它四面通窗，仅以10根木柱放在10个石墩上，虽无一钉一铁，但经历百年安然无恙。

在可楼登楼眺望，俯瞰全园，园中胜景均历历在目，犹如一幅连续的画卷：楼前长河尽收眼底。园后可湖，绿波荡漾。纵目远眺，博厦一带山川秀色尽入眼底，是吟诗作画的好地方，深得借景之妙。

相传，张敬修特别酷爱可楼，临终前还吩咐家人将他抬到可楼的顶层邀山阁，环看四周后方合眼离世。

阅读链接

有关"可园"之名，相传有三解。除园主表示自谦，而赞同友人们含糊其词的"可以"之说外，还流传着两种说法。

一是"可人"之说："可"字原本就有可人心意、合人心意之解，"花能解语还多事，石不能言最可人"，而岭南园林讲究的正是那种清静幽雅、可人适意的境界。

二是"无可无不可，模棱两可"之说：它出自园主官场宦海三起三落的经历，"再仕再已，坎止流行，纯任自然，无所濡滞"，取名"可园"，以图寓意后人在仕途上可行则行、应止则止、乐天安命。

桂林雁山园

　　雁山园始建于1869年，是清代广西桂林士绅唐岳的私人园林，名为"雁山园别墅"。1911年两广总督岑春煊买下此园，经修缮扩建，改名"雁山公园"。

　　"桂林佳境，一园看尽。"在雁山园这个约20万平方米的大园子里，桂林山之秀、水之丽、洞之奇、树之异全部可以看到，所以称之为桂林的缩影。相传雁山园刚建成，就被誉称为"岭南第一园"。

唐氏与岑春煊建雁山园

1865年，临桂县大冈埠村的士绅唐岳，以40万两白银购下"岭南之西，苍梧之野，秘桂之林"的漓江秘境这块宝地后，于1869年开始建造私家园林，直到1872年方告竣工，园名为"雁山别墅"。

桂林雁山园

1900年，广西西林县壮族人岑春煊，因日夜兼程赶到西直门勤王，一路护送慈禧太后和光绪皇帝平安到达山西、西安等地有功，先后被封为陕西巡抚、山西巡抚。岑春煊的官位一下子从四品跳到二品，最后到一品，成为清朝著名的封疆大吏——两广总督。

在这期间，52岁的雁山别墅之主唐岳被清廷征调，带兵打仗，最后客死他乡，再也没有回到雁山别

墅。后来，雁山别墅在他的儿子唐子实主持下，因其西面为秋，寓意为"种子和果实"，便把雁山别墅定位于"子实园"，但此后仍然一直没有大的起色。

1907年，唐子实以4万两白银卖给了当时的两广总督岑春煊。购得雁山别墅的当年，岑春煊延续了唐子实之前的"子实园"之说，希望自己的后人也像种子和果实一样散布开来，成为国家的栋梁。

此后，岑春煊对园林进行了大规模的修缮与扩建，把它打造成一座"五园之园"，共分为东、南、西、北、中5个园子。

岑春煊别号西林，于是他将雁山别墅先改名为"西林花园"，后又更名为"雁山园"。

在改造园林的过程中，他采取了很多阴阳平衡的策略，如采用《周易》方向定位的布局，遍布园中。其中，最重要的就是采用了"龙道"平衡之法。

重建后的雁山园占地南北长500多米，东西宽330多米，面积达15公顷。其园地结构是真山真

两广总督 清朝官职名称。正式官衔为总督两广等处地方提督军务、粮饷兼巡抚事，是清朝最高级的封疆大吏之一，总管广东和广西两省的军民政务。其辖区范围、官品秩位以及归属地方编制都十分明确，在整个国家的政治生活中发挥着重要的作用。

桂林雁山园

水型。

桂林一带地质属喀斯特熔岩，石山平地兀起，屹立奇秀，园中山形似鸿雁蹲伏，有头有尾，似假山而为真山者，墟因以为名，而园亦是称。相思江从园里流过，为溪为湖，两岸桂丛柏木荫盖，池荷香馆，山清水碧，景致天然。岩石余脉随地裸露，暗泉涌出。

雁山园突出地表现出桂林山水之山奇、洞奇和水奇的特征，规划设计结合田野山舍，融山林郊野和村庄园亭于一体。建筑物大都依山临湖，原布局除厅堂轩馆亭阁楼台外，遍设山廊、水廊、复廊等。

雁山园选址在后来市区20千米外的城郊，当时有驿道可通，紧靠集镇，生活交通都很方便。园内有方竹山、乳钟山、桃源洞、碧云湖、清罗溪等自然景观，建有涵通楼、澄砚阁、碧云湖舫等亭台楼阁，理水掇石，人工和自然浑然一体。

雁山园内地形起伏变化，湖塘星罗棋布，有利于创造丰富的园林景观，在造园上首先得了地利之宜；园内山石嶙峋，奇岩幽洞，甘泉清冽，湖溪兼备，得真山真水之妙。

"巧于因借"是该园的特点之一：一借"雁山春红"的植物景观，二借"雁落坪沙"的奇特山水。水源岭及周围石山上的各种野生杜鹃在三四月间盛开时，满山遍野万紫千红，蝶舞蜂鸣，进入园内，观之春意盎然，令人心旷神怡，这就是"雁山春红"借景之妙。

利用雁山村水源岭一带之土岭石山的外形轮廓线，南北叠位，高低错落，精选在园内游览线的交叉点玄珠桥上可观山形的最佳综合轮廓线，形似大雁展翅东飞，形象生动。加上园内稻香村的田野菜的烘托，遂成"雁落坪沙"之绝色景观，形成无限风光在雁园之势。

利用借景入园的手法，极大地丰富了园内景色层次和景观视域，使园内外景色互相渗透，他为我用，融为一体。但凡私家园林，均在满足园主"可望、可行、可游、可居"的功能前提下来进行布局。

"画者当以此意造，而鉴者又当以此意穷之""一花一石位置得宜，主人精神已见""园以景胜，景因园异""三分匠意，七分主人"，这都是园林中的布局、构图、组景与园主的关系问题。

雁山园是按照中国古代传统的造园理论和美学观，结合利用自然的山、水、岩洞、石、花草、树木创造出了高于自然的园林境界。雁

桂林雁山园内雕像

岭南园林的石桥

山别墅书大门楹联：

春秋多佳日

林园无俗情

雁山园利用天然的山水和植物景观写出了这副楹联的意境。

全园布局自由活泼，各景区各建筑之间以园路或桥廊贯通，形成了层次丰富的环形游览路线。园路多用青料石和天然卵石铺砌，随地形起伏变化，图案有异，曲径通幽。

因地制宜，天然成趣。全园为自然山水，地形起伏变化。根据布局和构图的需要，利用乳钟山作为屏障，其造型宏伟瑰丽，又省人力，还利用低湿洼地和小水塘，疏浚整理成湖成溪或稻田，地尽其利。

湖塘池岸或利用天然山石为岸，或保留自然土岸，在流水冲刷之处，巧妙地利用天然块石干垒成景。

溪南端是自然山石岸，北端以自然土岸为主，间夹天然生根石，曲折开合有变，效果极佳。唯中段稍平直，欠变化，多用粗料石干垒，偶夹自然山石，尚留人工斧凿痕迹，但尚呈弧线变化，并以树木藤蔓覆盖，半掩半露，得以补拙。

廊榭桥柱，因地制宜，多用粗料石干垒，粗犷自然，与环境和谐统一。横跨清罗溪复廊下的桥墩，碧云湖中的曲廊、湖舫、水榭及绣花楼旁的水榭，其水中柱墩均系粗毛料石干砌而成，既美观粗犷，又经久实用。

雁山园的园林建筑既具江南园林建筑的典雅，更以岭南园林建筑的敞朗见长。根据清代农代缙所绘制的雁山园图可以看到，全园建筑是根据功能、地形及景观的需要布置，与环境结合紧密，既无庭院感，又无中轴线，园林建筑占全园总面积比重较轻。园内楼阁厅榭多为歇山大屋顶，也有少量硬山、卷棚和重檐的。

全园的绿化配置，除保留石山上的天然植被和名木古树外，主要结合功能分区和造景组景需要，采用本地树种，有成片种植的，也有重点点缀的。

在方竹山上种方竹，桃源洞前植桃花，丹桂亭旁栽丹桂，桂花厅

岭南园林的植物

俊秀雄丽的南北园林

桂林雁山园

旁种桂花，红豆院内种红豆等。这里有的是以景点或建筑名称命名，加以重点渲染，使之名副其实而有意加强突出而配置的，有的则是以植物配置的实际艺术效果而命名的。

雁山园有各种奇花异卉和天然植被，种类丰富，林茂花繁，鸟语花香，把园内装点得分外妖娆。它不仅拥有石灰岩石山特有的植物群落，还有大量人工栽培的名贵花木品种。

尤其以方竹、红豆树、丹桂、绿萼梅最为珍贵，人们赞誉为"雁山四宝"，它与李林、竹林、梅林、桂花林、桃林合称的"五林"，是整个雁山园林植物配置艺术的重要特点和标志。

阅读链接

传说，1865年唐岳在建园之前，曾专门请了岭南最著名的风水师不过五为他点拨地脉，据说该地的地脉属"凤脉"的一局，叫"平沙落雁"。

据不过五点脉看：该山中间的山头为雁头，两边的山脉则构成了大雁的翅膀。因此，整个山就像一只大雁，一对翅膀还没有完全收拢，正徐徐落在这个园子边上。

古时，雁为天鹅，在中国凤文化中有"五凤"之说。五凤为青鸾，是玉帝前面引路的一只凤，而五凤中最后的一只凤就是雁凤。所以该地名为"雁山"，而"雁山园"之名正是由"雁山"而来。

相得益彰的主要建筑

雁山园全园依据地形，按照功能分区需要来组织园林空间，布置楼堂馆榭、园墙洞门，点缀奇花异卉。

园林空间多为开敞的，兼有部分封闭和半封闭的，空间相互穿插，巧加安排，使自然景观和人造景观各得其所、相得益彰。

在雁山园正西方门前，有一座与众不同的照壁，上书"岭南第一

岭南园林小景

■ 中式园林建筑

名园"。一般来说,照壁都是直的,而它呈弧形,向大门外弯曲。

为何雁山园的照壁与众不同呢?据说,按照当地风水学玄关的设计而言,该地所处之地是雁山,雁山的主要龙脉在这个地方,这个弓称为"顺弓",就是围着自己的弓,在堪舆学上叫"有情"。

如果是反弓,则叫"无情"。这就像上古时代的后羿射日的弓箭一样,把箭射向明堂,反过来等于自己射自己,所以这个照壁如此构成。

所谓"前有照,后有靠",就是门前有水,门后为山,这就是风水学中向来认为的风水宝地。在照壁后的正门两旁,书有一副对联:

天行健,君子以自强不息;
地势坤,君子以厚德载物。

雁山园的风水佳境就从这个古大门开始,大门坐东朝西,是桂林典型的富贵人家的样式,三重马头

玄关 是中国道教修炼的特有名词,指道教内炼中的一个突破关口,道教内炼首先突破方能进入正式。后来用在室内建筑名称上,前身就是过去中式民宅推门而见的"影壁",现专指住宅室内与室外之间的一个过渡空间,也就是进入室内换鞋、更衣或从室内去室外的缓冲空间,也叫斗室、过厅、门厅。

墙，呈阶梯状对称立于墙顶两侧。近看一朵朵菊花镌刻在马头墙上，朴素中带贵气；远看白墙绿瓦，高耸在乌砖地面之上，气势恢宏。

正门内，园中小道被称为"龙道"。龙道仿龙身而造，喻主人平步青云，一块块天然形成的青石整齐地半镶嵌在地基内，露出半边，像龙鳞一样，透出青色的润泽。这样的路在岭南仅在此可见。

岑春煊设立的问津门是整个园子的第一道关卡。据说，岑春煊之所以设置这道门，是因为他是两广总督、一品大员，他不允许谁都能随便进入雁山园。

经问津门，入园内，有一座名为"玄珠桥"的单拱石桥，曾是南明王朝秘密行宫唯一通往外面的桥，也是雁山园内的金水桥。

在玄珠桥旁有一片重阳木林。每到冬天，叶子全落了，枝条扭扭曲曲盘旋着，构成"枯藤老树昏鸦，

箭 又名矢，一种借助于弓、弩，靠机械力发射的具有锋刃的远射兵器。因其弹射方法不同，分为弓箭、弩箭和掷箭。箭的历史伴随着弓的产生，远在石器时代就作为人们狩猎的工具。传说黄帝战蚩尤于涿鹿，纯用弓矢以制胜，这是有弓矢之最早者。

■古典园林

小桥流水人家，古道西风瘦马"的景观，叫"冬林观雁"，因桥正对雁头而得名。

玄珠桥又称观雁桥或虹桥，是观"雁落坪沙"妙景之处。此区设施虽简，但给游人的印象是非常活泼而深入的。用如此洗练之笔法，勾画出这般动听的美景，真是"不著一字，尽得风流"。

雁山园按方位布局分为园林入口区、稻香村、涵通楼碧云湖、方竹山和乳钟山五大景区。

园林入口区，包括大门外的宽阔水面，入口广场、大门到乳钟山西面直壁，南到清罗溪一带。大门设在全园北端西面，乳钟山正对大门，作为屏障。既自然舒展，又宏伟瑰丽，使整个雁山园隐而不露，欲扬先抑，起到了增加全园景色层次和深度的作用。

大门为一重阁门楼，背山面西北，外有一元宝形集散广场，寓意为聚宝福地。往西隔之以宽阔水面，置一拱桥引人渡入，步移景异。

至门前，透过园门可窥见重阁石壁，桂花树海，山石嶙峋，犹似一幅天然图画，引人入胜。门额上书"雁山别墅"四个大字，左、右书"春秋多佳日，林园无俗情"的楹联，诗情画意，使人浮想联翩。

入园之后，面向石壁花丛，在赏壁之余，沿路右转向南，突见一

古典园林景致

水面，有豁然开朗之感。彼岸的水榭、绣花楼和各种花木倒影水中，颇有"半亩方塘一鉴开，波光云影共徘徊"的诗意。

湖畔有一座别致的公子楼，是阳台式小楼，曾为园主儿子所居住，因而俗称"公子楼"。此区结合自然式布局设计为半封闭的园林空间。沿山路曲径可达乳钟山区，越过西南小桥，即为稻香村区。

稻香村区位于方竹山以北，清罗溪以西一带地区。此区有稻田菜地、荷花池和稻香村，建筑是茅房陋舍风格，加之田野菜地，花篱瓜棚，具有浓烈的村野生活气息。

涵通楼碧云湖区，是全园的主要景区和高潮区。范围是方竹山以北，西至清罗溪，东至碧云湖，南至梅林桂花林区。主要建筑有涵通楼、澄研阁、碧云湖舫、水榭、长廊和亭台等。

涵通楼是全园的主体建筑，在清代岭南园林建筑中负有盛名，是园主藏书、宴客、聚友玩乐之处，以两条二层长廊把碧云湖和澄研阁连接成为一组庞大的建筑群。

由于各个单位建筑位置得宜，高低错落，又以高大的方竹山作为背景加以衬托和对比，显得造型优美。

涵通楼为歇山二层楼阁，画栋雕梁，十分堂皇，可览全园之胜。人称之为"层楼巍峨，高甍华宇，气象具细"。

此楼是园主曾经的藏书楼，其内"藏书千卷"，是清末广西第一藏书楼。楼前设一戏台，据说四角还设有四个小亭，可以看戏。

涵通楼外有一墙院，有二门，可关闭，东临碧云湖畔有一廊榭，与碧云湖似隔非隔，使楼前成为一个小的独立空间，由院前往北有桂花林、绣花楼、莲塘、乳钟山，层次丰富，颇有高楼深院的感觉，也造成一种闹中有静的氛围。

涵通楼后有小湖和清罗溪，隔水与相思洞相望，山石林立，颇有石林气氛，可以攀登。小湖与溪之间为一大山石所分，但水流可以连通。湖中有一组散石，水潆其间，上置一八角亭，名为"钓鱼亭"，有"流水清音"之韵意，可戏水垂钓。

另有一石栏小曲平桥与岸连通，十分雅致。楼西南有依山面水的两层楼阁，名为"澄研阁"，是园主的卧室，其装饰"精工绮丽，特冠全园"，有二层长廊曲折有致地跨水与涵通楼连接，廊边有山道可登至山顶方亭，鸟瞰全园，并远眺园东奇峰。

澄研阁南山根石头上构一六角形的"棋亭"，内置石桌和石凳，用来赏景、对弈。涵通楼东设有长廊

俊秀雄丽的南北园林

雕梁 指刻绘文采和装饰华美，饰有浮雕、彩绘的屋梁。宋王安石《诉衷情·和俞秀老鹤》词："营巢燕子逞翔翔，微志在雕梁。"后来，"雕梁"也借指豪华的建筑物。

与碧云湖舫相连，使小湖与碧云湖舫一廊之隔，形成了大小水面，衬托出碧云湖深远的气象。

碧云湖中，设有一座高二层、局部三层的大水阁建筑，形若舟，谓之"碧云湖舫"，可登临凭栏眺望，观赏湖光山色和深林烟树，也可以读书、游乐、歌饮其间，为全园的重点建筑之一。

湖北岸有一重檐敞亭与之隔水相望，湖东北角设有一缀石种竹，竹影相衬、造型别致清雅的琳琅仙馆，湖西部水中有一孤石小岛，岛上植柳数棵，在湖舫内透过丝丝垂柳，隐约可见西岸水榭和涵通楼，显得层次深远。环湖建筑，亦互为因借，对景成趣。

碧云湖又名"鸳鸯湖"，为全园内最大的水面，山石为岸，湖畔植柳，湖内种有"并蒂莲"。芦蓼繁殖，红荷点点，画舟翩翩，翠峰倒影，微风夹歌，碧波涟漪，游鱼穿梭，景致如画。

其艺术布局体现了"山得水而活，水得山而媚""水无柳不韵，水无蓼不秋，水无鱼不欢，水无鸟不远，水无船不活，水无亭不凉，水无荷不雅，水无瀑不丽"的造园匠意。

桂林雁山园的碧云水榭

　　这里是全园之腹地，通过几道墙院、楼廊和方竹山，组成一个独立的园林空间，也为内园，加上水面的阻隔，显得十分幽静、安全。

　　方竹山区系一狭长地带，主要由方竹山南坡、花神祠、桃源洞、桃林李林组成。除祭祀活动外，是纳凉、散步和读书的好去处。

　　洞因桃林而名，亦有"世外桃源"之意，岩以幽为胜，洞户弯广，苍崖壁立，洞中有洞，洞下有洞。洞西山边坡脚，为花神祠，围以短垣，其外遍植桃李。这里桃李争春，古藤方竹，奇岩异洞，清旷静谧，林茂风生，可以避暑休闲，是全园后院之后院，为全园的安静休息区及读书消暑的好场所。

阅读链接

　　据说，龙道是当年岑春煊因在护送慈禧太后和光绪皇帝到西安时护驾有功，特许建造的。

　　此外，他建这条龙道，据说与园内377米长的飞来河有关。飞来河起源于园子南端的月山，最后消失在沉鱼潭，与龙道形成了阴阳平衡的和谐点。

　　因为飞来河只有阴仪，而没有阳仪，所以岑春煊在这条河畔建了这条龙道，象征着阴龙的另外一半阳龙。岑春煊在阴阳平衡论点上引用了孔子解说《周易》的其中一部分，即《象词》，解决了乾道、坤道，乾道和坤道分别代表阴、阳二龙。

番禺宝墨园

　　宝墨园位于广州番禺沙湾镇紫坭村，建于清末，占地约3 000多平方米，后扩建至86 000平方米，集清官文化、岭南古建筑、岭南园林艺术、珠三角水乡特色于一体。建筑、园林、山水、石桥等布局合理，和谐自然，构成一幅幅美丽壮观的景色。

　　宝墨园内的主要建筑有治本堂、宝墨堂、清心亭、仰廉桥、紫洞舫、龙图馆和千象回廊等。园内除种植罗汉老松、银杏树和紫薇树等树外，还栽植了大量的岭南盆景。园内周边建有龟池、放生池和莲池等，带给游人美的享受。

清末为纪念清官包拯而建

　　相传，在清嘉庆年间，有一年，西江发大水，有一段黑色木头漂流到村边，人们把它放回江里，谁知下游水大，木头又回流到村边来。这种情况再三出现，人们觉得十分奇怪，便把黑木头供奉起来。

　　后来，朝廷诛除贪官和珅，社会上掀起了反贪倡廉之风。其影响

广州宝墨园原始题字

■ 广州宝墨园

甚大，于是人们自然就特别希望得到像北宋名臣、龙图阁大学士包拯那样铁面无私的清官"包青天"去治理官吏。

包拯早年为开封知府，后官至枢密副使，死后追封"孝肃"。在民间，包拯因为官清廉，专替老百姓平反冤狱，整治贪官污吏铁面无私，被百姓誉为"包青天"。

包公在肇庆当了三年官，而肇庆在西江边上，加之民间流传说包拯面黑，人称"包黑子"。为了祭祀包青天，所以这块黑色木头便成为包公的化身，被沙湾百姓们雕刻成包公的头像，供奉于沙湾人专门为祭祀包拯而建的包相府中。

到了清末，沙湾出了个叫包墨宝的人。据沙湾百姓传言，他为官特别清廉，堪为北宋包拯转世，于是百姓们为了感谢北宋的包公，便纷纷自发筹资，又在原

龙图阁大学士

为一种特殊的阁学士职名，简称"阁职"，有学士、直学士、待制和直阁四级。在宋朝，每一位皇帝去世后，必敕建一阁，以奉藏先帝遗留的文物。其中，历史上的龙图阁学士只是个虚衔，从三品。

俊秀雄丽的南北园林

广州宝墨园牌坊

来的包相府旁重建了一个包相府，取名"宝墨堂"。

宝墨园位于番禺沙湾镇紫坭村包相府旁边，后来，由于前往宝墨堂祭祀包拯的人太多，清廷将其改建成了园林，占地3 000多平方米，易名"宝墨园"。作为开放给民众休憩的场所，它是古代番禺最早的公共园林。

宝墨园内的建筑主要有白石牌坊、九龙桥、治本堂、宝墨堂、龙图馆、清心亭、仰廉桥、紫洞舫和千象回廊等。此外，园内种植有千年罗汉老松、九里香、两面针树、银杏树、大叶榕树和紫薇树等树，还栽有大量的岭南盆景，建有龟池、放生池、锦鲤池和莲池，带给游人美的享受。

宝墨园正门的白石牌坊，高大耸立，气势恢宏，巧夺天工。高约14米，宽27米，三拱形，全部用白色、青色的花岗石砌成，重600多吨，其中横梁的石头重37吨，雕刻着狄青的故事以及吉祥兽等图案。

白石牌坊背后的横额为"宝墨生辉"，整座牌

牌坊 又名牌楼，为门洞式纪念性建筑物。是封建社会为表彰功勋、科第、德政以及忠孝节义所立的建筑物。也有一些宫观寺庙以牌坊作为山门的，有的是用来标明地名的。牌坊也是祠堂的附属建筑物，昭示家族先人的高尚美德和丰功伟绩，兼有祭祖的功能。

坊是一座大型的石雕艺术珍品。进入白石牌坊园门内，有座仿照北京金水桥而建的白石拱桥，俗称"九龙桥"，由一座主桥、两座副桥组成，全用白色花岗石砌成，横跨在宽6米的鲤鱼涌上。

相传，"九龙桥"三字是从宋徽宗赵佶的瘦金体字体中提取出来的。中间的桥有一块长7米、宽3米的大青石，雕有9条栩栩如生的龙，刀法流畅，力度坚硬，寓示着九龙腾飞，如意吉祥。

在九龙桥后面，建有一块名为"吐艳和鸣壁"的青砖悬山式一字影壁，是宝墨园门楼的附属建筑，实意是"隐蔽"，目的是不让园内的情况直接暴露在外，从而营造出庄重、肃穆的气氛。

吐艳和鸣壁宽22.38米，高5.83米，由30 000多块青砖雕砌而成，灵活运用了浅浮雕、高浮雕、圆雕、通雕、透雕等工艺，达到多层次、立体感强的效果。

正面是百花吐艳百鸟和鸣图案，精雕细刻了600多只形态、种类各异的鸟类，有凤凰、孔雀、山鸡、蚱蜢、蜻蜓等，还有苍松翠柏、竹子、柳树、牡丹等100多种花卉植物。全图以凤凰为中心，取"百鸟朝凤"的意思，充满勃勃生机，象征祖国繁荣富强、蒸蒸日上的景象。

■ 广州宝墨园九龙桥及吐艳和鸣壁

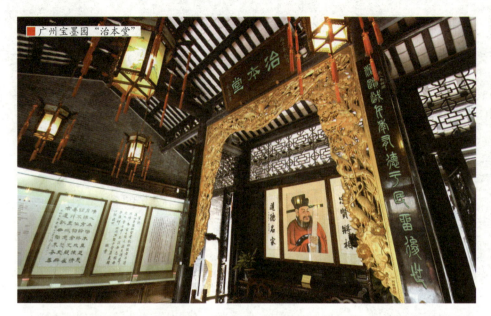

　　影壁背面是晋代书法家王羲之的书法雕刻，包括《兰亭序帖》《快雪时晴帖》《行穰帖》《瞻近帖》和元代书画家赵孟頫的题跋。雕刻的字体流畅自然，保持了古代书法家的精髓，笔法洒脱，如垂直悬挂的线条，所以广东砖雕有"挂线砖雕"的美誉。

　　治本堂位于影壁正后方向，原来是包公厅，就是包公办公的地方，为纪念包公而设。包公曾写过一首五言律诗《提训斋壁》。

　　治本堂以其命名，表示为官正直、清廉是治国的根本。在治本堂前的院子里，有一座紫檀木雕，正面雕有迎客松、仙鹤，表示人寿年丰，背面雕有中国著名教育家、儒教创始人孔子著名的《礼记》：

大道之行也，天下为公……

　　在治本堂厅内中央，悬挂着一幅《荷花图》，象征包拯清廉圣洁、出淤泥而不染的气节，也寓意着人们对包公清廉的敬仰。堂内左侧还有用西汉古墓出土的已有两千多年历史的木料制作而成的"宝墨园"木质名匾。木质纹理细密，书法圆润流畅。

在治本堂内右侧有收藏家捐赠的清代乾隆年间制作的紫檀木雕巨型画筒，造型精美，刻工精细，不愧为文房瑰宝。

在治本堂后的宝墨堂内，有一块写有"宝墨园"园名的花岗岩石匾，为宝墨园珍品。宝墨堂是为了纪念包公而建的悬山顶砖木结构建筑，是包公的书房兼卧室。三面环水，正对着鉴清桥，鉴清桥是砖木石结构，临宝墨湖而建，形状类似风雨桥。

宝墨堂的正中悬挂着包公的画像，他身穿大红官服，一身正气，大义凛然，脸色并不是传说中的黑色。传说中的黑脸包公形象，只是人们用黑色来表达他严肃、正直和铁面无私而已。

在宝墨堂内的正中，摆设着一只长2.36米，宽1.6米，重1吨多，刻有108只寿鹤，取名《百寿图》的巨型端砚。两侧陈列着已有300年历史的"如意古墨"以及紫檀木雕画筒，造诣工精，格调高雅。

透雕　是一种雕塑形式。它是在浮雕的基础上，镂空其背景部分。大体有两种：一是在浮雕的基础上，一般镂空其背景部分。有的为单面雕，有的为双面雕。一般有边框的称"镂空花板"。二是介于圆雕和浮雕之间的一种雕塑形式，也称凹雕、镂空雕或浮雕。

■ 广州宝墨园的仰廉桥

■ 广州宝墨园的紫带桥

在宝墨堂前的湖面上，有石雕龟蛇、仙鹤，湖上遍植荷花、睡莲等。堂前的水榭有两棵一百多年树龄的老榆树盆景，苍劲挺拔，就像两位替包公执法的大将军，俗称"树将军"，在捍卫着社稷的正义。

在树将军旁边，设有一对大金鱼缸，分别绘有百朵菊花和百朵牡丹，争相吐艳，雍容华贵，为宝墨堂增色添彩。此外，在宝墨堂屋脊上有8组精美的陶塑装饰，是陶瓷大师根据包公的故事创作的，人物形神兼备、栩栩如生，其中尤以"宝砚投江"一组故事最为著名。

阅读链接

传说清末时，沙湾出了个叫包墨宝的人，他在外地做官，官至巡抚，不仅清正廉洁，还特别体恤民生，深为百姓爱戴，被尊为"当代包公"。后来，包墨宝清廉的官声就渐渐传到了他的家乡，乡邻们奔走相告，都以他为自豪。

据说，包墨宝穿着特别朴素，他有一年回乡，居然被乡邻当作路过此地的外乡人，以为他是要讨杯水喝。这事很快在沙湾及周边传为美谈，人们争先恐后地赶来沙湾，想一睹"包青天"的真容。

后来，沙湾的百姓便趁势传言说"包墨堂是包拯转世"，众多乡邻也随即呼应。

为了感谢包拯，百姓们纷纷自发筹资，在原来的包相府旁重建了一个包相府，并取名"宝墨堂"。

弘扬正气的园内建筑布局

龙图馆是宣扬包公政绩的地方，因为包公曾任龙图阁大学士而得名，其建筑具有岭南古代建筑的风格，砖木结构，前后有回廊，中间有天井、风火山墙。

龙图馆内外，均有不少砖雕、木雕、泥塑、灰塑等，造工精巧，古朴典雅。大门外18棵罗汉松排列成行，象征包公出巡时的仪仗队。旁边是一排红花紫薇，开花时节，嫣红翠绿，相映成趣。

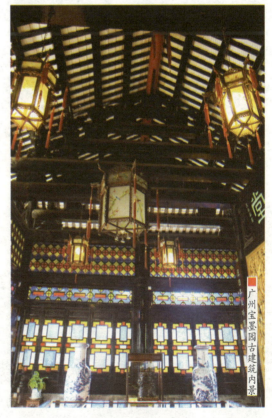

广州宝墨园古建筑内景

广州宝墨园的池塘

在龙图馆门口，建造有4幅包公故事的砖雕，分别为《争儿记》《黄菜叶》《审郭槐》《审乌盆》，反映了包公判案如神、为民请命、审理各种冤案的故事。在龙图馆门厅内外的横匾下，左右两旁各有一副对联，颂扬包公的辉煌政绩。

门口正面对联为：

木石有灵再现包公清正事
匠师无憾巧传百姓仰廉情

门口背面对联为：

投砚镇江流尚有遗待明古训
蜚声留宋典不曾枉法负平生

龙图馆内，正面是一座大型紫檀屏风，高3.5米，阔4.5米，由5扇组成。中间雕刻有包公像，一派刚正不阿之气，令人望而敬畏。

包公雕像两旁，是宋代民间故事"狄青平南平西""呼延家将大破五行阵"，背刻包公家训。传说包公不但为官清廉，对后代要求也很严格，如果不听家训，有贪赃者，死后不得葬于祖坟。

屏风顶部是云龙，屏边是瑞兽麒麟，通花锦地，极为精细，屏座为佛教的莲花须弥座，刻有精细的莲花瓣，底部是有西汉风格的草龙图案。整座屏风精巧绝伦。

龙图馆的铜像为"包公七子"之像，即包拯、公孙策、展昭、张龙、赵虎、王朝和马汉。台前铸有铜剑、虎头铡，形象逼真，造工精美。馆内两侧陈列着三组蜡像，是脍炙人口的包公故事《怒弹国丈》《打龙袍》《铡美案》。

在龙图馆后，有一紫竹园，园内种有20多种名贵竹，其中有紫竹、粉竹、佛肚竹、观音竹、金丝竹、

麒麟　也称"骐麟"，简称"麟"，它是古代传说中的仁兽、瑞兽，是中国古代传说中的一种动物，与凤、龟、龙共称为"四灵"。据说麒麟原型实际上是当年郑和下西洋从南非带回来的长颈鹿。后经历代民间艺人加工，加进了龙头、鱼鳞、牛蹄等深化形象，并与现实事物融合而成。

465

南粤明珠

番禺宝墨园

■宝墨园景观

宝墨园的紫气清晖牌坊

银丝竹、四方竹、大琴竹、小琴竹等。紫竹园里有一座流杯亭，仿古人曲水流觞景观而建。

在宝墨园内，回廊高约4.6米，宽2米至2.5米，以拱形青瓦为顶，呈斜网格状上横坡，把园内各亭、台、楼、阁、池、榭等连接起来，千丈回廊取其"千丈""气象万千"之意。

全长1 000多米的千象回廊，随地形高低曲折起伏，按建筑布局而建。不仅仅使游人免受日晒雨淋之苦，更是移步换景，变化万端，使游人沉浸于岭南建筑与园林景致美丽和谐的境界中。

紫气清晖牌坊位于宝墨园中部，与宝墨堂、紫带桥、《清明上河图》同处宝墨园的中轴线上，是为纪念包公而建的，颂扬人民心目中的廉洁奉公、不谋私利的以包公为代表的清官文化。

紫气清晖牌坊全由白色麻石构成，仿照古代礼制仪门，五叠四柱三拱门，即有五座檐楼，其中一座明楼、两座次楼、两座边楼，驼峰斗拱式结构，整座石牌坊规模宏大，象征着清官的高风亮节。

紫气清晖牌坊基座四周镶嵌青色花岗石十二生肖的图像及暗八仙，坊前有一对青石狮子，坊后有一对瑞兽麒麟。紫气清晖牌坊石匾正面书"紫气清晖"，背面书"鉴古通今"。

位于紫气清晖牌坊后的建筑是传统的九孔石拱桥紫带桥，横跨清平湖，如长虹卧波，造工精致，形态优美，全部由白石砌成，岸边杨柳依依，美不胜收。

桥栏两旁有取材于《东周列国志》《隋唐演义》《三国演义》等历史小说中的故事的立体石雕，雕刻工艺精美绝伦，人物生动自然，马匹、交战场面栩栩如生，是石刻中的精品。

紫洞舫是仿照珠江三角洲传统特色的画舫而建的，源于明清时期的紫洞艇。

传说，在明末清初，南海县紫洞乡人麦耀千在广州做官，经常乘船往来于广州、南海两地。他为了炫耀，建造了一艘雕梁画栋的大船。船身雕刻了山水、花鸟鱼虫，以名贵木头装饰，镶嵌骨片，船身可大摆筵席，船头有桌椅，便于观赏沿途风光，船尾是厨房。

整只船如同精致的艺术品，因为往来于紫洞乡，因而称之为"紫

■ 广州宝墨园的紫洞舫

■广州宝墨园的聚宝阁和聚宝桥

洞艇"。后来有钱人家纷纷仿造，终于发展成为游船和水上茶楼，停泊在广州荔湾和长堤，成为独具珠江三角洲水乡特色的高级画舫。

紫洞舫停泊在清平湖边，长21米，宽6.8米，高8.7米，分上、下两层，每层面积70平方米，钢筋水泥结构。由于造工精细，装饰巧妙，紫洞舫就像全是用木材造成的。

全舫共有10个通花雕刻的挂落，其中有荔庆丰年、祥桃邀月、八仙贺寿、竹报平安、花开富贵、松鹤延年以及其他花鸟虫鱼。船头上的大型木雕"百鸟朝凤"更是栩栩如生，金碧辉煌。一百多只鸟儿各具风姿，雕工之精，令人赞叹。

舫内摆设，均以名贵的柚木、花梨木和酸枝木精工制成。宫廷式的几椅，配以仿宋代器皿，豪华夺目。

《清明上河图》是大型彩绘浮雕瓷壁画，是宝墨园的另一个镇园之宝。此浮雕采用陶瓷雕塑和陶瓷彩绘相结合的手法，整幅画立体性极强，气势磅礴，描绘的只是北宋都城，却是当时中国社会商品交易繁盛的缩影。

《清明上河图》壁画背面的整幅墙是宋代石刻书法长廊，一色黑底白字，雕刻的都是书法名家和极有历史文物价值的碑记，古收藏家誉之为"黑老虎"。

长廊镶有著名的石刻宋徽宗赵佶的瘦金体《千金文》，宋代四大家苏轼、米芾、黄庭坚、蔡襄的行书，南宋抗金名将岳飞书蜀汉丞相诸葛亮前、后《出师表》碑刻等，字体豪放洒脱，各有特色，是中华文化瑰宝的长廊。

聚宝阁是宝墨园主景之一，位于荔岛上。绿瓦飞檐，彩色花窗，云龙天花，金碧辉煌。阁内珍藏有南宋铜十二生肖和彩色六角瓶内瓶及乾隆皇帝御用的方形墨。

其中，南宋铜十二生肖铸工极其精美，冶炼技术在当时居世界领先地位；彩色六角瓶内瓶是清代皇家名瓷。最名贵的是方形墨，已有200多年历史。

在聚宝阁楼梯口靠右墙上，悬挂着一幅行道菩萨像。他是从天竺（就是后来的印度）最早来中国宣传

瘦金体 是宋徽宗赵佶创造的一种风格相当独特的字体，其特点为：运笔飘忽快捷，笔迹瘦劲，至瘦而不失其肉，转折处可明显见到藏锋、露锋等运转提顿痕迹。此书体以形象论，本应为"瘦筋体"。以"金"易"筋"，是对御书的尊重。他流传下来的瘦金体作品很多，比较有名的有《楷书千字文》《秾芳诗》等。

南粤明珠

番禺宝墨园

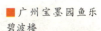

■ 广州宝墨园鱼乐碧波楼

佛教的高僧，这幅像的作者是唐代有名的绘佛画家韩虬的名作，该画已有一千多年的历史。

楼上正中有孔夫子铜立像及"麒麟吐玉书"。此外，聚宝阁内陈列有南宋夏珪，明代文徵明、董其昌、海瑞的作品，唐伯虎的《山静日长图》和仇英的《耕织图》檀香木雕画，俱为不可多得的文化珍品。

聚宝阁的对面就是观景楼，是一座临湖而建造的绿瓦飞檐、彩窗红柱的两层楼宇，同荔岛一水之隔。晴天时，这里天光云影、水光映翠，雨天时，阴雨迷蒙，若隐若现，系全园最佳观景处所。

在聚宝阁的东北角还有"瑶琳幻境"，是个临湖而筑的人工小山丘，由三部分组成——假石山、溶洞、九曲桥。登山石级东西首尾贯通，一路花树扶疏，山虽不高，但悬崖峭壁，顶有思乡亭，亭匾集苏东坡书法而成。

下有钟乳洞，流水贯通南北，流入湖中，水响淙淙，仿似鸣琴。置身于此，如入瑶琳幻境。小山之旁有九曲桥跨湖卧波，斗折蛇行。山背树林荫翳，虽是炎炎夏暑，自有进入"清凉世界"的感觉。

阅读链接

在宝墨园龙图馆馆内两侧陈列着三组蜡像，是脍炙人口的包公故事《怒弹国丈》《打龙袍》《铡美案》。

《怒弹国丈》是讲述宋仁宗时，无德无才的张尧佐，恃着干女儿张美人得宠而居朝廷要职"三司使"，画面展示包拯在皇帝面前不畏强权，弹劾权臣张尧佐的情景。

《打龙袍》是包拯审理"狸猫换太子"一案以后仁宗认母的故事。鉴于仁宗也是受害者，包拯便想出了以"打龙袍"代替惩罚皇帝的聪明办法了结此案。

《铡美案》中的陈世美原是书生，他当官以后，一心攀附朝中权贵，不惜抛弃妻子秦香莲。包拯审理此案则展示了他为民伸张正义、不畏强权的大无畏精神，永远为后人所传颂。